Mirosław Wlekły
GARETH JONES

Mirosław Wlekły

GARETH JONES

Chronist der Hungersnot in der Ukraine
1932–1933

Aus dem Polnischen von
Benjamin Voelkel

Osburg Verlag

Titel der polnischen Originalausgabe:
Gareth Jones. Człowiek, który wiedział za dużo
© Wydawnictwo Znak
Kraków 2019

Die Arbeit des Übersetzers wurde gefördert vom Deutschen Übersetzerfonds im Rahmen des Programms »NEUSTART KULTUR« aus Mitteln der Beauftragten der Bundesregierung für Kultur und Medien sowie vom polnischen Buchinstitut in Krakau im Rahmen des Programms »SAMPLE TRANSLATIONS ©POLAND«.

NEU START KULTUR

Die Beauftragte der Bundesregierung für Kultur und Medien

Erste Auflage 2022

www.osburgverlag.de

Lektorat: Bernd Henninger, Heidelberg
Umschlaggestaltung: Judith Hilgenstöhler, Hamburg
Satz: Hans-Jürgen Paasch, Oeste
Druck und Bindung: CPI books GmbH, Leck
Printed in Germany
ISBN 978-3-95510-290-6

»Man stieß eine Ladung Heu und einen Teil der Kartoffelernte ab, und der Eiervertrag wurde auf sechshundert Stück pro Woche erhöht, so dass die Hennen in diesem Jahr kaum genug Küken ausbrüteten, um ihren Bestand gleich zu halten. Die im Dezember gekürzten Rationen wurden im Februar abermals gekürzt, und um Öl zu sparen, verbot man in den Ställen die Laternen. Doch die Schweine schienen sich sauwohl zu fühlen, und wenn überhaupt etwas, so nahmen sie dabei noch zu.«

George Orwell, *Farm der Tiere*[1]

»Es gibt keine wirkliche Hungersnot oder Todesfälle durch Hunger, aber verbreitete Sterblichkeit durch hungerbedingte Krankheiten.«

Walter Duranty, *Russians Hungry, But Not Starving,*
»The New York Times«, 31. März 1933[2]

»Uns von Jones zu distanzieren, war eine höchst unangenehme Pflicht beim jahrelangen Jonglieren mit Tatsachen, um Diktaturen zu gefallen – aber wir distanzierten uns, einstimmig und mit fast identischen Formulierungen voller Mehrdeutigkeit. [...] Nachdem das schmutzige Geschäft getan war, bestellte jemand Wodka und Häppchen.«

Eugene Lyons, *Assignment in Utopia*[3]

---

1 George Orwell, *Farm der Tiere. Ein Märchen*, übers. v. Michael Walter, Zürich 1982, S. 107.

2 Zitiert nach Anne Applebaum, *Roter Hunger. Stalins Krieg gegen die Ukraine*, aus dem Englischen v. Martin Richter, München 2019, S. 372.

3 Eugene Lyons, *Assignment in Utopia*, New York 1937, S. 572, 575–576; zitiert nach Applebaum, *Roter Hunger*, S. 397.

Inhalt

Gareth Jones

Prolog

»Falls dieses Flugzeug abstürzt, hat das Auswirkungen auf die Geschichte ganz Europas«[4], notiert er.

Vor ihm sitzen zwei Männer. Sie sehen unscheinbar aus und niemand würde erraten, wer sie einmal sein werden. Der erste lacht sich immer wieder kaputt. Er hat ein schmales südländisch anmutendes Gesicht mit einer leicht spitzen Nase, dunkle, sorgfältig nach hinten gekämmte Haare, braune Augen und einen durchdringenden Blick. Er ist etwa 165 Zentimeter groß und erinnert nicht an seine hochgewachsenen und stattlichen blonden Landsleute. Der recht kleine Mensch, derzeit ist er 35 Jahre alt, hat in seiner Kindheit eine missglückte Operation am rechten Bein durchgemacht, bei der Behandlung eines Spitz-Spreizfußes oder einer Knochenmarkentzündung wurde gepfuscht. Genau ist das nicht bekannt. Das linke Bein ist länger als das andere, er trägt eine Metallprothese und eigens für ihn genähte Schuhe. Das Hinken erklärt er mit einer Wunde aus dem Ersten Weltkrieg. Sein Geheimnis ist, dass er gar nicht im Krieg war, weil der Arzt es ihm verboten hatte. Sie nennen ihn »Herr Doktor«, und er ist der zweitbrillanteste Redner im Land.

Redner Nummer eins sitzt in der Reihe vor dem Doktor und studiert gerade eine Karte. Er sieht nicht wie jemand aus, der von Millionen Landsleuten vergöttert wird. Seine Physiognomie ist durchschnittlich, die Haut blass, seine Mimik etwas nervös, die schwarzen

---

4 Diesen Satz verwendete Gareth Jones später in einem Pressetext. Der Originaleintrag in seinem Notizbuch lautete: »Falls dieses Flugzeug abstürzt, hat das Auswirkungen auf die Geschichte ganz Deutschlands.«

Haare sind nach links gekämmt. Vor langer Zeit hat er sich den üppigen, fast schon kaiserlichen Schnurrbart abrasiert und in einen kleinen Schnurrbart à la Charlie Chaplin verwandelt, der durch die nach Europa kommenden Amerikaner in Mode ist. Live erscheint er natürlich, er lächelt ständig und gibt sich nicht als so harter Typ, wie man ihn sich vorstellt. Zuweilen erinnert er, obwohl er schon über 40 Jahre alt ist, an einen kleinen Jungen – so wie eine halbe Stunde zuvor, als er sich auf dem Flughafen in Berlin für den neuen Mercedes seines Begleiters mit dem südländischen Gesicht begeisterte. Er begrüßte die restlichen Passagiere. Sein Händedruck war energisch, aber die weit aufgerissenen Augen erschienen emotionslos. Mit kleinen Schritten lief er über das schneebedeckte Flugfeld, freute sich und winkte den Leuten lustig zu. Als die kleine Gestalt mit dem formlosen schwarzen Hut und im hellen Staubmantel vom Typ Mackintosh, bevor sie an Bord ging, den schlaffen rechten Arm ausstreckte, um die Zuschauer zu grüßen, war der Anblick eher beschämend.

Die berühmte »Richthofen«[5], eine Junkers JU-52, das schnellste und stärkste dreimotorige Flugzeug, das in Deutschland hergestellt wird, steuert ein gut gelaunter Held des Ersten Weltkriegs, der rundliche Hauptmann Baur. Die Maschine durchschneidet den Himmel über den Wolken in einer Höhe von knapp 2000 Metern mit einer Geschwindigkeit von 230 Kilometern in der Stunde.

Der erste Redner des Landes sieht sich nun die Humor-Seiten der *Berliner Illustrierten Zeitung* an, er zeigt sie dem hinter ihm sitzenden Mann mit dem südländischen Aussehen und beide lachen. Warm, herzlich, oberbayerisch.

Schräg hinter ihnen sitzend, beobachtet Gareth Jones die beiden die ganze Zeit. Gleichzeitig plaudert er mit dem Mann auf dem Sitz neben sich, einem von fünf Leibwächtern, gewaltig von Statur und mit einem außergewöhnlichen Sinn für Humor – weil er Spaß an ein bisschen Radau hat, zerrt er immer wieder an seinem schlafenden Nachbarn. Jones bietet der Leibwächter an: zwei hartgekochte Eier, Schokolade, einen Apfel und Kekse. Der Chef der Leibwache wiederum reicht ihm Mineralwasser und trinkt auf seine Gesundheit, anschließend prahlt er mit seiner silbernen Auszeichnung, die ihm

5 Das Flugzeugmodell, mit dem Hitler flog, ist nach dem bekannten deutschen Piloten Manfred von Richthofen aus der Zeit des Ersten Weltkriegs benannt, der 80 offiziell anerkannte Luftkämpfe gewann und Roter Baron genannt wurde.

nach dreizehn Jahren Personenschutz für den ersten Redner verliehen wurde. Er lächelt immer noch. Alle fünf zählen zu den Besten der Besten. Gareth geht durch den Kopf, dass diese Männer keine schroffen Preußen sind, wie man es vermuten könnte. Im Gegenteil: Man kann sich nur schwer freundlichere Personen vorstellen, und dieser Eindruck wird nicht von ihren schwarzen Uniformen, den silbern schimmernden Tressen und Stickereien getrübt. Auf ihren Mützen sieht man silberne Totenschädel mit dunklen Augenhöhlen und gekreuzte Knochen. Auf den Uniformen sind rote Abzeichen: das »gebrochene Kreuz«, Swastika, meist als Hakenkreuz bezeichnet.

Gareth notiert, dass sich unter dem Flugzeug ein Land erstreckt, das ihm wie von einem Wahn getrieben erscheint. Die Wolken unter dem Flugzeug tun sich auf, und man sieht die mäandernde Elbe. Der Sonnenschein spiegelt sich grell auf dem Triebwerk vor dem linken Tragflügel. Der erste Redner des Landes schlummert, Gareth greift nach der Zeitung. Er liest, dass sich der vor ihm sitzende Mann mit dem südländischen Aussehen am darauffolgenden Abend im Berliner Sportpalast mit Prinz August Wilhelm treffen wird, der noch immer auf die Wiederherstellung der Monarchie hofft. In welcher Beziehung stehen sie zueinander, fragt sich Gareth. Darüber informiert die Zeitung nicht. Aber Jones erinnert sich, dass der erste Redner Hermine, die zweite Frau des letzten deutschen Kaisers, vor Kurzem gedemütigt hat, als er sie zwanzig Minuten warten ließ.

Die nächste Information betrifft auch den Mann mit dem südländischen Gesicht: In Hannover haben ihm fünfzigtausend Menschen zugehört. Jones blickt ihn über die Zeitung hinweg an – der Doktor liest »Wilsons 14 Punkte«. Das erste Mal während dieses Flugs hat sich seine Ausgelassenheit verflüchtigt, sein Kinn ist erhoben. Gareth notiert: »Er sieht aus, als brenne er darauf zu rächen, was die Nazis den Verrat von 1918 nennen.«[6]

Den dritten Artikel hat man mit einem Foto im schwarzen Rahmen versehen. Die Fotografie zeigt einen gutaussehenden Jungen in Uniform. Seine Mutter hat ihn allein und zum Patrioten erzogen. Sein Vater war einer von zwei Millionen Menschen, die für ihr Land gestorben sind. »Gerhard, der all seine Energie der Befreiung Deutschlands gewidmet hat, kam gestern durch die mörderische Kugel eines Bolschewisten zu Tode«[7]. Er war zwanzig Jahre alt. Der

---

6 Gareth Jones, *With Hitler across Germany*, »The Western Mail«, 28. Februar 1933.

7 Ebd.

erste Redner des Landes, der gerade erwacht ist, meint wie viele andere in diesem Land, dass man solche Jungen wie Gerhard rächen müsse. Aber einstweilen lächelt er seinen Adjutanten an. Er sieht friedfertig aus. Gareth ist verdattert: Das soll dieser grausame Feind des Bolschewismus sein?

Das Flugzeug nähert sich Frankfurt am Main. Die Maschine landet fehlerfrei und ohne Ruckeln. Aus dem Flugzeug steigt eine komplett andere, verwandelte Person: Die jungenhafte Freude weicht einem Wesen, das keinen Widerspruch duldet, der zuvor sanftmütige Blick wirkt entschlossen. Zwischen einer Unzahl von Flaggen und Transparenten haben sich in der größten Halle Deutschlands 25 000 Menschen versammelt, und beim Anblick dieser zwei kleinen, so unscheinbaren Männer springen sie von ihren Plätzen auf. Fünfundzwanzigtausend ausgestreckte rechte Arme schweben in der Luft. Gareth erblickt vor sich eine vom Nationalismus berauschte Menschenmenge und spürt – so notiert er – die Macht eines reinen, primitiven Kults. Als die Adjutanten dem ersten Redner des Landes den Mantel abnehmen, herrscht absolute Ruhe. Die Ansprache ist eine Improvisation, aber der Meister wiederholt das Leitmotiv viele Male: »Wir werden unsere Pflicht erfüllen.« Zunächst ruhig, dann lauter, lauter, schneller und schneller; anfangs recht klein, gebeugt, mit eingezogenen Schultern, als seine Worte beginnen, die Menge mitzureißen, reckt er ihr die Arme entgegen, wird er größer und größer erscheinen, und größer …

Noch ist der 23. Februar 1933, das Flugzeug »Richthofen« nähert sich dem Flugplatz in Frankfurt. Gareth Jones notiert in sein Tagebuch, die Passagiere dieser Maschine seien wie menschliches Dynamit. Unter den Menschen an Bord sind nur zwei keine Nazis, er und der Korrespondent Sefton Delmer von *The Daily Express*, die ersten ausländischen Journalisten, die vom ersten Redner des Landes an Bord eines Flugzeugs mitgenommen wurden.

Der lustige Mensch mit dem südländischen Aussehen nennt sich Joseph Goebbels.

»Wenige Schritte von mir«, notiert Jones weiter in seinem Tagebuch, »sitzt Adolf Hitler, der deutsche Kanzler und Führer des explosivsten erwachenden Nationalismus, den die Welt gesehen hat.«[8]

---

8 Ebd.

1930

Kapitel 1

Eine Ansichtskarte mit Stalin

Auf die ersehnte Reise nach Russland macht sich der 25-jährige Jones im August 1930, zweieinhalb Jahre bevor er Adolf Hitler im Flugzeug begegnet. Seine Mutter, Annie Gwen Jones, hat ihm so oft von dem Land erzählt.

Die meisten der sieben Geschwister von Annie Gwen starben als Kinder oder in jungen Jahren. Ihr Vater war in leitender Stellung für die Arbeit der Bergleute in einem Kohlebergwerk verantwortlich, ihre Mutter führte einen kleinen Gemischtwarenladen. Annie Gwen war eine der ersten Frauen, die an der Universität von Aberystwyth studierten. Dort lernte sie Edgar kennen, ihren zukünftigen Mann. Bevor sie ihn jedoch heiratete – die Tradition gebot es verheirateten Frauen damals, nicht berufstätig zu sein und sich um den Haushalt zu kümmern –, erklärte sie sich bereit, als Nachhilfelehrerin der Enkel von John Hughes zu arbeiten. John Hughes war ein walisischer Geschäftsmann, Inhaber von Metallhütten, Stahlwerken, Rüstungsbetrieben, Werften und Gründer des Industriedorfes Hughesowka, auf Russisch Jusowka[9] genannt, später als Stalino bekannt, der heutigen Stadt Donezk. Hughes erwarb

9 Die Form »Jusowka« war seit der Gründung des Dorfes in Gebrauch, die Jones verwendeten jedoch eine Schreibweise, die sich näher am Nachnamen des Gründers jenes Industrieimperiums orientierte. Meist verwendete Jones in seinen Notizen die Form »Hughesovka«, in den Erinnerungen seiner Mutter und anderen englischsprachigen Quellen findet man auch »Hughesoffka«. (Im Folgenden wird Jones' Schreibweise, angepasst an die deutsche Transkription, beibehalten: »Hughesowka«. Anm. d. Übers.)

vom Zaren die Konzession zur Ausbeutung der dortigen Kohle- und Eisenerzvorkommen. Im Gegenzug sollte er einen Hüttenbetrieb und ein Stahlwerk zur Produktion von Eisenbahnschienen in Betrieb nehmen.

Die walisischen Ingenieure beschrieben Hughesowka als das neue Amerika, und Dmitrij Mendelejew, der Schöpfer des Periodensystems, der im Auftrag der Regierung Vorschläge zur Bewirtschaftung des Donezker Kohlebeckens ausarbeitete, schrieb an Hughes:

> Die unerschöpflichen Reichtümer dieses Gebietes sind erschreckend, denn sie übertreffen alles um ein Vielfaches, nicht nur das, was ich in Ruthenien gesehen habe, sondern auch in anderen Teilen der Welt, Europas und Amerikas, die ich im Verlauf meiner Forschungen besucht habe. Begrenzt werden die Möglichkeiten dieses Gebietes ausschließlich von der menschlichen Vorstellungskraft und den von dieser diktierten Handlungen. Dank Ihren Taten jedoch, die man als außergewöhnlichen und vollkommenen Erfolg ansehen muss, pulsiert in dieser letzten Wüste auf Erden nun das Leben.[10]

Wenig später wird das Donezker Kohlebecken auf Propagandaplakaten als Herz Russlands dargestellt werden, von dem aus sich das lebensspendende Blut mit Hilfe von Adern im ganzen Land verteilt. Hier, im Donbass, wird auch Alexei Stachanow arbeiten, das Symbol für die vielfache Normübererfüllung bei der Arbeit, nach dessen Namen die Stachanow-Bewegung benannt wurde. Innerhalb von fünf Stunden und 45 Minuten wird er 102 Tonnen Kohle fördern und damit die Norm zu 1475 Prozent erfüllen. Seinen Rekord wird er in einer Augustnacht im Jahr 1935 übertreffen, zwei Wochen nach dem Tod von Gareth Jones.

Auf einem alten Foto sieht man ein zweistöckiges Haus: mit Bogengängen, die von drei Säulen begrenzt werden, einer asymmetrisch gestalteten Eingangstür links von den mittleren Fenstern und mit einem langen Balkon im Obergeschoss. Vor dem Gebäude steht eine Kutsche. Annie Gwen wohnte dort bei den Hughes drei Jahre zwischen 1889 und 1892, zur Hochzeit des »Kohlefiebers im Donbass«. Sie ging aus Wales fort, »mit dem großen Verlangen, neue grüne Felder und Weiden und insbesondere Russland zu sehen,

10 Igor T. Miecik, *Narodziny Donbasu* [Die Geburt des Donbass], »Ale Historia«, Magazin der »Gazeta Wyborcza«, 23. Juli 2018, S. 4.

Hughesowka, das künftige Donezk, zu Beginn des 20. Jahrhunderts

dieses Land der Unterdrückung und des Elends, von dem man so viel hört, aber von dem man in Wirklichkeit so wenig weiß«.[11]

Die dortige Gemeinschaft, in der – wie sie sich erinnerte – die Russen überwogen, bestand auch aus Engländern, Walisern, Polen, Juden, Tataren, Franzosen und Deutschen. Als die Nachhilfelehrerin an Typhus erkrankte, rettete ihr ein armenischer Arzt das Leben. »Kurz gesagt, es gibt dort nur zwei Jahreszeiten«[12], notierte sie in einem unpublizierten persönlichen Essay unter dem Titel »Eindrücke vom Leben in den Steppen Russlands«. Sie wunderte sich über den eisigen Winter, der sich von einem Tag auf den anderen in sengenden Sommer verwandeln konnte, und über heiße Tage, nach denen plötzlich Schnee fiel. Mit ihren Mützen aus Wolle von Karakulschafen und ihren Schals aus Kamelhaar erinnerten die Menschen sie an Eskimos. Was zählte, war den Körper zu wärmen, die Mode war nicht relevant. »Im Winter ist es wirklich schwierig, einen Bauern von seiner Frau zu unterscheiden, denn ihre Oberbekleidung ist so ähnlich«[13], erinnerte sich Annie Gwen. Schade, bemerkte sie, denn die Frauen seien dort hübsch und die Männer gutgebaut und mit schönen Zähnen. Dafür zogen sich die Frauen im Sommer, besonders an Festtagen, bunter an, als man es sich vorstellen kann: jeder Teil der Kleidung in einer anderen Farbe, Stickereien, Perlenketten, auf dem Kopf gemusterte Tücher.

Im Winter war Schlittschuhlaufen Annie Gwens liebster Zeitvertreib. Die Sommer waren so heiß, dass sie versuchte, erst nach Einbruch der Dunkelheit aus dem Haus zu gehen. Es fehlte an Wasser, die Kinder starben massenhaft an der Ruhr. In ihren Erinnerungen ergänzte die Waliserin, dass »die Russen weder ›totale Abstinenzler‹ sind noch an das Prinzip der Mäßigung glauben«.[14]

Sie hatte gute Erinnerungen mitgebracht. Obwohl im Donbass – wie der amerikanische Journalist Kellog Durland schrieb – »nachts aus der Hölle der riesigen Öfen Flammen in den Himmel emporschlagen, die wie ein Blitz die ganze Umgebung erhellen«, und »Sommerwinde, die gewöhnlich die Kornfelder wiegen, das

11 Annie Gwen Jones, *Life on the Steppes of Russia 1889–1892*, https://www.garethjones.org/margaret_siriol_colley/annie%20gwen/life-steppes.htm (Zugriff: 20. Januar 2019).

12 Ebd.

13 Ebd.

14 Ebd.

Dröhnen schwerer Hämmer, den Klang von Ambossen, das Knirschen von Schleifmaschinen, das warnende Pfeifen der Lokomotiven und ihren schweren Atem […] mit sich tragen«.[15] Der russische Schriftsteller Konstantin Paustowski bemerkte im letzten Jahr von Fräulein Gwens Aufenthalt in Hughesowka unumwunden: »Der Rauch schlug nicht nur aus den Fabrikschloten empor. Hier war jeder Gegenstand geräuchert: Häuser, Geschäfte und Marktstände. Der Qualm drang überall hin. Er war gelb wie die Haare des Fuchses und stank wie angebrannte Milch. […] Vom Himmel der Städte floss mit dem Regen fetter Ruß. […] Grau sind die Vorhänge, Kissenbezüge und Bettlaken im Hotel, grau ist mein Hemd, und grau ist hier schließlich sogar jegliches Leben: Pferde, Katzen und Hunde«.[16]

Annie Gwen war auch nicht unkritisch. »Was mich zutiefst verstört, ist die große, enorme, unüberwindliche Kluft zwischen Ober- und Unterschicht in Russland. Leider gibt es nur zwei richtige Klassen; es gibt keine wirkliche Mittelschicht, die Hauptstütze und das Rückgrat eines Landes«[17], notierte sie. Hughesowka verließ sie wegen einer Choleraepidemie.

All das machte Gareth neugierig. Zu den Erzählungen und Notizen seiner Mutter kamen die Berichte von Matrosen hinzu, denen der junge Jones bei den Docks des heimischen Barry im Süden von Wales, unweit von Cardiff, lauschte. Im Jahr 1922, mit 17 Jahren, begann er Fremdsprachen zu lernen: Französisch, Deutsch und Russisch. Annie Gwen, die immer noch von ihren Erinnerungen an das zaristische Russland aus ihren jungen Tagen zehrte, hatte nichts gegen das Interesse ihres Sohnes an Russland und seinen Wunsch, in das ferne und den meisten Walisern unbekannte Land zu reisen.

Im Jahr 1924, 35 Jahre nachdem seine Mutter auf dem Weg nach Jusowka mit der Familie Hughes im Warschauer Europa-Hotel abgestiegen war, befand sich Gareth zum ersten Mal in der Hauptstadt Polens – als Delegierter auf dem Kongress des Internationalen Studentenbundes CIE. Er freundete sich mit der Wirtin der Pension an, Frau Skorupka, einer ehemaligen Oxford-Studentin, die hervorragend Englisch sprach. Die nationalistischen und konservativen Ansichten der polnischen Studenten überraschten ihn, aber er gab sich Mühe, sie zu verstehen. Er erinnerte sich an die Worte seiner

15 Miecik, *Narodziny Donbasu*, S. 4.

16 Ebd., S. 5.

17 A. G. Jones, *Life on the Steppes*.

Mutter, die ihm erzählte, wie ungerecht die Russen die Polen behandelten und wie die Polen sie dafür hassten.

Nach dem Kongress durften die Delegierten auswählen: Sie konnten Posen oder Wilna besichtigen. Gareth entschied sich für Wilna, weil der Gedanke daran, dass er sich weniger als 150 Kilometer von der russischen Grenze befand, seine Phantasie beflügelte. Es wunderte ihn, als er dort viele Russen traf, die vor der bolschewistischen Revolution geflohen waren. Alle berichteten von Terror. Viele hatten ihr Vermögen verloren, andere waren Zeugen von Erschießungen geworden.

Nach seiner Rückkehr war er sich sicher, dass er sich nicht Frankreich widmen wollte. »Ich möchte mich nicht in Französisch spezialisieren, weil mich nicht viel mit den Franzosen und ihrer Literatur verbindet. Ich beabsichtige das Studium der russischen Sprache fortzusetzen«[18], schrieb er seinen Eltern aus Straßburg, wo er nach seinem Abbruch des College in Aberystwyth zwei Jahre lang an der Universität studierte.

Er kehrte also an das University College of Wales in Aberystwyth zurück, das er dann wieder 1926 verließ, um sein Französisch-, Deutsch- und Russisch-Studium am Trinity College in Cambridge fortzusetzen. In der Zwischenzeit wollte er sein Russisch an der Ostsee vervollkommnen. Das Geld für die Reise verdiente er an Bord des Dampfschiffs s/s Vesta, das nach Stavanger fuhr. Von dort gelangte er mit dem Zug nach Oslo, dann nach Stockholm und schließlich – in einer Kajüte dritter Klasse an Bord des Schiffes s/s Ångermanland – nach Riga. In einem Brief nach Hause schrieb er, er habe noch nie so viele Behinderte, zerlumpte und dreckige Menschen gesehen wie in der Hauptstadt der Republik Lettland. Er lernte Russisch und las russische Zeitungen. Die darin publizierten vollständigen Texte von Reden erfreuten ihn viel mehr als deren knappe Analysen in der britischen Presse. Seinen Eltern berichtete er von der immer schwierigeren, explosiven Situation in Russland: »Alle Anführer rufen die Bürger zu den Waffen.«[19]

Jones dachte nicht an Journalismus. Wie viele seiner Kommilitonen bemühte er sich 1929 nach dem Abschluss seines Studiums in Cambridge um eine Stellung im konsularischen oder diplomatischen

18 Margaret Siriol Colley, *More Than a Grain of Truth. The Biography of Gareth Richard Vaughan Johnes*, Newark 2005, S. 12.

19 Ray Gamache, *Gareth Jones. Eyewitness to the Holodomor*, Cardiff 2016, S. 19.

Dienst, und wie die Mehrheit von ihnen fand er dort keine Arbeit. Es bot sich ihm jedoch die Möglichkeit für ein einmonatiges Praktikum in der Londoner Zeitung *The Times*. Das war Gareth Jones' erster Kontakt mit diesem Beruf. Zum Ende des Praktikums teilte man ihm mit, er habe Potenzial, es fehle ihm aber an Erfahrung als Reporter, und man riet ihm, ein Jahr lang für eine lokale Tageszeitung zu arbeiten, anschließend könne er eventuell zurückkommen und für die *Times* schreiben. Ein Angebot, das er jedoch nicht annahm. Er musste Geld verdienen. Er schlug eine akademische Laufbahn ein, erhielt ein jährliches Stipendium in Höhe von 100 Pfund, gab Nachhilfeunterricht in Deutsch und schrieb eine Doktorarbeit an der Syracuse Universität in London über »Die Russische Presse zur Zeit der Revolution«[20].

Kurze Zeit später ergab sich jedoch ein neues, gänzlich unerwartetes Angebot. Mit seinem künftigen Chef machte ihn ein Freund seines Vaters bekannt, der stellvertretende Sekretär im Kabinett des Premierministers von Großbritannien zur Zeit des Ersten Weltkriegs. David Lloyd George, einer der Anführer der Liberalen Partei, ein distinguierter Brite mit dichtem weißem Schnurrbart und dem Gesicht eines guten Onkels, war wie Gareth Jones Waliser. In den Jahren 1916–1922 bekleidete er das Amt des Premierministers von Großbritannien. Er war einer der Unterzeichner des Versailler Vertrags. Ihn, die Premierminister von Frankreich und Italien sowie den Präsidenten der Vereinigten Staaten von Amerika nannte man die Großen Vier. Lloyd George war es, der die britische Appeasementpolitik begründete, das heißt eine Politik der Zugeständnisse. Er war bereit, Polen Russland zu überlassen, um den Marsch der Bolschewiki nach Westen aufzuhalten. An einem starken Polen war ihm nicht gelegen, seine Abneigung beruhte auch auf einer persönlichen Voreingenommenheit gegenüber dem Nationalisten Roman Dmowski. Er war dagegen, den Polen Oberschlesien zuzugestehen, weil er meinte, das sei, als würde man einem Affen eine Uhr schenken. Der Liberale und Befürworter der Einführung des Frauenwahlrechts zog es statt aufzurüsten vor, gegen die Arbeitslosigkeit zu kämpfen. Lange blieb er Josef Stalin und Adolf Hitler gegenüber wohlwollend eingestellt. Mit Letzterem traf er sich 1936, lobte dessen Wirtschaftsprogramm und nannte ihn – auch wenn

20 Bernard Pares, *A Wandering Student. The Story of a Purpose*, Syracuse, NY 1948, S. 309.

er das einige Jahre später bereuen sollte – direkt nach dem Treffen »den größten der lebenden Deutschen« und den »Washington Deutschlands«.

Als er Gareth Jones trifft, nähert er sich langsam seinem siebzigsten Lebensjahr.

Im Zusammenhang mit seinem Bewerbungsgespräch bereitet Jones einen Bericht über die politische Situation Deutschlands vor. Der ehemalige Premierminister ist begeistert: Sofort bietet er Gareth eine sechs- oder zwölfmonatige Anstellung als Berater für internationale Angelegenheiten mit einem Jahresgehalt in Höhe von 400 Pfund an. Jones soll seine Arbeit im Londoner Büro Lloyd Georges ausüben, eine tägliche Presseschau erstellen: sieben französische, vier russische, drei deutsche, zwei italienische, eine schweizerische und eine amerikanische Zeitung sowie wöchentlich einen Bericht über die walisische und die internationale Presse erstellen. Darüber hinaus wird es zu seinen Aufgaben gehören, Notizen für Debatten anzufertigen, Artikel und Reden zu schreiben und manchmal sogar ins Ausland zu reisen.

Schließlich bekommt Gareth 100 Pfund mehr Gehalt als versprochen. Das graue Flanell und die Sportjacken, die er in Cambridge so gerne trug, verstaut er im Schrank. Dafür kauft er sich eine Melone und einen Schirm, um wie ein Londoner Gentleman auszusehen. Seine Eltern beruhigt er in einem Brief: Er beabsichtige nicht, für immer in der Politik zu arbeiten, er ziehe es vor, unabhängig und apolitisch zu bleiben, die kurze Tätigkeit für den ehemaligen Premierminister solle nur eine interessante Episode in seinem Leben sein. »Es ist komisch, wenn ich so überlege«, fügt er jedoch hinzu, »durch die Arbeit für Lloyd George werde ich Einfluss auf auswärtige Angelegenheiten haben.«[21] Er ahnt nicht einmal, wie groß dieser Einfluss sein wird.

Zunächst macht er sich, ein halbes Jahr nachdem ihn der ehemalige Premierminister angestellt hat, auf den Weg nach Russland. Großbritannien hat gerade wieder diplomatische Beziehungen mit der Sowjetunion aufgenommen. Als eine Reise in den Osten wieder möglich wird, beantragt Gareth umgehend ein Visum. Lloyd George kommt das gelegen, weil ihn die Entwicklung der UdSSR immer mehr interessiert. Lediglich einen Monat, bevor Gareth seine Stelle angetreten hat, verkündete Stalin die Liquidierung der Klasse

21 Gamache, *Gareth Jones. Eyewitness*, S. 23.

der Kulaken, reicher Landbesitzer. Einer der ersten Berichte, mit denen Jones beauftragt ist, betrifft also den im Frühling des vorhergehenden Jahres verkündeten Fünfjahresplan. Bei der Arbeit daran wird Gareth bewusst, dass dieses Land – wie zu der Zeit, als seine Mutter in Hughesowka wohnte – noch immer am Fehlen einer Mittelschicht leidet und an einer gewaltigen Kluft, aber nicht mehr an der zwischen Armen und Reichen: Die neue Kluft tut sich zwischen den Mitgliedern der Kommunistischen Partei und dem gesamten Rest des Volkes auf.

Während er die nächsten Berichte für Lloyd George erstellt, trifft sich Jones mit Russlandkennern. Mit einem Juden, einem Bekannten von Lenin und Trotzki, unterhält er sich über die religiösen Verfolgungen in Russland. Von einem georgischen Politiker hört er über Stalin: »Er ist nicht von überragender Intelligenz, aber er ist ein hervorragender Organisator. Er ist unbefangen, ohne materielle Ambitionen, sehr ehrlich, absolut erbarmungslos und brutal.«[22] Er besucht einen Vertreter der Organisation Air League, um ihn über die russische Flugzeugindustrie zu befragen. Oberst Norman Thwaites ist auch ein wichtiger Funktionär der geheimen Nachrichtendienste. Es ist nicht bekannt, ob er versucht, Jones anzuwerben – unter dessen Notizen hat sich keine bezüglich der näherrückenden Reise des jungen Walisers durch Russland erhalten. In seinem Tagebuch aber erwähnt Jones einen Monat nach seiner Rückkehr nach Hause 12 Seiten aus seinem Notizbuch mit Informationen über die sowjetische Luftwaffe und Verteidigungsbereitschaft.

Seine Hauptaufmerksamkeit gilt der Sowjetunion, aber Gareth fertigt auch Berichte über die politische Situation in Österreich, Indien, Palästina oder Ägypten an.

Obwohl er zuvor versichert hatte, die Arbeit bei Lloyd George sei nur vorübergehend, raubt er seinen Eltern im nächsten Brief, den er nach Hause sendet, die Illusionen, er könne sich einer akademischen Karriere widmen:

> Ich würde mich für einen Feigling halten, wenn ich irgendwann wegen der Sicherheit auf die Chance verzichte, eine gute und interessante Karriere zu machen. Ich achte niemanden, der seine Akzeptanz oder Bewertung einer Arbeitsstelle abhängig macht von der Antwort auf die Frage: Sichert mir das eine Rente? Ich muss

22 Colley, *More Than a Grain*, S. 70.

> feststellen, dass mich nur ein solches Leben interessiert und nur ein solches für mich sinnvoll ist, das mit auswärtigen Angelegenheiten zu tun hat oder mit den Männern und Frauen von heute; nicht mit den Schriftstellern von vor zwei Jahrhunderten.[23]

Im September 1930 macht er sich auf den Weg.

Im Speisewagen des Schnellzuges von Berlin an die sowjetische Grenze begegnet er Saul Bron, einem sowjetischen Handelsvertreter in Großbritannien. Der frisst wie ein Pferd, schlägt ständig mit dem Messer auf den Teller, mal prustet er, mal lacht er los, und ständig raucht er zwischen den Gängen der Mahlzeit – nach Jones' Meinung ist er der unangenehmste Mensch, dem man begegnen kann.

Jones beobachtet fortwährend die Mitreisenden und macht sich Notizen. Ein amerikanischer Ingenieur, der in Baku eine Rohrleitung baut, lobt die russische Ölindustrie. Ein modisch gekleideter Russe grämt sich, dass man ihm an der Grenze das zweite Paar Schuhe wegnehmen wird, weil nur die Einfuhr von einem Paar erlaubt ist. Ein in Hughesowka arbeitender Mann von kleinem Wuchs wiederum, der einst in den Vereinigten Staaten Erdöl-Ingenieurwesen studiert hat, beklagt sich, dass der Fünfjahresplan zu schnell eingeführt wurde. »Wozu um alles auf der Welt exportiert die Regierung Lebensmittel, um Maschinen zu kaufen, wenn es nicht genug zu essen im Land gibt?«[24], fragt er. Aber schon kurz darauf wird Gareth von einer Arbeiterin in Moskau hören: »Die alten Leute meinen, dass der Fünfjahresplan zu schnell eingeführt wurde, aber den jungen Leuten zufolge geschieht das zu langsam.«[25]

Russland begrüßt Jones mit dem an einem Tor über den Gleisen aufgehängten Plakat »Herzlich willkommen, Arbeiter aus dem Westen!«

In Moskau besucht der Waliser den Chef der staatlichen Tourismusagentur, der ihm einen Fremdenführer und ein bequemes Auto für einen ganzen Tag zur Verfügung stellt. Sie besichtigen eine Fabrik, Arbeiterhäuser und Kinderkrippen. Alle Errungenschaften des sowjetischen Staates erscheinen Gareth phantastisch. In der Nähe

---

23 Gamache, *Gareth Jones. Eyewitness*, S. 33.

24 Colley, *More Than a Grain*, S. 79.

25 *The Two Russias. 1. Rulers and Ruled. Below the Surface*, from a correspondent, »The Times«, 13. Oktober 1930.

der Fabrik lädt ihn eine Gruppe von Kindern, die ihn als Ausländer erkennen, zum Mitspielen ein. Gareth kann nicht verstehen, warum sie ihn bitten, dass er sie mitnimmt. Den Tag beendet er mit dem Besuch eines Arbeiterklubs und eines Atheismus-Museums.

Am Tag darauf ist Jones, diesmal allein, zu Gast in der Redaktion der Zeitungen *Prawda* und *Iswestija*, trifft sich mit dem Chef der Presseabteilung im Außenministerium, nimmt ein opulentes Mittagessen zu sich und führt ein zweistündiges Interview mit dem Landwirtschaftsminister, von dem er in ein Kolchos, das mustergültige *kollektiwnoje chosjaistwo* in Rostow, eingeladen wird.

»Der Kreml ist ein sehr beeindruckender Ort«[26], schreibt er in einem Brief an seine Eltern. Mit den Verteidigungsanlagen, Palästen und orthodoxen Kirchen ist er die schönste Altstadt, die er je gesehen hat. Jones bewundert den hiesigen Wissensdrang, überall trifft er auf Plakate mit der Aufschrift: »In einem Land von Analphabeten kann man keine kommunistische Gesellschaft errichten.«[27]

Er geht ins Kino, dann in den Zirkus, der denen in nichts nachsteht, die Gareth in Paris oder London besucht hat. Die Clowns sind ähnlich gekleidet und amüsieren das Publikum sogar mit denselben Witzen.

»Bist du betrunken?«, fragt einer den anderen, der schwankend auf einem Stuhl steht.

»Nein, der Stuhl ist betrunken.«

Gäbe es nicht die roten und weißen Banner mit der Aufschrift »Lasst uns den Fünfjahresplan in vier Jahren erfüllen«, die sich über das Zelt hinziehen, könnte Gareth denken, das sei Cardiff oder Birmingham. Neben ihm sitzt ein Junge mit hellen Haaren und einem sympathischen Gesicht, er ist vielleicht 14 Jahre alt. Plötzlich müssen sie in demselben Moment laut lachen, anschließend sehen sie sich an.

»Würdest du gerne mal nach England fahren?«, spricht ihn Jones an.

Der Jugendliche lehnt entschieden ab.

»Weißt du nicht, dass das ein kapitalistisches Land ist? Dort würde ich niemals hinfahren«, erwidert er entrüstet. »In kapitalistischen

26 Colley, *More Than a Grain*, S. 80.

27 Ebd.

Ländern werden die Arbeiter verfolgt. Sie tun mir so leid. Bestimmt würde es mir dort nicht gefallen.«[28]

Über England spricht Gareth auch mit anderen Einwohnern von Moskau. Einer fragt ihn, wie viele Kommunisten es dort gebe.

»Nicht besonders viele«, antwortet Jones, »ungefähr dreieinhalb Tausend Menschen sind in der Partei.«

»Aha«, entgegnet der Moskauer lächelnd und erklärt ohne zu überlegen, das liege daran, dass man die Kommunisten in England in die Gefängnisse stecke.

Gareth widerspricht, erklärt, dass die Gedankenfreiheit und die freie Meinungsäußerung zu den Dingen gehörten, auf die die Briten stolz seien.

»Wenn du Kommunist bist«, erklärt er, »kannst du an einen Ort namens Hyde Park gehen und deine Ansichten zum Ausdruck bringen.«

»Du denkst doch wohl nicht, dass ich dir glaube? Sie sitzen alle in den Gefängnissen.« Der Russe lächelt vielsagend und fügt hinzu: »Wir wissen genau, was in eurem Tower of London geschieht.«[29]

Andere junge Kommunisten erklären Jones, die Engländer seien hinterhältige, durchtriebene und grausame Leute mit Zylinder und Monokel, die pausenlos Verschwörungen anzettelten, um einen Krieg gegen Sowjetrussland vom Zaun zu brechen. Für ihre niederträchtigen Ziele würden sie sogar die Kirche und einheimische Sozialisten benutzen.

Eines Tages, als es Gareth auf wundersame Weise gelingt, in der Straßenbahn einen freien Sitzplatz zu ergattern, und er entlang des Flusses Moskau durchquert, bemerkt er durch das Fenster anstelle von Zigarettenreklame oder der Ermunterung zum Erwerb einheimischer Waren, woran er in seinem Land gewöhnt war, ein Plakat mit der Aufschrift: »Beantworten wir die furchtbare Aufrüstung der Kapitalisten mit der Umsetzung des Fünfjahresplans in vier Jahren.« Vor dem Fenster treibt der Wind Staubwolken vor sich her. Von einem Plakat an einem Kinogebäude lächelt das Gesicht Syd Chaplins, des Halbbruders von Charlie, eines Bürgers des kapitalistischen Großbritannien.

Der Fleiß der Russen imponiert Gareth. Auf die Frage, welcher Tag heute sei, antwortet ein junger Arbeiter, das wisse er nicht.

28 Gareth Jones, *My Russian Diary II*, »The Star«, 27. Oktober 1930.

29 Ebd.

Wichtig ist das Datum, der Wochentag ist unwesentlich. Freie Sonntage gibt es nicht, die Fabriken arbeiten nonstop.[30]

Was am meisten auffällt, ist die privilegierte Position der Arbeiterklasse. Schon während der ersten Tage in Moskau bemerkt Jones, dass der städtische Arbeiter die neue russische Aristokratie ist. Er hat einen Ehrenplatz in der Oper. Er steht vorn in der Schlange, wenn es Fleisch im Geschäft gibt. Ihm gebührt als Erstem ein Platz im Sanatorium. Und der Ausweis der Arbeitergewerkschaft ermöglicht es ihm, eine größere Menge an Lebensmitteln zu kaufen als es der Mitarbeiter einer Bank, einer Post oder eines Geschäfts könnte. Der Arbeiter bekommt auch Rabatt in Restaurants, vergünstigten Eintritt ins Kino, Theater, zu Konzerten oder in Botanische Gärten. Gerade einmal zwei Pennys kostet ihn der Eintritt ins Atheismus- oder das Revolutionsmuseum. Gareth zieht wieder Vergleiche mit seiner Heimat, und es kommt ihm in den Sinn, dass das normannische Blut für die Engländer nie so wichtig war wie die Abstammung der Arbeiter jetzt für die Russen.

»Wir befinden uns im Kriegszustand«, erklärt ihm ein bolschewistischer Kommissar, der Jones die neuesten Maschinen in einer Moskauer Fabrik zeigt. »Russland führt einen Krieg für den Aufbau des sozialistischen Landes und die Veränderung der ganzen Welt. Wir kämpfen für den Fünfjahresplan. Das ist eine wahrhaft königliche Schlacht.«[31]

Jugend und Moderne ersetzen alte Traditionen. In eine orthodoxe Kirche lockt Jones die in der Sonne glänzende golden Kuppel. Die Tür ist offen. Er tritt ein und wird auf Verzierungen in allen Farben aufmerksam, die er noch nie in den Kirchen von Wales gesehen hat. In dem Gotteshaus ohne Bänke nimmt eine kleine Gruppe von Gläubigen stehend am Gottesdienst teil, der von einem alten Priester gehalten wird. Eine der Frauen vom Land wirft sich auf die Erde. Gott die Ehre erweisend, legt sie ihre Schläfe auf den

---

30 Die kommunistischen Machthaber experimentierten mit dem Kalender. Bis Dezember 1931 galt die »neprerykwa« (kurz für *neprerywnaja rabotschaja nedelja*, die ununterbrochene Arbeitswoche, Anm. d. Übers.), die sogenannte Industriewoche. Es wurde im 5-Tage-Rhythmus gearbeitet, der fünfte Tag war arbeitsfrei. Die Arbeiter wurden dabei in fünf Gruppen eingeteilt, von denen jede an einem anderen Tag frei hatte. Dadurch arbeitete die Industrie rund um die Uhr, und es gab keinen Tag (von den staatlichen Feiertagen abgesehen), an dem sich das ganze Land zur gleichen Zeit ausgeruht hätte.

31 Gareth Jones, *Communists' Five-Year Plan. Forces behind Stalin's Dictatorship*, »The Western Mail«, 9. April 1931.

kalten Steinboden. Eine andere arme Frau küsst währenddessen eine Ikone, sie versucht, auch ihr weinendes Kind dazu zu bewegen. Überall brennen Kerzen.

Als hinter dem Ikonostas schöne Männerstimmen religiöse Lieder singen, platzen zwei Mädchen herein – sie sind vielleicht vierzehn Jahre alt und sehen aus wie Kommunistinnen. Sie sind belustigt und beachten den Zauber des Liedes und den Ernst der Versammelten nicht. Die beiden blicken sich an, dann die gottesfürchtigen Menschen, und lachen mehrfach laut los. In ihren Gesichtern liest Gareth eine klare Mitteilung: »Wir wissen alles über diese Religion, das ist nichts als Verderbtheit.«[32]

»Sieh dir Moskau an«, sagt eines Tages ein junger Bolschewik zu Jones. »Das, was du ringsum siehst, symbolisiert die Zukunft der Welt. Ich sage dir, warum.«

Sie stehen auf dem Dach eines hohen Gebäudes und betrachten die Hauptstadt Russlands. Den Waliser belustigt die Kombination: An heruntergekommene alte Häuser, die gerade noch so auf ihren Fundamenten stehen, schmiegen sich modernistische Bauten mit vielen Stockwerken. Schon zuvor hat ihn die Fahrt mit der modernen Straßenbahn in Erstaunen versetzt. Sie glitt über Pflasterstraßen, die ihn eher an ländliche Ortschaften mit ärmlich gekleideten Bauern denken ließen.

Von oben sieht man gut, dass die alten hölzernen Hütten an das moderne Stromnetz angeschlossen sind. Das neu gebaute weiße Hochhaus, eine Errungenschaft der Ingenieure des 20. Jahrhunderts, steht im Kontrast zu den Bauwerken aus dem Mittelalter: Basteien über den Toren der Verteidigungsanlagen und Türme der orthodoxen Kirchen des Kreml. Über der Kuppel des Großen Kremlpalasts weht die blutrote Flagge mit gelbem Hammer und Sichel.

Gareth Jones sieht aus wie ein typischer Bewohner einer Hafenstadt oder eines Bergarbeiterstädtchens im heimischen Wales. Seine Ausbildung machte er in Großbritannien, einem kapitalistischen Land, wo die Geschäfte und Fabriken, die Bergwerke und die Bahn privaten Unternehmen gehören. Sein Gesprächspartner ist ein russischer Kommunist. Hochgewachsen, dunkel, mit den schmalen Augen eines Halbasiaten. Er ist Absolvent der kommunistischen

32 Ders., *My Russian Diary II.*

Akademie in Moskau[33] und lebt seit dreizehn Jahren in einem revolutionären Staat, der den Sozialismus errichtet.

»Du bist ein Mensch der Vergangenheit, ich bin ein Mensch der Zukunft«, sagt der junge Bolschewik. »Wenn das Alte und das Neue Seite an Seite stehen, gewinnt immer das Neue. Sieh, neben den hölzernen Bruchbuden steht das moderne Hochhaus des kommunistischen Regimes. Das moderne Elektrizitätswerk dort symbolisiert die Anstrengung der bolschewistischen Revolution, ein neues, industrialisiertes Russland zu erschaffen, wo die Maschine den Platz von Gott einnimmt.«

Gareth erkennt, dass die Augen des Kommunisten vor Erregung zu leuchten beginnen.

»All das tun wir für Russland«, fährt der Bolschewik fort, »und es wird die Fundamente der ganzen Welt erschüttern. Die Weltrevolution wird ausbrechen. Der Planet wird zur weltweiten Union der Sowjetrepubliken. Merke dir meine Worte. Es wird keinen Mann und keine Frau geben, ob in Neuseeland, China oder Wales, die nicht von dem betroffen sein werden, was jetzt in Russland geschieht. Wir werden der Welt beweisen, dass der Kommunismus einen mächtigen und prosperierenden Staat aufbauen kann.«

Der Waliser blickt wieder in die Augen des Russen. In ihnen liegt jetzt kein Enthusiasmus mehr. Es ist Fanatismus.

»Weißt du, was unsere Waffe ist?«, fragt der Kommunist, während er mit Bewunderung auf das Panorama von Moskau hinabblickt. »Unser Fünfjahresplan.«[34]

Kurze Zeit später erfährt Jones, worauf dieser Plan in der Praxis beruht.

*

Am 15. August, nach einem zehntägigen Aufenthalt in Moskau, schickt Gareth seinen Eltern eine Ansichtskarte mit Stalin, der aufrecht an einem runden Tisch sitzt. Seine rechte Hand ruht auf einem Stapel von Dokumenten. Vielleicht ist das der Fünfjahresplan.

---

33 Gareth Jones verwendet die Formulierung »Kommunistische Akademie« (»Communist Academy«) – wahrscheinlich geht es um die Akademie für Kommunistische Erziehung.

34 Das gesamt Gespräch nach: Gareth Jones, *Communists' Five-Year Plan. How it is Working in Russia*, »The Western Mail«, 7. April 1931.

»In einer Stunde fährt mein Zug nach Rostow, genau 32 Stunden nach Süden, wo ich staatliche Landwirtschaftsbetriebe und Agrargenossenschaften sehen werde«, schreibt der Absender auf der Rückseite. »Am 24. August (Sonntag) sollte ich in Moskau zurück sein, und am 25. von dort nach Berlin aufbrechen. [...] Ich freue mich sehr.«[35]

Am nächsten Tag berichtet er:

> Ich bin auf halbem Weg nach Rostow. Die Zeit in russischen Zügen vergeht sehr schnell, ich schlafe sehr gut und bequem auf Matratzen, sauberen Kissen und Bettwäsche, kann ausgestreckt liegen. Der Zug ist gestern um vier Uhr am Nachmittag in Moskau abgefahren, und am Bahnhof in Tula hatte ich ein wahres Festmahl: Belegte Brote mit Käse, Kuchen und Limonade. Ein kosakischer Kommunist mit einem Orden mit roter Fahne erzählte mir viel vom heutigen Russland, und ich habe einer Diskussion über Fabriken und Ingenieure zugehört. Ich bin nun also in der Ukraine. Viele Menschen reisen hier mit Teekesseln und laufen an jeder Station hinaus, um heißes Wasser zu holen.[36]

Dreckig und unrasiert nach der zweitägigen Reise steigt er am Sonntag, dem 17. August um halb sechs morgens an dem kleinen Bahnhof in der Ortschaft Jassynuwata aus. »Etwa in zwölf Minuten soll ich in Hughesowka sein«, schreibt er den Eltern. »Meine Reise von Moskau war erlebnisreich. Ich wünschte, ich hätte Zeit, Euch jetzt davon zu erzählen.«[37]

Und schließlich:

> Hughesowka!!
>
> Ich bin in Hughesowka! Hierher zu gelangen, hat mich viel Zeit gekostet, aber ich konnte nicht anders. Ich sitze im Park bei der Kirche. Ich wünschte, ich hätte Zeit, das Haus von Herrn Hughes zu besuchen, aber alles, was ich in Erfahrung gebracht habe, ist, dass es jetzt Herrn Balfour gehört und es außerhalb der Stadt liegt, aber mein Zug geht um elf Uhr. Großartig, dass ich hier sein kann, wo Du gelebt hast. Es wäre schwierig, hier jemanden zu finden, den Du gekannt hast. Das Einzige, was ich also tun kann, ist Dir meinen sonntäglichen Brief von hier zu schicken. Und nun fahre ich nach Rostow.[38]

---

35 Colley, *More Than a Grain*, S. 82.

36 Ebd.

37 Ebd., S. 83–84.

38 Ebd., S. 84.

»Sieh dir Moskau an«, sagte ein junger Bolschewik zu Jones. »Das, was du ringsum siehst, symbolisiert die Zukunft der Welt.«

In demselben Brief schreibt Gareth, er habe einen herrlichen Ausflug mit einer Kutsche gemacht und der Kutscher habe sich noch an John Hughes erinnert. In der Stadt wird viel gebaut. Der Ankömmling hat keine Zeit, sich das Haus der Hughes' anzusehen, in dem seine Mutter wohnte. Höchstwahrscheinlich weiß er nicht, dass die Revolution es in einen Betrieb für Taubstumme verwandelt hat.[39]

In Rostow am Don steigt Jones, wie er berichtet, in einem sehr sauberen Hotel ab. Er bewundert das Bautempo und die industrielle Entwicklung im Land. Er besichtigt einen staatlichen Landwirtschaftsbetrieb und eine Kolchose. »Es ist unglaublich«, begeistert er sich in einem Brief an die Eltern, »wie sie es geschafft haben, die Wüstensteppe in eine riesige, sich über Hunderttausende Morgen Land hinziehende Farm zu verwandeln, in der die modernsten Gerätschaften Verwendung finden. In weniger als eineinhalb Jahren haben sie eine Ortschaft errichtet, wo zuvor niemand gesät und gearbeitet hat.«[40] Und außerdem: Was es hier in den staatlichen Landwirtschaftsbetrieben zu essen gebe!

Der britische Professor Ray Gamache, der sich wissenschaftlich mit Jones' journalistischer Karriere befasst hat, weist darauf hin, dass in den von Gareth nach Hause geschickten Briefen »alles im Garten dieses ›Arbeiterparadieses‹ rosarot zu sein schien«.[41]

Gareth erwähnt darin nicht den Witz, den ihm auf der Zugfahrt durch die bedrückenden Steppen des Nordkaukasus ein gewisser Georgier erzählt hat, der ihn mit Brot und Tomaten bewirtete:

Der Pilot eines Wasserflugzeugs sah plötzlich im Meer einen Ertrinkenden. Er landete, und es gelang ihm, den Mann herauszuziehen. Er holte ihn ins Flugzeug, erst einen Moment später bemerkte er verblüfft, dass es Stalin war, die einflussreichste Person in ganz Russland. Stalin drückte dem Piloten kräftig die Hand, nannte ihn einen sehr mutigen Menschen und erklärte, dass ihm eine Belohnung gebühre, weil er ihm das Leben gerettet habe. »Du kannst um alles bitten, was du willst«, sagte er. Der Pilot kratzte sich am Kopf, dachte einen Moment lang nach und entgegnete: »Ich habe nur eine Bitte, dafür ist sie mir sehr wichtig. Um Gottes

39 Grzegorz Szymanik, Julia Wizowska, *Po północy w Doniecku* [Nach Mitternacht in Donezk], Warszawa 2016, S. 18.

40 Colley, *More Than a Grain*, S. 84.

41 Gamache, *Gareth Jones. Eyewitness*, S. 85.

willen, bitte sagen Sie niemandem, dass ich Sie gerettet habe, sonst steht es schlecht um mich.«[42]

Gegen Ende des Monats trifft Jones mit dem Zug aus Moskau in Berlin ein und schickt seinen Eltern von dort aus den ersten ehrlichen Brief. Er räumt ein, dass die Kommunisten ihm gegenüber unheimlich nett gewesen seien und ihm ein interessantes Besichtigungsprogramm ermöglicht hätten, dafür könne man in den Läden nichts kaufen, und falls es etwas gebe, seien die Preise schwindelerregend.

> Hurra! Wie wunderbar, wieder in Deutschland zu sein, absolut wunderbar. Russland befindet sich in einem erbärmlichen Zustand; verdorben, ohne Essen, nur Brot; Verfolgungen, Ungerechtigkeit, Armut unter den Arbeitern und 90% Unzufriedene. Ich habe sehr schlimme Dinge gesehen, es macht mich rasend, wenn ich daran denke, dass die Leute wie XXX [gestrichen] dorthin fahren, ihr Besuch ist genau geplant, also mangelt es nicht an Essen, und dann fahren sie zurück und erzählen, dass Russland das Paradies sei. Im Süden des Landes spricht man von einer neuen Revolution, aber sie bricht nicht aus, die Armee und die OGPU[43] (Geheimpolizei) sind zu stark. Der Winter wird dort großes Leid bringen, die Menschen hungern schon jetzt. Die Regierung ist die brutalste auf der ganzen Welt. Die Bauern hassen die Kommunisten. In diesem Jahr wurden Tausende der besten Russen nach Sibirien geschickt und ins Lager auf den Solowezki-Inseln. Die Menschen beginnen, die Regierung offen zu kritisieren. Im Donbass sind die Bedingungen unerträglich. Tausende gehen fort. Ich werde nie die Nacht vergessen, die ich auf dem Weg nach Hughesowka auf einem Bahnhof verbracht habe. Einer der Gründe, warum ich so schnell abgereist bin aus der Stadt, war, dass ein Brötchen das einzige Essbare war, das ich dort auftreiben konnte – das war alles, was ich bis um sieben Uhr bekommen habe. Viele Russen sind zu schwach, um arbeiten zu können. Ich habe Mitleid mit ihnen. Sie können nicht streiken, weil man sie gleich erschießen oder nach Sibirien verbannen würde. Die Kommunisten haben viele Feinde im Land. Dennoch werden in vielen Branchen Fortschritte erzielt, und es besteht die Chance, dass, falls der Fünfjahresplan realisiert wird, Russland zu prosperieren

42 Gareth Jones, *My Russian Diary III*, »The Star«, 29. Oktober 1930.

43 OGPU, Objedinjonnoje Gossudarstwennoje Polititscheskoje Uprawlenije (Vereinigte Staatliche Politische Verwaltung) – Geheimpolizei der UdSSR in den Jahren 1923–1934; 1934 ging sie im NKWD auf.

> beginnt. Aber bevor es dazu kommt, wird es großes Leid geben, werden Unruhen entstehen und viele Menschen sterben.[44]

Es ist nicht bekannt, ob Jones, während er diese Worte schreibt, weiß, dass der sowjetische Unterhändler und spätere Außenminister Maxim Litwinow während einer Verhandlung mit den Amerikanern, die den Russen 1921 ihre Hilfe anboten (»Wir kommen nicht, um gegen Russland zu kämpfen, sondern um Lebensmittel zu bringen«), wiederholt sagte:

»Ja, aber Lebensmittel sind auch eine Waffe.«[45]

Und er war nicht der Einzige, der so dachte.

---

44 Colley, *More Than a Grain*, S. 85.

45 George Seldes, *You Can't Print That: The Truth Behind the News, 1918–1928*, New York 1929, S. 230; zitiert nach Applebaum, *Roter Hunger*, S. 49.

Kapitel 2

Erzähl uns von den blauäugigen Komsomolzinnen

Die Kommunisten verstanden rasch, dass Lebensmittel ein mächtiges politisches Instrument sind.

Im Jahr 1918 schrieb Lenin in einem an die ukrainische Front geschickten Telegramm: »Setzt um Gottes willen alle Energie und alle revolutionären Maßnahmen ein, um Getreide, Getreide und noch mehr Getreide zu schicken!!«[46] Der Aufbau des russischen Kommunismus war im Gange, und die revolutionären Arbeiter aus Moskau und Sankt Petersburg, die ihm zur Herrschaft verholfen hatten, mussten ernährt werden. Am besten auf Kosten der Ukraine. Das Korn der Bauern konfiszierten spezielle »Requirierungskommandos«. Im Januar des darauffolgenden Jahres besetzten die Bolschewiki aufs Neue die Ukraine. Sie bemühten sich, den Eindruck von Befreiern zu machen, die gegen ukrainische Nationalisten kämpften, aber es gelang ihnen immer noch nicht, die Kontrolle über das gesamte Territorium zu erlangen.

Die Obsession der Bolschewiki in puncto Lebensmittel war nicht grundlos. Die Probleme begannen schon nach Ausbruch des Ersten Weltkriegs. Als die Distribution zentralisiert und verstaatlicht wurde, herrschte Chaos, und es kam zu noch größerer Knappheit.

46 Telegramm an Antonow-Owsijenko und Ordschonikidse, in W. I. Lenin, *Polnoje Sobranije Sotschineni*, L, Moskau 1970, S. 30, hier zitiert nach: Applebaum, *Roter Hunger*, S. 44.

Ein spezielles Komitee zur Vorbereitung und Koordination der Lebensmittelversorgung beschloss, die Zwischenhändler auszuschalten und ein nichtkapitalistisches System zur Kontingentierung von Getreide einzuführen, was die Krise nur vergrößerte. Der Mangel an Brot war der unmittelbare Grund für den Sturz des Zaren und die Februarrevolution von 1917.

Wie Anne Applebaum feststellt, hielt Lenin, obwohl der Hunger die Bolschewiki an die Macht gebracht hatte und trotz der zunehmenden Krise, »die staatliche Lebensmittelversorgung des Sonderausschusses deshalb aber nicht für falsch. Vielmehr kam er zu dem Schluss, seine Methoden seien nicht streng genug gewesen, vor allem in der Ukraine.«[47] Der Bürgerkrieg zwischen den »roten« Bolschewiki und ihren »weißen« Gegnern dauerte an. Von der ukrainischen Landwirtschaft hing der Erfolg der Revolution und die Zukunft des kommunistischen Russland ab. Deshalb wurden Maßnahmen ergriffen, die später als Kriegskommunismus bezeichnet wurden: Unter Androhung der Erschießung wurde das Getreide beschlagnahmt und anschließend an die wichtigsten Bürger des Landes weitergeleitet – Soldaten, Arbeiter und Parteimitglieder.

Mit dem Kriegskommunismus ging der Kampf gegen alle Formen des freien Handels einher. »Alles Gerede über dieses Thema«, meinte Lenin, »alle Versuche, ihn zu fördern, sind eine große Gefahr, ein Rückzug, ein Schritt zurück vom sozialistischen Aufbau, den das Kommissariat für Ernährung unter unglaublichen Schwierigkeiten ausführt, in einem Kampf mit Millionen Spekulanten, die der Kapitalismus uns hinterlassen hat.«[48]

Er befahl entschieden, Lebensmittel in die Hauptstadt bringen zu lassen. Mit Südrussland sollte sich Stalin befassen. Auf dem Weg nach Zarizyn (dem späteren Stalingrad) begleiteten ihn in zwei Panzerzügen fast 500 Soldaten der Roten Armee. Er teilte Lenin mit, dass »dort Trinkgelage und Spekulation grassieren«. Einen Monat später beruhigte er: »Wir werden gegen niemanden Mitleid zeigen, weder gegen uns selbst noch gegen andere, aber wir werden euch Brot bringen.«[49] Die Expedition führte zum ersten Konflikt zwischen ihm

47 Applebaum, *Roter Hunger*, S. 49.

48 Alan M. Ball, *Russia's Last Capitalists: The Nepmen, 1921–1929*, Berkeley, CA 1987, S. 6, hier zitiert nach Applebaum, *Roter Hunger*, S. 51.

49 Stalin, Dzieła, Band 4, Warszawa 1951, S. 126, 128, hier zitiert nach Applebaum, *Roter Hunger*, S. 53.

und seinem künftigen politischen Rivalen Leo Trotzki[50] und war ein Vorbote dessen, wie der Diktator mehr als ein Jahrzehnt später vorgehen sollte. Verhaftungen, Prügel und Massenexekutionen halfen schließlich, die nach Moskau gehenden Züge bis zum Rand zu füllen.

Die Kommunisten wiegelten die Russen auf, indem sie ihnen sagten, die ukrainischen Bauern seine Schuld daran, dass sie hungerten. Außerdem bemühten sie sich, auch dadurch Konflikte zwischen den Bauern selbst zu schüren, indem sie sie in verschiedene Kategorien einteilten. Das war für sie notwendig, weil sie, starr den Theorien des Marxismus folgend, die Welt in Hierarchien sahen. Deshalb wurden die Bauern in Kulaken, Mittelbauern und Arme unterteilt. »Zu diesem Zeitpunkt versuchten sie aber hauptsächlich zu definieren, wer zum Opfer ihrer Revolution werden sollte und wer Nutznießer«[51], meint Anne Applebaum. Den Komitees armer Bauern wurde erklärt, dass ihr Schicksal davon abhänge, ob sie die Kulaken beraubten.

Mitte 1919 gelang es den Ukrainern, die Bolschewiki aus Kiew hinauszuwerfen. Ein Bauernaufstand war im Gange, der zu den brutalsten in der neueren Geschichte Europas zählt. Die Bauernarmee von Nestor Machno, vereint unter der schwarzen Flagge der Anarchisten, wollte den Staat abschaffen und wandte sich gegen alle: die »österreichisch-deutschen Tyrannen«, die »Henker Denikins« (des zaristischen Generals Anton Denikin), die Petljura-Nationalisten, schließlich sogar gegen »die Diktatur der bolschewistisch-kommunistischen Partei«, mit der sie anfangs sympathisierte.[52] Es herrschte Anarchie, Kyjiw (Kiew) ging von Hand zu Hand, und die Machno-Leute griffen jeden an, der gerade die Macht übernommen hatte. Überall grassierten bewaffnete »Banden aus Bauern oder Freibeutern«, schreibt der amerikanische Historiker Richard Pipes, »die völlig straflos plünderten und mordeten«.[53]

50 Der Konflikt zwischen Stalin und Trotzki verschärfte sich infolge des Kampfes um die Lenin-Nachfolge nach dessen Tod 1924. Im Jahr 1929 wurde Trotzki aus der UdSSR verbannt, drei Jahre darauf wurde ihm für »konterrevolutionäre Tätigkeit« die Staatsbürgerschaft entzogen, und 1940 wurde er auf Stalins Befehl in seinem Haus in Mexiko-Stadt ermordet.

51 Applebaum, *Roter Hunger*, S. 57.

52 »Genossen in der Roten Armee!« (Juni 1920), zitiert nach Peter Arshinov, *The History of the Makhnovist Movement (1918–1921)*, London 1974, S. 273, hier zitiert nach Applebaum, *Roter Hunger*, S. 66.

53 Richard Pipes, *The Formation of the Soviet Union*, überarb. Aufl. Cambridge, MA 1997, S. 97, hier zitiert nach Applebaum, *Roter Hunger*, S. 70.

Unter den Ukrainern war die Ansicht verbreitet, die Kommunisten sollten den Sozialismus ohne den Bolschewismus errichten. Sie wollten eine drastische Veränderung, aber nicht unter dem Diktat der Russen. Sie forderten einen Sozialismus ohne Autoritarismus und einen Kommunismus ohne Bolschewismus.

> »Wir sind Bolschewiki«, sagten die Bauern in der Ukraine, »aber keine Kommunisten. Die Bolschewiki gaben uns das Land, aber die Kommunisten nehmen uns das Getreide weg, ohne uns etwas dafür zu geben. Wir werden der Roten Armee nicht gestatten, uns die Kommune an den Hals zu hängen. Nieder mit der Kommune! Lang leben die Bolschewiki!«[54]

Anne Applebaum zufolge herrschte eine solche Begriffsverwirrung, dass man diese Sätze auch hätte umkehren können: »Nieder mit den Bolschewiki! Lang lebe die Kommune!«[55]

Der Aufstand der ukrainischen Bauern zerstörte nicht nur Dörfer und führte zu Spaltungen. Von diesem Moment an wird die Ukraine für die Russen immer ein Unruheherd bleiben, der eine zu starke Opposition hervorbringen kann. Zusätzlich erzürnte sie Józef Piłsudski, der mit Petljura die Erschaffung eines ukrainischen Staates vereinbarte.

Die erbarmungslose Konfiszierung von Getreide im Jahr 1920 bewirkte, dass sich die ukrainischen Bauern immer weniger um Anbau, Aussaat und Lagerung kümmerten. Die Hungersnot von 1921 wurde nicht vertuscht. Die Moskauer Presse informierte, dass 25 Millionen Menschen hungerten. Die Behörden versuchten, den Hungernden zu helfen, aber das betraf nur in geringerem Maße die Ukraine.

An Brot mangelte es wieder 1927, als Stalin mit Lenins Neuer Ökonomischer Politik brach. Zudem sorgten sich die Russen, dass einige Ukrainer mit einer polnischen Invasion rechneten, die sie vor der nächsten Beschlagnahme von Getreide retten sollte. »Laut Berichten der Geheimpolizei sagten Bauern zueinander: ›In zwei Monaten werden die Polen in der Ukraine sein, und das ist das Ende der Getreideeintreibung‹ oder ›Wir haben kein Getreide, weil die Behörden es nach Moskau schaffen, und sie schaffen es weg, weil sie

---

54 Elias Heifetz, *The Slaughter of the Jews in the Ukraine in 1919*, New York 1921, S. 59, hier zitiert nach Applebaum, *Roter Hunger*, S. 67.

55 Applebaum, *Roter Hunger*, S. 68.

David Lloyd George in den Zwanzigerjahren

wissen, dass sie die Ukraine bald verlieren. Macht nichts, die Zeit kommt, wo sie das Weite suchen müssen.‹«[56]

1928 fuhr Wjatscheslaw Molotow, Mitglied des Politbüros des ZK der Kommunistischen Allunions-Partei (Bolschewiki), auf Anweisung Stalins in die Ukraine. Er brachte nichts als schlechte Nachrichten mit: Die Ukraine lieferte von Monat zu Monat immer weniger Korn. Als Schuldige machte er nicht mehr nur die Kulaken und Spekulanten aus, sondern auch die ukrainischen Kommunisten. Die politische Polizei berichtete, einer von ihnen habe sich beklagt: »Die Bolschewiken haben die Ukraine noch nie so systematisch und zynisch ausgeraubt wie jetzt. Es wird ohne Zweifel eine Hungersnot geben …«[57]

*

Kurz nach seiner Rückkehr aus Moskau, Anfang September 1930, erhält Gareth Jones einen dringenden Anruf. Man erwartet ihn in Churt, dem Landsitz von Lloyd George in der Grafschaft Surrey. Erster Klasse fährt er mit dem Zug nach Farnham, dort wartet ein Auto auf ihn. Die Residenz des ehemaligen Premierministers ist wunderschön. Gareth bekommt ein Zimmer mit Ausblick auf den perfekt getrimmten Rasen. Er macht sich frisch und geht hinab in den Salon. Dort trifft er niemanden an, also begibt er sich in die Bibliothek, wo ein im Garten geführtes Gespräch zu hören ist, und er erkennt die Stimme Lloyd Georges. Einen Moment später erscheint der ehemalige Premierminister, er lächelt freundschaftlich. »Hallo Gareth«, er klopft Jones auf die Schulter. Kurz darauf nähert sich auch Seebohm Rowntree, ein schon damals geschätzter Soziologe, Spezialist für Arbeitspsychologie und Erbe einer Schokoladenfabrik, in der bald der KitKat-Riegel entstehen wird.

»Ihr braucht das nicht, weil ihr dunkle Anzüge habt«, bemerkt Lloyd George, »aber ich gehe mich umziehen.«

Rowntree und Jones setzen sich.

---

56 Ebd., S. 142; die Autorin zitiert Ljudmyla Hrynewytsch, *The Price of Stalin's »Revolution from Above«: Anticipation of War among the Ukrainian Peasantry, Key Articles on the Holodomor Translated from Ukrainian into English*, Holodomor Research and Education Consortium, S. 4–5, http://holodomor.ca/translated-articles-on-the-holodomor (Zugriff: 23. Januar 2019).

57 Zitiert in Wasyl Danylenko (Hg.), *Pawlohradske powstannja 1930: dokumenty i materialy*, Kiew 2009, S. 14–15, zitiert nach Applebaum, *Roter Hunger*, S. 149.

»Ich habe ihnen so begeistert von unserem Gespräch über Russland berichtet, dass sie umgehend erklärten, sie müssten Sie hierherholen«, schmunzelte Rowntree. »Ich sagte, es sei aufregender gewesen als jeder Roman, den ich gelesen habe, zweifellos haben Sie ein Talent zum Geschichtenerzählen.«

Sie stehen auf und gehen in den Garten. Zwischen Blumen und Gemüse wachsen dort auch Himbeeren – Lloyd George liebt sie so sehr, dass eine Sorte davon nach ihm benannt wird. Es erscheinen ein Mann namens Wallace Stewart sowie Philip Kerr, der Marquess of Lothian, ein Aristokrat und Politiker, der ehemalige Sekretär Lloyd Georges. Kurz darauf schließt sich der ehemalige Premierminister an, herausgeputzt mit einem violetten Samtmantel und in blendender Laune. Sofort spricht er Jones auf die ukrainischen Bauern an.

Jones ist der Jüngste der Anwesenden – er ist 25 Jahre alt, jeder der restlichen Männer könnte sein Vater sein. Doch trotz seines jungen Alters sieht er älter aus. Seine Brille, die hohe Stirn, die zudem von den nach hinten gekämmten Haaren entblößt wird, aber auch die Krawatte und das Einstecktuch in der Tasche des Jacketts, die er trägt, seit er beim ehemaligen Premierminister angestellt ist, verleihen ihm Seriosität. Als er von den Kulaken erzählt, hören ihm die Älteren aufmerksam zu, und plötzlich lacht Lloyd George laut auf:

»Dann bin ich wahrscheinlich ein Kulak, und du, lieber Marquess of Lothian, bist ein Superkulak.«

Während des Mittagessens können sie nicht genug von den Geschichten bekommen.

»Erzähl uns noch etwas von den Kellnerinnen«, drängt ihn Rowntree, und die übrigen lassen ihm keine Ruhe mit den blauäugigen Komsomolzinnen.

»Die Ärmsten«, Lloyd George wird für einen Moment ernst, da Jones lieber davon berichtet, was er im Donbass gesehen hat. »Aber sag, was sie mit uns tun würden, wenn wir hier eine sowjetische Regierung hätten.«

»Man würde Sie erschießen, *Sir*«, antwortet Jones.

»Und was wäre mit Marquess of Lothian?«

»Nun, er käme in ein Lager auf den Solowezki-Inseln.«

»Und Rowntree?«

»Bestimmt würden sie ihn zum Verantwortlichen für die sowjetische Schokoladenindustrie machen, und es gäbe einen Kommunisten, der sich um ihn kümmert. Und wenn er all sein Wissen preisgegeben hätte, würden sie sich seiner entledigen.«

Die erheiterten Herren begeben sich in den geräumigen Salon, wo sie die nächsten Stunden verbringen.

Als Jones die Bomben mit Tränengas erwähnt, von denen er gehört hat, dass sie auf den russischen Straßen eingesetzt werden, ist Lloyd George Feuer und Flamme:

»Es gibt Orte in London, wo ich solche Bomben gerne hinwerfen würde.«

»10 Downing Street«, Wallace Stewart muss lachen, als er die Adresse des Dienstsitzes des Premierministers von Großbritannien und der Regierung Seiner Königlichen Majestät nennt. »O ja, die würde ich gerne ein wenig aufwecken.«

Doch Jones bleibt ernsthaft und erzählt von der außergewöhnlichen Energie und dem Enthusiasmus in der kommunistischen Partei Russlands.

»Bei uns kenne ich einige Minister, die weder Energie noch Enthusiasmus haben«, scherzt Lloyd George wieder.

Aber Marquess of Lothian bekommt nach Gareth Jones' Geschichten schlechte Laune. Er sorgt sich, dass sich das 16. Jahrhundert wiederholen könnte.

»Wir haben uns an den Gedanken gewöhnt«, sagt er, »dass es in einem Jahrhundert nur einen großen Krieg geben kann. Aber wir leben in einem Jahrhundert, in dem uns vielleicht eine ganze Reihe von Religionskriegen bevorsteht. Diese neue Religion wird der Kommunismus sein.«

Lloyd George bemerkt, dass sich in dieser Situation Polen in der größten Gefahr befindet, doch nicht besonders rosig sieht es für die Zukunft ganz Europas aus.

Von halb neun bis fast um elf hören Jones alle aufmerksam zu. Nur der ehemalige Premierminister geht, da er müde ist, etwas früher schlafen. Als er gegangen ist, platzt Wallace heraus:

»Ich habe Lloyd George noch nie so zuhören sehen wie heute. Gewöhnlich hören wir ihm die ganze Zeit zu.«[58]

Anderntags zieht Gareth Jones bequeme Kleidung an, trinkt einen Tee und geht hinunter. Der ehemalige Premierminister schlägt sofort einen Spaziergang vor.

Sie sprechen über auswärtige Angelegenheiten. Jones meint, dass die Reichswehr Geheimgespräche mit der Roten Armee führe.

---

58 Beschreibung des Abends nach: Colley, *More Than a Grain*, S. 86–87.

»Ganz richtig«, bejaht Lloyd George. »Ich habe das immer erwartet. Dasselbe würde ich tun, wenn ich Deutscher wäre. Damit machen sie sich unabhängig von Frankreich. Trotz deiner harschen Berichte über Sowjetrussland spüre ich, dass doch eines Tages etwas Gutes daraus hervorgehen wird. Natürlich wird der Fünfjahresplan keinen Erfolg haben. Es wird ihnen wohl nicht gelingen, dass Russland in zwei oder drei Jahren prosperiert. Bessarabien hat Schwierigkeiten. Polen wird Probleme machen. Sie sind so verantwortungslos. Es wird eine Zeit kommen, da müssen wir ihre Sache in unsere Hände nehmen.«

Während des Frühstücks ist Marquess of Lothian noch unruhiger als am Abend zuvor. Er erklärt, die Aufrüstung in Europa werde zu nichts anderem führen als zu Krieg. Und der Tag rücke näher, an dem sich die Revisionisten und die Nicht-Revisionisten gegenüberstünden.

Das Gespräch wendet sich inländischen Themen zu, aber nur für kurze Zeit, denn gleich unterbricht jemand mit der Frage, ob Stalin ein großer Mann sei.

Der ehemalige Premierminister antwortet:

»Der einzige große Organisator, den Russland hervorgebracht hat, war Trotzki. Die Zukunft Russlands hängt davon ab, ob dort eine große Persönlichkeit auftauchen wird. Deutschland ist das wahre Hindernis, das dem Bolschewismus im Weg steht, nicht Polen.«[59]

Doch nicht die Ansichten des ehemaligen Premierministers sind heute das Wichtigste, die kennen alle gut. Zum Star der morgendlichen Plauderei wird wieder Gareth Jones. Marquess of Lothian ist so beeindruckt von dessen Wissen über die Situation in Russland, dass er beschließt, ihn mit Geoffrey Dawson bekanntzumachen, dem Chefredakteur von *The Times*. Schon im Oktober druckt die renommierte Tageszeitung eine Serie dreier Texte von Jones unter dem gemeinsamen Titel: »Die zwei Russlands«.

Bevor es jedoch dazu kommt, debütiert Gareth als Auslandskorrespondent in *Liberal Women's News* mit dem Text »Glimpses of Soviet Russia«[60], und kurz darauf publiziert er anonym »The Snobbery of Soviet Russia« in *The News Chronicle*. Diese Publikationen zeichnen ein kohärentes Bild.

---

59 Ebd., S. 87–89.

60 Gareth Jones, *Glimpses of Soviet Russia*, »The Liberal Woman's News«, 18. September 1930.

Der Autor schreibt:

> »Was ist dein Vater? Ein Arbeiter oder ein Bourgeois?« Wie viele Russen haben mir diese Frage gestellt! Ein fetter Offizier der Roten Armee, der mich in London zu besuchen versprach, wenn die Weltrevolution ausgebrochen sein wird, war äußerst besorgt herauszufinden, ob ich durch den Kapitalismus belastet sei oder nicht. Als ich ihm eröffnete, dass ich ein Bourgeois sei, tat ich ihm leid. Er sagte mir eine schlimme Zukunft voraus, wenn es die weltweite Union der Sowjetrepubliken einmal geben werde. Doch er sagte auch, mein Schicksal werde, da ich eher ein Intellektueller als ein Kapitalist sei, vielleicht nicht ganz so schlimm sein.[61]

Gareth beschreibt auch andere Situationen, die ihn davon überzeugt haben, dass in Russland ein viel größerer Wert darauf gelegt wird, wer dein Vater ist, als darauf, wer du selbst bist.

Im Theater sieht er sich eine Aufführung über eine leidenschaftliche junge Kommunistin an, die gegenüber den Arbeitern in einer Fabrik den Fünfjahresplan anpreist. Als die Produktion nachlässt, mobilisiert sie die anderen zu größerer Produktivität. Aber da platzt eine Bombe: Ein betrunkener Mann verrät eine schändliche Tatsache aus dem Lebenslauf der jungen Frau: Ihr Vater war ein zaristischer Polizist. »Schmeißt sie aus der Partei«, fordern die Leute. Die Frau muss ihren Platz räumen.

In einer Drogerie spricht eine Frau die Verkäuferin mit »junge Dame« anstelle von »Genossin« an, wodurch sie unbewusst ihre bourgeoise Herkunft verrät und die anderen Kunden in Aufruhr versetzt.

»Sieh dir diese Kinder an«, sagt eine Russin bei einer anderen Gelegenheit zu Jones. »Sie sind unglücklich geboren, weil ihre Väter keine Arbeiter sind. Nie werden sie sich im Leben zurechtfinden. Sie werden nicht in der Lage sein, einen Platz an der Universität zu bekommen, und werden hungern, solange nicht alle Kinder von Arbeitern satt sind.«

Bei den Treffen mit Jones ist den Gesprächspartnern gewöhnlich bewusst, dass er Ausländer ist, aber es kommt auch vor, dass sie denken, sie hätten es mit einem Russen zu tun. Gareth versucht, keine Notizen zu machen. Das Notizbuch zückt er erst nach dem

---

61 *The Snobbery of Soviet Russia*, by an Englishman recently returned from Moscow, »News Chronicle«, 3. Oktober 1930.

Gespräch, das Wichtigste schreibt er sich aus dem Gedächtnis auf. Er weiß, wie viel die Menschen riskieren, wenn sie die sowjetischen Machthaber vor einem Unbekannten kritisieren – in seinen Pressetexten verrät er ihre Personalien nicht.

In einem Bericht schreibt er, dass man in jedem Restaurant unter Porträts von Lenin, Stalin oder Kalinin (eines aus einer Bauernfamilie stammenden Bolschewiken, der seit 1919 formell an der Spitze des Staates steht) speist, in Propagandaparolen heißt es: »Am 1. Mai denk an die unterdrückten Arbeiter in den kapitalistischen Ländern!« In den Fabriken werden Plakate aufgehängt mit der Losung: »Gott und Alkoholiker sind die Feinde des Fünfjahresplans«. Vor der Staatlichen Tretjakow-Galerie sieht man die Aufschrift: »Die Kunst ist Waffe des Klassenkampfes«. Andere Transparente warnen die Kapitalisten, dass ihnen die revolutionäre Bewegung nicht Frieden bringen wird, sondern das Schwert. Und im Hotel Metropol, das immer noch am meisten von Ausländern besucht wird, findet Jones die Aufforderung vor: »Arbeiter aller Länder: vereinigt euch!«

Die russische Gesellschaft, so schreibt Gareth, bestehe zu zehn Prozent aus Herrschenden, gewöhnlich Parteimitgliedern, und zu 90 Prozent aus Beherrschten, die zum überwiegenden Teil enttäuscht seien von den Kommunisten und sich davor fürchteten, den kommenden Winter nicht zu überstehen.

Er zitiert den Arbeiter einer Fabrik für landwirtschaftliche Geräte: »Alles bricht zusammen. Nichts kann man kaufen. Weder Schuhe noch Kleidung. Die Arbeiter in meiner Fabrik verdienen zwischen 80 und 100 Rubel, und 120 Rubel braucht man mindestens, um zu überleben.«

Ein Bergmann, der aus einem Bergbaurevier davongelaufen ist, sagt Jones: »Alle fliehen aus dem Donbass, weil sie nichts zu essen haben. In Russland gibt es nichts mehr. Die Situation ist hoffnungslos. Das Einzige, was die Kommunisten uns versprechen, ist, dass sich das Land gut entwickeln wird, wenn der Fünfjahresplan erfüllt wird. Mein Leben ist wie eine Blüte: Bald verwelkt sie. Ich möchte jetzt essen und leben. Was interessiert es mich, was in 100 Jahren geschieht?«

Ein anderer Bergmann: »All unser Getreide schicken sie ins Ausland, um Fabriken zu bauen.«

Der nächste: »Wir lesen keine Nachrichten, wir wissen doch, was sie da schreiben. Ich glaube nicht, was in den Zeitungen und auf den Plakaten steht. Die alle lügen, lügen, lügen.«

Eine Arbeiterin: »Für den Monatslohn für meine Vollzeitarbeit kann ich einen Teller Tomaten und Kartoffeln und eine kleine Portion Fisch kaufen. Wie soll ich da leben?«

Die Mitarbeiter einer Kolchose: »Das ist ein Hundeleben. Da würde man unter der Erde besser leben. Sie zwingen uns, den Kolchosen beizutreten. Die besten Leute, die Tag und Nacht gearbeitet haben, wurden in den Ural und nach Sibirien deportiert, ihre Häuser wurden beschlagnahmt. Was hat man von so einem Leben?«

Viele Russen sagen: »Wenn nur Lenin noch leben würde, würde alles anders kommen.«

Ein Facharbeiter: »Ich habe Angst, mich mit dir zu unterhalten. Du kannst ein Spion sein.«

Ein Kommandeur der Roten Armee: »Es muss Krieg geben. Das ist unvermeidlich. Vielleicht erklären uns den nicht die Briten, aber mit Sicherheit benutzen sie andere dazu, beispielsweise die Polen oder die Chinesen.«[62]

Jones unterhält sich mit Bauern, Bergleuten, den letzten Kleinproduzenten, Geistlichen, Beamten und Ingenieuren, aber auch Journalisten von Moskauer Zeitungen. Er schreibt auch auf der Grundlage eigener Beobachtungen. Sein Wissen schöpft er schließlich aus anderen Zeitungen und Gesprächen mit ausländischen Experten. Seine Texte sind jedoch selten objektive journalistische Berichte. Sie sind eher die Notizen eines Augenzeugen oder Analysen eines Diplomaten. Die einen nehmen die Form eines in der ersten Person Singular geschriebenen Tagebuchs an, die anderen besitzen eine eher analytische Form.

Gareth Jones' erste Artikel werden überwiegend anonym publiziert, und der Autor wird als ein »Engländer« vorgestellt, »der kürzlich aus Moskau zurückgekehrt ist« oder »dem es gelungen ist, aus erster Hand Meinungen über das Regime und dessen Prinzipien zu sammeln«, oder auch als »fließend Russisch sprechender Beobachter, der allein durch Russland gereist ist«. Er wird nicht als Journalist vorgestellt, und seine Personalien bleiben, wahrscheinlich wegen eventueller künftiger Reisen nach Russland, unbekannt.

62 Ebd.; *The Two Russias. 1. Rulers and Ruled*, *The Two Russias. 2. Fanaticism and Disillusion. Open Discontent*, from a correspondent, »The Times«, 14. Oktober 1930; *The Two Russias. 3. Strength of the Communists. War Propaganda*, from a correspondent, »The Times«, 16. Oktober 1930.

Doch etwa eine Woche nach der Serie von Artikeln in der *Times* macht Gareth einen Teil seines Reisetagebuches öffentlich. Die Londoner Zeitung *The Star* publiziert die Aufzeichnungen in Fortsetzung unter seinem Namen und stellt sie als »einen der hervorragendsten und realistischsten Berichte aus dem Neuen Russland« vor.[63]

Auf der Straße:

> Ihr könnt euch nicht vorstellen, was für einen hervorragenden Sinn für den Straßenverkehr die Londoner haben. Man wird sich dessen bewusst, wenn man mit dem Auto durch die Moskauer Straßen fährt. Dein Chauffeur jagt mit atemberaubender Geschwindigkeit über das Pflaster, die Fußgänger stieben im letzten Moment auseinander wie eine Herde Schafe. Alle laufen auf der Straße und niemand gibt acht, ob ein Auto kommt. Und wenn eins kommt, fluchen und schreien die Fußgänger. Erstaunlich, dass unser Weg nicht von Leichen übersät war.

Beim Friseur:

> Als er den Rasierschaum auftrug, fragte er auf Russisch: »Haben Sie ein Rasiermesser?« – »Ja, habe ich.« Er war ganz aufgeregt, dann hörte ich die ungewöhnlichste Bitte, die ich bei einem Friseur erwartet hätte. »Würden Sie es mir verkaufen?«, flüsterte er mir ins Ohr. »Aber Sie sind doch der Friseur. Sie könnten mir ein Rasiermesser verkaufen, nicht ich Ihnen«, erwiderte ich. »Wo ich doch ein neues Rasiermesser brauche. Alle unsere taugen nichts. Sie rasieren nicht, ich weiß nicht, wie ich arbeiten soll. Ich bin Kleinproduzent und gehöre keiner dieser neumodischen Genossenschaften an wie die auf der anderen Straßenseite mit dem Namen: Frisierbetrieb Weg ins Neue Leben. Bitte verkaufen Sie mir das Rasiermesser.«

Auf der Straße:

> Mit Ausnahme einiger dreckiger Schneidereien waren fast alle Läden staatliche Genossenschaften, und wie üblich gab es davor gewaltige Schlangen von Frauen mit Körben in den Händen. »Sie haben hier nicht gestanden. Sie haben sich vorgedrängelt«, keifte eine Frau mit rotem Gesicht eine Hagere an. »Lügnerin, ich stehe hier seit sechs Uhr morgens«, antwortete diese.

63 Gareth Jones, *My Russian Diary I*, »The Star«, 22. Oktober 1930.

Im Fenster hing ein Schild: »Es gibt keine Milch.« Etwas weiter in der genossenschaftlichen Fleischerei bemerkte Gareth die schlampige handgeschriebene Notiz: »Fleisch heute nur in kleinen Portionen ausschließlich gegen Arbeitercoupons und für Kinder.«

Auf einem Spaziergang:

> »Hast du davon gehört?«, fragte ein kleiner Russe, mit dem ich mich in einem Park unterhielt. »Bestimmt weißt du, dass wir jetzt alles mechanisieren. Überall führen wir Maschinen ein. Wir sparen Arbeitskraft ein. Unser Motto ist: Mehr Mechanisierung.«
>
> »Ja, ich habe Beispiele für eure Mechanisierung gesehen«, antwortete ich ganz ernsthaft, ohne mir dessen bewusst zu sein, dass der Junge scherzte.
>
> »Aber bestimmt hast du noch nicht den Ort gesehen, von dem ich dir gleich erzähle, ein hervorragendes Beispiel für unsere Mechanisierung. Es ist ein großes Geschäft, mit Dutzenden Abteilungen: Bekleidungsabteilungen, Lebensmittelabteilungen. Und die Mechanisierung ist so groß, dass dieses gewaltige Geschäft gerade mal einen Angestellten braucht.«
>
> »Und was macht er da?«, fragte ich wieder im Ernst.
>
> »Er steht nur in der Eingangstür und informiert die Kunden über das Fehlen von Ware.«

In einem genossenschaftlichen Restaurant:

> […] ein Kellner, ungefähr 30 bis 40 Jahre alt, betrachtete mich aufmerksam. Als ich mit Appetit die heiße und fettige Tomatensuppe gegessen hatte, die ich mir in einer langen, fünfzehnminütigen Schlange erstanden hatte, kam er zu mir und fragte: »Waren Sie schon mal in New York?«
>
> »Nein, warum?«, antwortete ich.
>
> »Ich habe einen Bruder in New York und würde auch gerne dorthin fahren. Immer wieder versuche ich es, aber sie erlauben mir nicht, das Land zu verlassen. Weder mir noch jemand anderem. So möchte ich nicht leben. Unser Essen ist schrecklich. Wie wunderbar wäre es, zu meinem Bruder nach Amerika zu fahren.«[64]

Die nächsten Artikel schreibt Gareth, ebenfalls schon unter seinem Namen, für die Zeitung *The Western Mail*, die im walisischen Cardiff herausgegeben wird. Sie erscheinen im April des darauffolgenden Jahres. Zuvor, in einem an Silvester 1930 publizierten Text über die

64 Zitierte Berichte nach: Jones, *My Russian Diary I* sowie *My Russian Diary II*.

Wirtschaftskrise dieses Jahres, überlegt sich Jones, ob der Sturm die Welt beherrschen oder ob die Sonne wieder scheinen wird. In einer neuen Reihe von Artikeln beschreibt er den Fünfjahresplan als dritten Akt des hochspannenden Dramas der bolschewistischen Revolution. Der erste Akt war der Ausbruch der Oktoberrevolution 1917, der zweite die Jahre 1921–1927, als Lenin und später dessen Nachfolger sich bemühten, den Kommunismus mit Elementen des Kapitalismus zu vereinbaren. Der dritte Akt – der Fünfjahresplan – begann im Jahr 1928, sein Ziel war die Industrialisierung, die Kollektivierung der Landwirtschaft und die Ausrottung jedes kapitalistischen Elements. Den Bauern erlaubte man, ihre Hütten, Hühner, eine Kuh und ein Schwein zu behalten. Das Land und die Maschinen gehören jetzt der Gemeinschaft, und die Bauern verwandeln sich in Kolchosarbeiter. Der Außenhandel unterlag dem Monopol der Regierung. Es werden massenhaft Butter, Eier und Fleisch exportiert – die in Russland in letzter Zeit so sehr begehrt sind –, und im Gegenzug werden Maschinen importiert.

In einem der Artikel für *The Western Mail* schreibt Jones:

> Die Traktoren gehen üblicherweise nach wenigen Stunden Benutzung kaputt. Das ist verständlich. Die Fabrik muss, um den Fünfjahresplan zu erfüllen, in einer bestimmten Zeit 1000 Maschinen produzieren. Wenn das nicht gelingt, kann ihr Leiter verhaftet werden, er kann erschossen werden oder man nimmt ihm die Lebensmittelcoupons weg. Folglich werden diese 1000 Traktoren produziert, ohne auf die Qualität zu achten. [...] Auf den Bahngleisen der UdSSR herrscht ein großes Durcheinander. Es werden schreckliche Fehler begangen. Die Angestellten erwartet dafür die Todesstrafe. Millionen Tonnen Kohle lagern im Donbass, weil sie nicht transportiert werden können. [...] Vermutlich wurden in letzter Zeit viele Kommunisten von Bauern ermordet, die ihr Land verteidigten. Die Massenschlachtungen von Rindern und Schweinen im Rahmen der raschen Kollektivierungskampagne im vergangenen Jahr bewirkten einen Mangel an Zuchtbeständen, der Russland für Jahre zu schaffen machen wird. Durch den Klassenkampf der Kommunisten auf dem russischen Land und die Verfolgung der wohlhabenderen Bauern (Kulaken), durch Verbannungen, ja manchmal auch Erschießungen verliert Russland die besten Arbeiter.[65]

65 Ders., *Russian Workers Disillusioned. Forces Against the Five-Year Plan*, »The Western Mail« 10. April 1931.

Den nächsten Text in *The Western Mail* fasst er mit dem Absatz zusammen:

»Der Erfolg des Fünfjahresplans würde die Kommunisten auf der ganzen Welt stärken. Vielleicht wird das 20. Jahrhundert das Jahrhundert des Kampfes zwischen Kapitalismus und Kommunismus sein.«[66]

Doch viele Russen erzählen sich zu jener Zeit einen Witz: Stalin schläft. Im Traum erscheint ihm Lenin und fragt, wie es Russland gehe. »Es kommt zu neuem Glanz«, erwidert Stalin. »Unsere Erfolge im Zusammenhang mit dem Fünfjahresplan sind imponierend.« Lenin fragt, was Stalin zu tun beabsichtige, wenn der Plan erfüllt sein werde. »Dann beginnen wir den nächsten Fünfjahresplan.« – »Bis dahin«, antwortet Lenin, »sterben alle in Russland, schließen sich mir an und du wirst der Einzige sein, der deinen zweiten Fünfjahresplan zu Ende führen kann.«

66 Ders., *Communists' Five-Year Plan. Mixture of Successes and Failures*, »The Western Mail«, 11. April 1931.

1931

Kapitel 3
Im Zentrum der Welt

Einen Tag bevor der erste aus der Serie der in *The Western Mail* publizierten Artikel erscheint, am 6. April 1931, macht sich Gareth zusammen mit seinem neuen Arbeitgeber an Bord des Schiffes Île de France auf die Reise in die Vereinigten Staaten.

Die Arbeitsstelle wurde ihm viele Monate zuvor angeboten, kurz nach der Zusammenkunft auf dem Landsitz von Lloyd George. Die Kunde von dem gerade einmal 25-jährigen Waliser, der fließend Russisch spricht und soeben mit Berichten über den Aufbau des modernen sowjetischen Staates aus Russland zurückgekommen ist, verbreitet sich in der englischsprachigen Welt wie ein Lauffeuer. Am frühen Morgen des 23. September 1930 ruft Gareth seinen Vater an, um ihm etwas Aufregendes zu erzählen: Sein Hochschullehrer aus Cambridge, ein ausgezeichneter Historiker, einer der führenden Russlandforscher aus Großbritannien, Bernard Pares, hat ihn gerade Dr. Ivy Lee vorgestellt und diesem leidenschaftlich versichert, dass eben dieser junge Mensch die Person sei, die der Amerikaner in Europa suche. Als Lee erfuhr, wie viel Jones bei Lloyd George verdient, sagte er nur: »Wie absurd ist das denn!«[67]

Ivy Lee ist ein einflussreicher Funktionär des Völkerbundes in den USA. Er ist Wegbereiter der Public Relations und meint, »die

67 Bernard Pares, *A Wandering Student. The Story of a Purpose*, Syracuse, NY 1948.

Gesellschaft muss informiert werden«[68]. Dazu hat er einen eigenen Berufskodex entwickelt. Er vertritt den Standpunkt, dass man mit Redlichkeit und Anständigkeit mehr bewirken kann als mit Lüge und Manipulation. Die erste PR-Agentur auf der Welt wurde von ihm gegründet, und er arbeitet mit dem reichsten Menschen aller Zeiten zusammen: John D. Rockefeller jr. Er soll dessen Image aufbessern, nachdem die Behörden von Colorado auf Bitte des Businessman einen Bergarbeiterprotest blutig niedergeschlagen haben. Die Ereignisse von 1914, bei denen 20 Menschen, darunter Frauen und Kinder, starben, werden Ludlow-Massaker genannt. Einer von Lees ersten Einfällen, um Rockefellers beschädigten Ruf zu retten, war es, Eincentmünzen an arme Kinder zu verteilen.

Lee interessiert sich für die internationalen Beziehungen, insbesondere für Russland, und möchte ein Buch darüber schreiben. In Bezug auf die Kommunisten ist er ungewöhnlich verständnisvoll, sie sind ihm sogar sympathisch. Schon zuvor hat er, hauptsächlich mit Blick auf seine Kunden und Freunde und nicht um »literarische Qualität« zu schaffen, zwei Bücher geschrieben, in denen es unter anderem um den Enthusiasmus geht, der Russland nach der Revolution erfasst hat.

Er kennt sogar schon den Titel seiner neuen Publikation: »Was ist mit diesem Russland?« Ihm fehlt jedoch die Zeit zum Recherchieren und Schreiben. Deshalb soll Gareth Jones helfen, dem Lee ein sehr hohes Gehalt anbietet – 800 Pfund jährlich plus Erstattung aller Arbeitskosten und der Perspektive einer Erhöhung auf mindestens eineinhalbtausend nach einem Jahr Beschäftigung. Die Arbeit soll genau so aussehen wie bei Lloyd George: Anfertigen von Memoranden zu auswärtigen Angelegenheiten, internationale Presseschau, Sammeln von Informationen über Russland. Gareth wird in New York arbeiten und manchmal nach Europa reisen. Ivy Lee überlässt es ihm, wann er die Arbeit antritt.

Zuerst muss Jones seinen Verpflichtungen gegenüber Lloyd George nachkommen. Bis zum 2. Januar 1931 reist er durch Deutschland und trifft eine Reihe von Politikern, die ihre Besorgnis über die Situation in Europa zum Ausdruck bringen. Er nimmt an einem Empfang teil, auf dem sich auch der deutsche Reichspräsident Paul

---

68 C. V. Narasinha Reddi, *Effective Public Relations and Media Strategy*, New Delhi 2009, S. 34.

von Hindenburg die Ehre gibt zu erscheinen. Mit Außenminister Julius Curtius führt er ein Interview.

Von Deutschland aus fährt er nach Polen. In Kattowitz trifft er den oberschlesischen Woiwoden Michał Grażyński und aus dem Fenster des Hotels Monopol beobachtet er eine Demonstration von Arbeitslosen, die Brot fordern und die rasch von der Polizei auseinandergetrieben werden, indem man sie in Seitenstraßen abdrängt. In einem Brief an seine Eltern schreibt er:

> Macht Euch bitte keine Sorgen. Mir geht es gut, weil ich gleich zu Ivy Lee fahren kann. Aber es tut mir leid für die anderen. Wenn Euch ein Zehntel des Leids widerfahren würde, wie es hier und in Deutschland herrscht, und wenn Ihr zu den Menschen gehören würdet, die in Kattowitz »Brot! Brot!« riefen, dann wäre das etwas, worüber Ihr Euch Sorgen machen müsstet.[69]

Die nächsten fünf Tage verbringt er in Danzig, dann kehrt er nach London zurück. Wegen der Fülle an Verpflichtungen kann er seine Familie in Barry nicht besuchen. Er muss Notizen für Lloyd George anfertigen und einen Vortrag für das Royal Institute of International Affairs Chatham House vorbereiten. In London soll er bis Ende Februar arbeiten. Obwohl das Büro des gesundheitlich angeschlagenen ehemaligen Premierministers seit einiger Zeit mit finanziellen Schwierigkeiten zu kämpfen hat, erhält Gareth einen Scheck über 45 Pfund, die nächsten zwei – beide über 30 Pfund – wird er bis Ende April bekommen.

Am 1. März trifft die gute Nachricht ein, dass ihm das amerikanische Visum erteilt wurde. Ivy Lee soll am 1. April in London erscheinen, und obwohl Gareth nicht weiß, wann sein neuer Arbeitgeber nach New York zurückzukehren beabsichtigt, stellt er sich ihm von diesem Tag an zur Verfügung. Endlich besucht er seine Verwandten, zum ersten Mal sieht er den vor Kurzem geborenen John, den Sohn seiner Schwester Eirian. Er trifft sich auch mit Bernard Pares, der ihn für diese Arbeit empfohlen hatte und der ihm jetzt noch ein paar Empfehlungsschreiben überreicht. Nach seiner Rückkehr in die Hauptstadt verabschiedet sich Gareth von seinem bisherigen Arbeitgeber. Lloyd George ist ungemein freundlich. Vom Unterhaus fahren sie gemeinsam mit dem Auto, der ehemalige Premierminister versichert Gareth, dass er ihm außergewöhnlich hilfreich

69 Colley, *More Than a Grain*, S. 100.

gewesen sei. Zum Andenken überreicht er ihm eine Fotografie von sich, unter die er schreibt: »In aufrichtiger Anerkennung für die intelligente Hilfe und mit den besten Wünschen für die Zukunft. D. Lloyd George.«[70]

Am letzten Abend vor seine Abreise plaudert Gareth am Telefon mit seinem Freund Patrick Norton, der seit kurzer Zeit den Titel Lord Rathcreedan trägt. Anschließend nimmt er Post vom Chatham House entgegen, verabschiedet sich vom Portier, begibt sich zum Bahnhof, wo er sein Gepäck und das seines künftigen Arbeitgebers aufgibt, und nimmt anschließend Platz in einem vornehmen Schlafabteil erster Klasse. Hier gibt es silberne Türgriffe und elegante Spiegel. Es ist das bequemste Abteil, das sich Gareth vorstellen kann. Auf der ganzen Fahrt nach Plymouth schläft er ruhig.

*

Die Île de France, zu jener Zeit eines der luxuriösesten Schiffe der Welt, das seit 1927 zwischen Amerika und Europa verkehrte, sticht am Donnerstag, den 6. April um 6.30 Uhr nach New York in See.

Das gewaltige Linienschiff hat drei mächtige rote Schlote und liegt einige Meilen vor der Küste Englands vor Anker. Ein Motorboot bringt knapp 50 Passagiere dorthin. An Bord warten die Übrigen, die im französischen Le Havre zugestiegen sind. Von einem Schiffsjungen wird Gareth durch eine niedrige Tür ins Innere des Schiffes geführt, das im Stil des Art déco eingerichtet ist. In seiner Kabine erwarten ihn Telegramme von einigen Bekannten, die ihm eine gute Reise wünschen. Jones blättert sie durch und geht an Deck. Für eine Weile beobachtet er die am Horizont verschwindende britische Küste.

Erst als er zurückkommt, sieht er sich die Einrichtung genauer an. Ein so reich ausgestattetes Schiff hat er noch nie zuvor gesehen. Der Speisesaal ist riesig, viel größer als er auf dem Werbe-Flyer erscheinen konnte; hoch, mit einer breiten Treppe beim Eingang. Gareth überschlägt, dass er fünfzehn Mal so groß sein muss wie die Räume des Carlton Clubs, des ältesten und wichtigsten Treffpunkts der Londoner Gentlemen. Alles auf diesem Schiff begeistert durch die ungeheuren Ausmaße: der Schießstand, die Sporthalle und sogar das Karussell für die jüngeren Passagiere. Das Schiff bietet alle Arten

70 Ebd., S. 101.

von Zeitvertreib: Spiel und Spaß auf Deck, Tanzvergnügen im weitläufigen Ballsaal, Konzerte im Teehaus, Kino. Immer wieder hört man Schüsse auf Tontauben. Es gibt sogar eine neogotisch gestaltete Kapelle – die Île de France ist das erste Überseeschiff, auf dem eine eingerichtet wurde. Anfangs hatte das Fahrzeug noch ein Startkatapult für Postflugzeuge, was die Zeit bis zur Ankunft der Sendungen deutlich verringert hat, doch später befand man das für zu teuer und demontierte die Anlage. Das Schiff bietet mehr als 1500 Passagieren Platz, 537 davon können erster Klasse reisen. Als Gareth seine Reise antritt, ist der Ruhm des Linienschiffs schon so groß, dass man den Kapitän Joseph Blancart mit einem Filmstar vergleicht. Fünf Jahre später werden Fred Astaire und Ginger Rogers in dem Film *Swing Time* die Île de France erwähnen.

Jones ist im siebten Himmel. Die Mahlzeiten sind vorzüglich, eingenommen in guter Gesellschaft, und die Gespräche sind »kosmopolitisch und lebhaft«[71]. Vom Unterhaltungsprogramm gefällt ihm der bissige Humor der Puppentheater-Aufführungen mit Punch und Judy am besten, bei denen sich nicht nur die Kinder vor Lachen biegen.

Am ersten Tag schickt Gareth nach dem Frühstück eine Nachricht in die Kabine von Herrn und Frau Lee, die sich letztlich entschieden hatten, schon von Frankreich mit der Île de France zu reisen. Kurz darauf erscheint Lee bei Jones und teilt ihm mit, dass er um eine bessere Kabine für ihn gebeten habe. Gareth protestiert nicht. Es gefällt ihm, dass die neue Kajüte deutlich größer ist und ein Bullauge hat, durch das man den Atlantik betrachten kann.

Am nächsten Morgen treffen sie sich im Appartement des Geschäftsmannes. Sie sprechen über Russland und Gareth Jones' Pflichten. Lee weist den neuen Mitarbeiter an, sich auf den Verlauf der Russischen Revolution und Lenins Politik zu konzentrieren. Das meiste Material, instruiert er ihn, werde Jones in den New Yorker Bibliotheken finden, die gewöhnlich gut mit russischer Presse ausgestattet seien. Zusätzlich wird es seine Aufgabe sein, die Entwicklung der Öl- und der Zuckerindustrie auf der Welt zu verfolgen.

Als New York am Horizont erscheint, ist bestes Wetter. Die Freiheitsstatue und Dutzende Wolkenkratzer durchschneiden den blauen Himmel. Nach der Kontrolle durch den Grenzschutz und ein paar Standardfragen betritt Gareth das erste Mal im Leben

71 Ebd., S. 106.

amerikanischen Boden. Die erste Nacht verbringt er in der Fifth Avenue, im Luxusappartement von Herrn und Frau Lee mit gigantischen Zimmern, einer herrlichen Bibliothek und Ausblick auf den Central Park. Jimmy, der Sohn des Hausherrn, führt ihn durch die Wohnung. Er zeigt dem Gast das Schlafzimmer, dann schlägt er ihm einen Ausflug mit dem Auto durch Manhattan vor. Überall hängen, so bemerkt Gareth, Verkaufsanzeigen: »Wir schließen nach 40 Jahren«, »Geschäftsauflösung«, »Gezwungen zu verkaufen«.[72] Die Vereinigten Staaten kämpfen das dritte Jahr mit einer großen Krise, der größten Wirtschaftskrise in der Geschichte des Kapitalismus, die alle Länder mit Ausnahme der UdSSR erfasste und die in Deutschland bald Adolf Hitler an die Macht bringen solle.

Die Krise war vor fast drei Jahren ausgebrochen, wenige Kilometer von der Wohnung des Ehepaars Lee entfernt, an der Börse in der Wall Street. Der Wertverlust der Aktien löste eine Kette von Verschuldungen aus, die umgehend zu zahlreichen Konkursen führten. Ein Drittel der Amerikaner wurde arbeitslos. Wenige Monate vor Jones' Ankunft war der nächste Riese pleitegegangen. Die Bank of United States, mit 160 Millionen Dollar in ihren Depots, war die viertgrößte Bank der Vereinigten Staaten, und im Moment ihres Zusammenbruchs erreichten die Konkurse im Land ein kritisches Ausmaß. Die industrielle Produktion ging um die Hälfte zurück, die Landwirtschaft nahm Schaden. Die Politiker und Ökonomen zuckten ratlos mit den Schultern. Erst zwei Jahre später wird der neue Präsident Franklin Delano Roosevelt den »New Deal« vorschlagen, eine neue Wirtschaftsordnung, ein Programm, das die Wirtschaft auf Trab bringen und die Kaufkraft der Bürger stärken soll.

Vorüber an weiteren Zeugnissen für die Große Depression gelangen Jones und der junge Lee zum Chrysler-Sitz: einem Haus von 77 Stockwerken und 319 Metern Höhe, das seinen Titel als höchstes Gebäude der Welt gerade an das Empire State Building verliert. Die Verzierung des Chrysler-Hauses greift Elemente der Autos jener Marke auf. Im Speisesaal ganz oben mit dem dankbaren Namen »Cloud Club« (Klub in den Wolken), der zuvor ein Aussichtsrestaurant war, sich aber wegen der Krise nicht halten konnte, befinden sich Garderoben, in denen heimlich Alkohol ausgeschenkt wird, denn weiterhin gilt die Prohibition. Gareth ist Abstinenzler, Alkohol meidet er wie der Teufel das Weihwasser, und selbst wenn er eingeweiht

72 Ebd., S. 107.

wird, machen verborgene Räume sicherlich keinen Eindruck auf ihn. Dafür begeistert er sich für das Panorama New Yorks, für die grellroten Ampeln und die rechtwinklig angelegten Straßen Manhattans. In einem Brief an seine Eltern bemerkt er, diese Aussicht sei herrlicher als die Landschaft, die man vom Mont Blanc aus sehe, dem höchsten Gipfel Europas. Der Besuch im Chrysler-Gebäude ist kein Zufall. Jimmy fährt mit Gareth hierher, weil sein Vater PR-Berater sowohl für das Gebäude als auch für die gesamte Autofabrik ist.

Anderntags nimmt der neue Arbeitgeber Jones in den Metropolitan Club mit, der Klub der Millionäre genannt wird. Obwohl er sich überhaupt nicht weit weg vom Appartement befindet, macht die Spazierfahrt über die Fifth Avenue »mit ihren hoch aufragenden Wolkenkratzern« auf Gareth einen solchen Eindruck, als wäre er meilenweit gefahren.[73]

Ivy Lee zeigt und erklärt Jones alles. Sie durchqueren Midtown und Lower Manhattan, kommen zur Wall Street, wo die wichtigsten Finanzinstitute der USA ihrer Arbeit nachgehen, darunter die New Yorker Wertpapierbörse. Lees Büros liegen gegenüber. Blickt er vom Eingang aus auf die Börse und die sie umgebenden Hochhäuser, so wird er sich bewusst, dass er sich im Zentrum der kapitalistischen Welt befindet. Einen Moment später fährt ihn der Fahrstuhl in gerade mal einem guten Dutzend Sekunden in den 34. Stock hinauf. Auf der Messingtafel an der Tür steht geschrieben: »IVY LEE and ASSOCIATES«. In dem luxuriös eingerichteten Arbeitszimmer verfolgt Jones einen Moment lang die Arbeit seines Chefs und dessen schnelle Wortwechsel mit den Mitarbeitern.

»Verkaufen die Leute immer noch?«

»Wie viele Anteile habe ich?«

»Telegramm an General Atterbury schicken.«

Fast in demselben Moment ruft Atterbury, der Präsident der Pennsylvania Railroad, einer der größten Magnaten der Vereinigten Staaten, Ivy Lee an, um mit ihm die Finanzkrise zu besprechen.

Anschließend führt Lee Jones in sein neues Arbeitszimmer. Gareth wird es für sich allein haben. Aus dem Fenster sieht man den Hudson River, New Jersey und das aus »dem Herz des Wolkenkratzer-Landes« emporragende Empire State Building. In den

73 Die Beschreibung dieser Spazierfahrt und des ersten Besuchs im Büro von Ivy Lee: Ebd.

kommenden Wochen wird Jones bisweilen ans Fenster treten und die Schiffe beobachten, die sich »Meile für Meile nähern und die Post von zu Hause bringen«, oder die »vierschlotige Mauretania auf dem Weg nach Großbritannien mit Briefen«[74] an die Eltern.

In einem davon zeichnet Gareth freihändig eine Karte von Manhattan: Darauf sieht man die geraden Linien der Alleen, die von Straßen gequert werden. Jones kennzeichnet den Ort, wo er arbeitet und wohnt, er skizziert auch den Central Park, den die Ufer Manhattans umspülenden Hudson River und East River und schließlich, ganz unten, den Weg, von wo die Schiffe aus Europa kommen, sowie an den Seiten Brooklyn und New Jersey.

Zunächst hat er eine Wohnung im Haus des Princeton Club, deren Preis von dreizehn Pfund im Monat, wie er seinen Eltern schreibt, genauso hoch ist wie alles in New York. Er sucht ein Zimmer in einer Wohnung von russischen Emigranten, um bei dieser Gelegenheit die Sprache zu perfektionieren. Nach kurzer Zeit zieht er in das Haus von Familie Saweljew, dann von Familie Jukow. Jukows Sohn, ein ehemaliger Offizier und Arbeiter, fertigt, seit er seine Anstellung verloren hat, Übersetzungen an, und Jones hilft ihm gerne dabei. Mit den Übersetzungen und dem Gareth erteilten Unterricht unterhält Jukow die ganze Familie. Dafür macht Jones rasch Fortschritte in Russisch.

*

Kurz nach der Ankunft in den USA schreibt Gareth an seine Eltern, er solle bald seine erste Reise machen und warte auf die Entscheidung des Chefs, ob es eine Reise nach Washington oder eher nach Kuba sei. Einen Besuch in der Hauptstadt hält er für sehr wertvoll – und dort fährt er schließlich auch hin. Er steigt im Hotel The Willard in der Nähe des Weißen Hauses ab. Im Hotel wimmelt es von bebrillten Damen, die im langen Kleid mit Abzeichen und Bändern in Nationalfarben herumstolzieren und die sich als Mitglieder der patriotischen Organisation »Töchter der Amerikanischen Revolution« erweisen. Am darauffolgenden Tag trifft er das Geschwader vor dem Weißen Haus. Weil sie in Begleitung von ein paar Männern sind, beschließt Gareth, sich unter die Menge zu mischen, und gelangt, ohne von den Wachleuten bemerkt zu werden, auf das Gelände des Präsidentensitzes. Als die Gruppe zum Seiteneingang kommt,

74 Ebd., S. 107, 111.

In New York spürte Jones, dass er sich im Zentrum der Welt befand. Auf dem Bild Midtown Manhattan in den 1930er-Jahren – mit Ausblick auf Long Island und den höchsten unter den Wolkenkratzern, das Chrysler-Gebäude, das Gareth gleich nach seiner Ankunft in Amerika besuchte.

klatschen und skandieren die Frauen, bis schließlich Präsident Herbert Hoover erscheint. Er lächelt freundlich und posiert für ein Foto. Das Foto gibt es heute noch: In der Mitte einer Menge von Frauen mit Hüten, Kindern, herausgeputzt mit Perücken und historischer Kleidung, und wenigen Männern befindet sich der Präsident, hinter ihm, in der letzten Reihe, genau in der Mitte der Aufnahme, steht Gareth Jones, als wäre er die zweitwichtigste Person in der Menge.

Nach einem dienstlichen Besuch im Sowjetischen Informationsbüro besteigt Jones das fast 170 Meter hohe Washington-Denkmal, von wo er sich am Ausblick über die Stadt und den Potomac River erfreut. Er geht zum Abraham-Lincoln-Mausoleum. »Regierung des Volkes, durch das Volk und für das Volk«, liest er die auf dem Denkmal eingravierten Worte aus der Gettysburg-Rede des Präsidenten von 1863, die ihm lange in Erinnerung bleiben.

Nach New York zurückgekehrt, überzeugt er sich ein weiteres Mal, wie einflussreich sein jetziger Chef ist. Vor dessen Arbeitszimmer wartet geduldig ein Minister aus Nicaragua darauf, empfangen zu werden, und als man ihn hereinbittet, verneigt er sich vor Ivy Lee wie vor dem lieben Gott. Er steht demütig vor ihm und sagt:

»Es ist mir eine große Ehre, Sie zu treffen. Sie wissen, wie sehr unser Land gelitten hat. Erst das Erdbeben, dann die weltweite Krise. Wir möchten Mr. Rockefeller um etwas bitten. Wir wollen unser Land wieder aufbauen. Es ist uns bekannt, was für eine wundervolle Arbeit die Rockefeller-Stiftung im Wohltätigkeitsbereich leistet. Falls Mr. Rockefeller uns etwas Geld gewähren würde, um Nicaragua zu helfen, würde das ein humanitärer Akt sein. Wir möchten ein Darlehen, aber wir können keine hohen Zinsen zahlen, deshalb wollen wir nicht zu einem Trust oder zu einer Bank gehen.«

Nach Jones' Ansicht reagierte Ivy Lee gönnerhaft. Mr. Rockefeller »würde es nie in den Sinn kommen, ein Darlehen aus Wohltätigkeit zu gewähren. Geschäft ist für ihn Geschäft, und Philanthropie ist Philanthropie. Er würde nie ein Darlehen als Geschenk tarnen.«[75]

Solche Begegnungen bewirken, dass sich Jones an der Wall Street tatsächlich wie im Zentrum der Welt fühlt.

»Ich habe schon am Großen Erdölkrieg teilgenommen«, schreibt er seinen Eltern Ende April. »Hier, in den Büros von Mr. Lee, befinden wir uns mitten an der Front. Ivy Lee ist einer der Anführer auf der Seite von Rockefeller (Standard Oil), und er kämpft mit Royal

75 Ebd., S. 109.

Dutch.«[76] Seine neueste Waffe soll ein Buch sein, das sich gegen den niederländischen Konzern, bekannt als Shell, richtet, der, so Lee, ernsthaften Missbrauch begangen habe. Die Enthüllung dieser Sensationen soll bewirken, dass die amerikanischen Konsumenten Shell boykottieren und sich endgültig von den Produkten des Rockefeller gehörenden Standard Oil überzeugen lassen.

Lee gibt dabei seine früheren Pläne nicht auf. »Der Grund, warum mein Chef an dem Buch über Russland arbeitet«, erklärt Gareth seinen Eltern, »ist sein Wohlwollen gegenüber der Sowjetunion. Wahrscheinlich deshalb, weil sein Kunde Standard Oil viel sowjetisches Erdöl kauft und es dann in Asien verkauft.«[77]

Außerdem glaubt Ivy Lee offenbar wirklich an den Erfolg der Russischen Revolution. Er vertraut gerne auf seine Intuition, die ihn im Fall von Deutschland und eben auch Russland massiv trügt.

Ähnliche »Kriege« wie der zwischen den Erdölkonzernen werden in allen Büros von Ivy Lee and Associates geführt. Im Büro nebenan kümmert sich ein Mann, der nicht viel älter ist als Jones, um die Interessen von American Tobacco. Er schreibt Artikel für die Firma und besorgt die Reklame. Dasselbe tut Jimmy, der Sohn des Chefs, für Rohsalpeter fördernde Unternehmen. Allein mit der Reklame verdient Ivy Lee jährlich 50.000 Dollar. Er fördert die Jugend, umgibt sich mit Berufsanfängern verschiedener Professionen: Journalisten, Universitätslehrkräften, Wirtschaftswissenschaftlern, Spezialisten für die internationalen Beziehungen und Handel. Eine Beschäftigung bei Lee ist damals die beste Referenz für einen Angestellten. Der 25-jährige Gareth versichert also seinen Eltern: »Ihr müsst Euch keine Sorgen um meine Zukunft mehr machen.«[78]

Anfang Mai ruft ihn der Chef mit einem eiligen Auftrag an:

»Ich möchte«, sagt er, »dass du heute früh nach Washington fährst und an dem Treffen der Internationalen Handelskammer teilnimmst. Wir treffen uns um 10.50 Uhr an der Pennsylvania Station.«

Am Abend ist Gareth wieder in der amerikanischen Hauptstadt, wo ihn ein Zimmer in einem »erstklassigen Hotel«[79] erwartet.

---

76 Ebd., S. 111.

77 Ebd.

78 Ebd.

79 Ebd., S. 111–112.

»Das Leben ist so eine Hast«, bemerkt er in einem Brief an die Eltern. In den folgenden Tagen hört er sich die Gespräche der größten Experten für die weltweite Situation und den internationalen Handel an. An dem Kongress nehmen Repräsentanten von 35 Ländern teil, darunter die Vertreter der führenden Produzenten der Welt. Es spricht sogar Präsident Hoover, obwohl Gareth dessen Auftritt als einen kläglichen Misserfolg ansieht. Er hat den Eindruck, der Anführer habe die Chance zur Präsentation seiner Macht vergeben und sich als an der Krise zerbrochener Schwächling gezeigt. Diesmal sieht Hoover viel älter aus als bei dem Empfang mit den Nationalistinnen, und seine Rede wird kühl aufgenommen.

Eindruck auf Jones macht hingegen George Paish, der berühmte Ökonom und Verfechter des freien Marktes. Gareth erinnert er verblüffend an seinen »Papa«: im Aussehen, den Manieren, der Haltung zu den Menschen. »Das ideale Ergebnis des Besten aus der britischen Erziehung, das heißt sanft, freundlich, mit Schliff und Natürlichkeit, was von keinem Menschen in keinem anderen Land übertroffen werden kann«[80]; der angenehmste Gentleman, den Gareth in seinem Leben getroffen hat. Paish, dazu der überhebliche Inhaber der *Illustrated London News,* Harry Britain, der das absolute Gegenteil von Paish ist, und der große Russlandexperte Leo Pasvolsky mit seiner Frau nehmen in Gesellschaft von Lee und Jones das Sonntagsdinner im Hotel Mayflower ein. An diesem Abend ist Paish ausgesprochen pessimistisch. Er behauptet, über die Weltwirtschaft habe sich Dunkelheit gesenkt, von Handel und Industrie habe das Chaos Besitz ergriffen. Die Menschen, die nicht im Business oder in der Industrie arbeiteten, seien sich nicht bewusst, wie groß die Katastrophe auf der Welt in den letzten Jahren gewesen sei. Niedergeschlagenheit, Erschöpfung und eine Atmosphäre der Niederlage herrschen selbst im Kongress der Vereinigten Staaten. Überall, mit Ausnahme vielleicht von Großbritannien, machen die Arbeitslosen Schreckliches durch.

Jones begleitet seinen Chef auch bei einem Besuch im Weißen Haus. Bei dem Bankett im Garten reicht ihm Präsident Hoover, wie hunderten anderen Gästen auch, die Hand. Als er die Hand des Walisers schüttelt, sagt er, es sei ihm eine Ehre. Gareth, gewöhnt an die britischen Umgangsformen, erscheint es komisch, dass der Präsident der Vereinigten Staaten sich wie ein gewöhnlicher Tom, Dick

---

80 Ebd., S. 112.

oder Harry benimmt und nicht die Spur der Würde eines Königs oder des Premierministers von Großbritannien an sich hat.

Eine Woche später, am 10. Mai, ist Jones wieder zurück in New York, und die Bremen, das schnellste Linienschiff der Welt, bringt seinen Brief auf die andere Seite des Atlantiks. Darin schreibt Gareth, er hätte keiner besseren und interessanteren Beschäftigung nachgehen können. Und er fügt hinzu, dass er vom nächsten Tag an hart arbeiten werde, weil Lee beabsichtige, dem Verleger das Werk über Russland schon am 1. September zu übergeben.

Doch schon in Kürze wird Gareth die Arbeit an dem Buch unterbrechen müssen.

Kapitel 4

Heinz' 57 Sorten

Am Nachmittag steht er vom Schreibtisch auf und tritt, wie immer, wenn er in der Ferne das würdevoll auf dem Wasser dahingleitende Überseeschiff sieht, entschlossen ans Fenster. Er blickt dem nächsten nach England in See stechenden Schiff hinterher. Sein Heimweh lässt nicht nach.

Das Internationale Arbeitsamt beim Völkerbund hat gerade einen Bericht veröffentlicht, aus dem hervorgeht, dass weltweit schon 20 Millionen Menschen arbeitslos sind, drei Mal so viel wie im Jahr zuvor.

An demselben Tag konfiszieren die italienischen Faschisten den Pass von Arturo Toscanini, der einst von Benito Mussolini als der größte Dirigent der Welt angesehen wurde, und stellen ihn unter Hausarrest. Der Grund: Bei einem Konzert in Bologna verweigerte er die Aufführung der *Giovinezza*, der offiziellen Hymne der italienischen Nationalen Faschistischen Partei.

Einen Tag zuvor hatte Stalin die Einführung des zweiten Fünfjahresplanes angekündigt, obwohl die Realisierung des ersten noch in weiter Ferne lag.

Jones hat einen weiteren Tag mit vielen Eindrücken hinter sich, und der Ausblick aus dem Fenster seines Büros lässt ihn innehalten, beruhigt ihn und bringt ihn auf etwas andere Gedanken, fernab der ökonomischen und politischen Sorgen der weiten Welt. Sobald man jedoch dort unten steht, verfliegt der ganze Zauber: Auf der Wall Street laufen die Leute immer nervöser herum, und die Mienen der Anzugträger verraten – wenn man sie sich aus der Nähe ansieht – schon die ersten Anzeichen von Panik. Auf New Jersey scheint die nachmittägliche Sonne. Etwas näher, auf dem Hudson River, fährt die Mauretania – das bis zur Jungfern- und einzigen Fahrt der Titanic im Jahr 1912 luxuriöseste Schiff auf der Welt. Sie fährt schnell, aber Jones kommt sie viel kleiner vor, als er sie sich vorgestellt hat. Vielleicht wird dieser Eindruck durch den Blick aus dem 34. Stockwerk und die größten Gebäude der Welt ringsum erweckt. An Bord des Linienschiffes befindet sich Oberst David Davies, mit dem Gareth gerade erst im Büro seines Chefs gesprochen hat.

Davies ist ein alter Bekannter von Jones' Vater.

»Habe ich das Vergnügen, mit dem Typen zu sprechen, der diese phantastischen Artikel über Russland geschrieben hat?«, fragte er ihn, als sie sich vor einigen Tagen das erste Mal trafen.

In die Vereinigten Staaten war Davies auf der Suche nach Geldern für eine Organisation gekommen, die sich für den Frieden auf der Welt einsetzen möchte. Er überzeugte sich jedoch schnell davon, zu welchen Verheerungen die Krise geführt hatte, und verstand, dass Geldgeber zu gewinnen an ein Wunder grenzen würde.

Am Tag seiner Abfahrt aus den Vereinigten Staaten, am 20. Mai 1931, kommt er, um mit Ivy Lee zu sprechen, und der schlägt vor, dass sie sich mit Jones zum Lunch treffen. Im Restaurant macht der britische Politiker neben dem ungezwungenen Amerikaner einen schüchternen Eindruck. Doch es ist Lee, der die ökonomische Katastrophe auf der Welt vorhersagt. Wenn nicht innerhalb von drei Monaten radikale Schritte unternommen würden, meint er, müsse man das Schlimmste befürchten. Er fragt Davies, welche Schritte Präsident Hoover seiner Ansicht nach unternehmen sollte, um die Katastrophe abzuwenden.

Genau einen Monat später, am 20. Juni, verkündet Präsident Hoover ein internationales Moratorium, in dem er den Deutschen anbietet, die Reparationszahlungen nach dem Ersten Weltkrieg für ein Jahr auszusetzen. Ivy Lee gratuliert dem Präsidenten umgehend: »Ich bin einer von denen, die ihren Hut in die Luft geworfen haben, als sie von Ihrem Plan für das deutsche Moratorium gelesen haben.«[81] Und er fügt hinzu, das sei ein großer Schritt, der genau zur rechten Zeit komme. Die Intuition trügt ihn auch dieses Mal, weil Europa nichts mehr vor dem ökonomischen Zusammenbruch retten wird.

81 Ebd., S. 114.

Wie Kartenhäuser stürzen die Wirtschaften Deutschlands, Frankreichs, Großbritanniens und anderer Länder in sich zusammen.

Doch Jones überzeugt sich von der sich verschlechternden Situation nicht nur in Gesprächen mit wichtigen Persönlichkeiten, sondern auch auf der Straße, zwischen gewöhnlichen Passanten. Der italienische Inhaber des Cafés, in dem er regelmäßig frühstückt, sagt ihm eines Morgens, wobei er den Nachnamen des deutschen Präsidenten verballhornt: »Dieser Hindendorff ist wie der Kaiser, er sagt, dass es Krieg geben wird. Ich bin mir nicht sicher, ob er da falsch liegt. Aber wir haben hier auch ohne Krieg genug Morde.«[82] In der vergangenen Nacht wurden zwei Querstraßen weiter zwei Gangster erschossen, und solche Zwischenfälle sind jetzt auf den New Yorker Straßen an der Tagesordnung.

Am nächsten Tag bitten zwei Arbeitslose Gareth auf der Straße um Geld. Der eine kam aus Virginia auf einem LKW nach Manhattan. Der andere – ungewöhnlich blass und niedergeschlagen –war Büroangestellter, vor vier Monaten wurde er gefeuert. Er meidet seine Bekannten, weil er allen Geld schuldet. Das Einzige, worauf die beiden Männer zählen können, wenn sie sich vier oder fünf Stunden für eine kostenlose Mahlzeit angestellt haben, ist eine abgestandene Suppe. Solche wie sie, so sagen sie Gareth, gebe es in New York schon eine Million.

Trotz der immer schlechteren Nachrichten, einer allgemeinen Atmosphäre von Niedergeschlagenheit und Momenten von Sehnsucht am Fenster mit Ausblick auf die nach Europa fahrenden Linienschiffe, fühlt sich Gareth in New York nicht einsam. In seiner Freizeit trifft er sich mit Freunden aus Cambridge, die auch seit Kurzem in den Vereinigten Staaten leben. Einer von ihnen, Pierre Winkler, studiert im Rahmen eines Stipendiums in New York die Politik der USA gegenüber der Karibik. Er hat keine gute Meinung von den Amerikanern. Als er von der allgegenwärtigen Korruption erzählt, erwähnt er, wie ihm ein Polizist unlängst die Belästigung zweier Frauen vorwarf. Er zog die Anschuldigung erst zurück, als Winkler ihm sechs Dollar in die Hand drückte. Der Brite spricht auch davon, wie die Amerikaner auf den Zuckerrohrplantagen die Einwohner der Karibik ausbeuten. Er sagt einen aufziehenden Krieg vorher. »Europa hat im Kampf mit den USA keine Chance«, erklärt

82 Ebd., s. 115.

er. »Deutschland, Frankreich, Polen sind neben ihnen wie pausenlos miteinander streitende kleine Kinder.«[83]

Jones macht auch die Bekanntschaft von Paul Scheffer, dem Korrespondenten des *Berliner Tageblatts* – in Washington trifft er sich mit ihm zum Lunch. Scheffer hat viele Jahre lang über die Ereignisse in Moskau berichtet, aber als er 1929 wagte, den Fünfjahresplan zu kritisieren und den bei dessen Umsetzung zunehmenden Terror zu verurteilen, wurde sein Visum nicht verlängert. So wurde er zum ersten ausländischen Korrespondenten, dessen sich die stalinistischen Behörden in Russland entledigten.

Paul fragt Gareth über seine Eindrücke von seinem Aufenthalt in diesem Land aus, sie finden sofort Gefallen aneinander und werden für immer befreundet bleiben. In Jones' Fall bedeutet »für immer«: noch vier Jahre.

*

Der Sommer naht, es wird immer wärmer, aber die Temperatur übersteigt immer noch nicht 20 Grad Celsius. Vielleicht ist das auch besser so, denn Gareth möchte nicht, dass der Hochsommer ihn von der Arbeit ablenkt. Er beabsichtigt, sich auf das Buch des Chefs zu konzentrieren. Aber daraus wird nichts. Eines Tages bittet ihn Ivy Lee in sein Arbeitszimmer. Darin sitzt ein eleganter junger Mann mit schwarzen Haaren und einem intelligenten Blick. Lee stellt ihn als den Sohn eines seiner Kunden vor, als Yale-Absolventen, der bald nach Russland fährt. Sie sprechen einen Moment über jenes Land, dann verrät der Mann, dass er im Trinity Collage in Cambridge zu studieren plant.

»Wirklich?«, erwidert Jones. »Demzufolge sind wir Kommilitonen.«

Darauf entgegnet der andere, dass er ihm mit umso größerem Vergnügen die Hand reiche. Sie verabreden sich zum Lunch. Anschließend verlässt Gareth das Büro seines Chefs und kehrt an seine Arbeit zurück.

Der junge Mann ist 22 Jahre alt, er ist drei Jahre jünger als Gareth, heißt Henry John »Jack« Heinz II und ist Erbe des Ketchup-Imperiums.

An demselben Nachmittag ruft Ivy Lee noch einmal Gareth an.

»Das war der Sohn von Heinz, dem von den 57 Sorten«, erklärt er.

---

83 Ebd., S. 109.

So nennt man die Firma, seit sie gegen Ende des 19. Jahrhunderts mit dem Slogan »*57 varieties*« beworben wurde, was den Reichtum des Sortiments symbolisierte.

»Ich habe Heinz erklärt«, fährt Lee fort, »dass sein Sohn nicht viel über Russland erfahren wird, wenn er mit den dortigen Fremdenführern reist. Dafür kennt einer meiner Mitarbeiter Russland hervorragend. Deshalb möchte Herr Heinz unbedingt, dass du seinen Sohn auf der Reise begleitest. Ich habe versprochen, dich zu fragen. Was hältst du davon?«

»Das mache ich!« Gareth zögert nicht.

»Hab ich mir doch gedacht«, antwortet Lee. »Bereite eine Reiseroute durch Russland für drei bis vier Wochen vor, wir schicken sie Herrn Heinz.«[84]

Von der Aussicht auf eine Reise in sein Lieblingsland, zudem unter luxuriösen Bedingungen, ist Gareth begeistert. In einem Brief an seine Nächsten schreibt er, dass er sich bemühe, dem jungen Heinz ohne Begleitung offizieller Fremdenführer das wahre Russland zu zeigen, und bei der Gelegenheit wolle er einige aktuelle Informationen für seinen Chef einholen. Über den künftigen Reisegefährten sagt er, er sei »erstklassig«. Außerdem sei er »flink, intelligent und habe Humor«[85].

Der Reiseplan sieht folgendermaßen aus: zu See von London nach Leningrad, dann Moskau, weiter nach Osten bis Nischni Nowgorod, anschließend weit in den Süden bis nach Stalingrad, schließlich in die Ukraine, nach Charkiw, Saporischschja (das Dnipro-Wasserkraftwerk besichtigen), Kiew und auf dem Rückweg Krakau. Am Schluss soll Jones in Berlin für seinen Chef ein paar Interviews mit Politikern und Wirtschaftsleuten führen.

*

Die Seereise auf der Aquitania, gebaut »als Antwort« der Konkurrenzfirma auf die Titanic, ist noch herrlicher als die einige Monate zuvor an Bord der Île de France. Das Linienschiff ist der Stolz der Cunard Line: Es ist ebenso luxuriös wie seine Vorgänger, aber bedeutend schneller. Außerdem wird es als sicher angesehen. Nach der Katastrophe der Titanic wurde die Aquitania als eines

84 Ebd., S. 116.

85 Gamache, *Gareth Jones. Eyewitness*, S. 59.

der ersten Schiffe der Welt mit Rettungsbooten für alle Passagiere ausgestattet.[86]

Mit an Bord nimmt Gareth eine Familienfotografie der Heinz', die sie zur Erinnerung mit einer Widmung versehen und ihm tags zuvor geschenkt haben. Vom ersten Abendessen an – das im Restaurant des Schiffes täglich um acht Uhr abends gereicht wird – setzen sich nur prominente Persönlichkeiten zu Gareth und seinem Begleiter an den Tisch. Einmal ist es der Kapitän des Schiffes, ein anderes Mal die Frau des ehemaligen britischen Botschafters in den USA. Mit der Aquitania reist auch der aktuelle Botschafter, Sir Ronald Lindsay. Besondere Freude bereitet es Gareth, als er in der Bordbibliothek die Ausgabe von *The Contemporary Review* mit der Analyse der Situation in Polen findet, die er selbst verfasst hat. Eine noch größere Freude ist für ihn nach seinem mehrmonatigen Aufenthalt in den USA das Wiedersehen mit seiner Familie in Barry.

In London übernachten Jones und Heinz in dem erst kürzlich eröffneten Hotel Dorchester, das als das beste in Europa gilt. Gareth wird hier von seiner Schwester Eirian besucht, der der Koffer von Jack Heinz, »vollgestopft mit ›57‹ Konservensorten, darunter Dosen mit Bohnen«[87], besonders ins Auge springt.

Am 8. August fahren Gareth und Jack aus London mit der s/s Rudsutak los, aus der zuvor im Hafen 2000 Tonnen sowjetischer Butter gelöscht wurden, die 30 Prozent billiger ist als britische oder dänische. Der massenhafte Export von Lebensmitteln soll den Russen dabei helfen, Auslandskredite zu erhalten, den Fünfjahresplan zu erfüllen und das Land zu industrialisieren. Auf dem Weg, in Hamburg, werden einen ganzen Tag lang deutsche Maschinen auf die Rudsutak verladen.

Das Schiff ist, wie Heinz bemerkt, ordentlich und sauber, und der Speisesaal hübsch eingerichtet. Sowohl er als auch Gareth Jones erwarten auch gutes Essen. Sie bekommen jedoch nur je einen Becher Tee und eine kalte Mahlzeit: Brot, Schinken, Würstchen und Käse. Als sie sich an Bord umsehen, entdecken sie schnell die »Leninecke«. In der Mitte ist dessen Büste aufgestellt, an den Wänden hängen Porträts von Marx, Stalin und anderen Helden der Sowjetunion. In der Nähe stehen ein Klavier, eine Tischtennisplatte und

86 http://thegreatoceanliners.com/articles/aquitania/ (Zugriff: 23. Januar 2019).
87 Colley, *More Than a Grain*, S. 120.

ein Radioempfänger. Die Wandzeitung ist voller kommunistischer Propaganda. Jones wirft einen Blick darauf und vertieft sich in einen Text mit dem Titel »Zwei Welten – die Welt des Kapitalismus und die Welt des erstarkenden Sozialismus«:

> Der 1. August ist der Internationale Rote Tag der revolutionären Bemühungen gegen die Gefahren imperialistischer Kriege und gegen die Drohung mit einem Angriff auf die UdSSR! Wir befinden uns am Vorabend einer Ausweitung der weltweiten Wirtschaftskrise und einer beispiellosen Zunahme von Konflikten zwischen den kapitalistischen Ländern, insbesondere des Streits zwischen dem stärker werdenden Sozialismus und dem untergehenden Kapitalismus.

Der Text fährt mit einer Warnung fort:

> Löhne wurden gekürzt, die Arbeitszeit verlängert, das Leben von Millionen Bauern wurde ruiniert durch den Preisverfall von Lebensmittelerzeugnissen, hohe Steuern und Mieten. Der Angriff des Kapitalismus auf das Leben der Arbeiter hat die Sterblichkeit, die Anzahl der Selbstmorde und der Verbrechen erhöht. Die Welt der Bourgeoisie möchte die Krise, mit aktiver Unterstützung der Sozialdemokraten, auf Kosten der arbeitenden Massen bekämpfen. Sie organisiert terroristische Faschistenbanden und jagt den revolutionären Arbeiterorganisationen Angst ein; sie spricht den Arbeitern das Versammlungsrecht und das Recht auf eine freie Presse ab; sie schießt auf Arbeitslose und Streikende, unterdrückt Landbewegungen …[88]

»Wie wird Russland in zehn Jahren sein?«, fragt Jones einen Matrosen, den er in der »Leninecke« trifft.

»Das hat Stalin nicht gesagt«, sagt der Mann, der seit 1926 Parteimitglied ist, ähnlich wie die restliche Besatzung der Rudsutak. »Wenn der Kommunismus anbricht«, erklärt er, »werden alle Klassen verschwinden und alle werden in der Lage sein zu erreichen, was sie wollen. Die Gleichheit wird kommen. Wir arbeiten daran, wir müssen uns an die Doktrin halten. ›Wer nicht arbeitet, kriegt nichts zu essen.‹ Wenn also ein Mensch nicht arbeitet, kann er weder Geld noch Brot noch etwas anderes haben. Wir haben mit der Angleichung der Löhne begonnen, aber faule Leute haben begonnen, das auszunutzen, also musste damit aufgehört werden. Wir haben in

88 *Experiences in Russia 1931 – A Diary*, Pittsburgh 1932, S. 3–4.

Russland immer noch Klassen. Es gibt immer noch Kulaken. Es sind immer noch Bourgeois tätig. Dem muss ein Ende gesetzt werden.«[89]

Am dritten Tag der Fahrt erklärt die Besatzung Gareth und Jack die komplizierte Hierarchie auf dem sowjetischen Schiff: Dessen Kapitän hat lediglich das administrativ-technische Kommando, in Wirklichkeit wird es von einem dreiköpfigen Komitee geleitet, dem neben dem Kapitän der Vorsitzende, es handelt sich um einen gewöhnlichen Matrosen, und ein Parteisekretär angehören. »Der Kapitän und der erste Offizier waren Staatsbeamte, die restlichen Mitglieder der Besatzung wurden als Arbeiter klassifiziert. Wieder eine andere Kategorie waren die Bauern«[90], erinnert sich Heinz. Wie die Matrosen erklären, ist es jedoch möglich, von einer in die andere Gruppe zu wechseln. Eine höhere Bezahlung kann man auch bekommen, wenn man der Partei angehört. Aber »im 160 Millionen Menschen zählenden Russland sind gerade einmal zwei Millionen in der Partei.«[91]

Jones ist neugierig, ob auch er als Sohn eines Lehrers es verdient hätte, in die Partei aufgenommen zu werden. Natürlich, antwortet ihm der Matrose, schließlich hätten weder sein Vater noch er jemals Arbeiter ausgebeutet. Obwohl natürlich in jedem Fall eine Probezeit notwendig sei: Für Arbeiter ist das ein halbes Jahr, für alle anderen zwei Jahre.

Ein anderer Matrose erklärt Jones, dass die Sowjetunion schon bald autark sein werde. Wie das, wundert sich Gareth, schließlich müsse das Land doch irgendwelche Waren importieren. Der Matrose hat keine Zweifel: »Russland wird autark sein. Nur noch fünf Jahre muss es importieren, dann nicht mehr. Bald werden wir in der Lage sein, selbst alle notwendigen Güter anzufertigen.«[92]

Jones spricht ihn auf die Lotterie in Russland an. Man kann dabei mehrere Tausend, ja sogar 20 000 Rubel gewinnen.

»Der Gewinn macht aus dem Sieger sofort einen Kulaken oder einen Bourgeois«, bemerkt er.

»Ja, aber das muss nicht sein«, antwortet der Matrose. »Man kann davon ein Haus oder ein Auto kaufen, man kann auch zwischen 50 und 70 Prozent des Gewinns dem Staat geben, in Form einer Steuer.

89 Ebd., S. 4–5.

90 Ebd., S. 5.

91 Ebd.

92 Ebd., S. 6.

So ein Gewinner bekommt nie wieder Coupons für günstige Lebensmittel. Seine Einkäufe werden fünf Mal so viel kosten wie zuvor.«

»Aber das ist doch genau das, was ihr den Kapitalisten vorwerft«, empört sich ein daneben stehender englischer Mitreisender. »Die russischen Methoden bei der Behandlung des Lottogewinners sind nichts anderes als Ausbeutung.«

»Ich erinnere mich, wie Lenin meine Fabrik besucht hat«, meldet sich ein anderer Mann zu Wort. »Er war so ein gewöhnlicher, kleiner Mensch. Er sah wie ein Bauer aus und sprach mit einfachen Worten. Als er in die Fabrik kam, befahl er den Leuten, ihre Hände zu zeigen. Manche hatten einen Siegelring mit Diamanten. ›Schweine!‹, schrie er sie an, ›Arbeiterunterdrücker!‹«[93]

Am siebten Tag der Reise, dem 13. August, plaudern Gareth und Jack mit einem Russen, der 20 Jahre lang in Chicago gearbeitet hat. Nach dem Bankrott der amerikanischen Banken verlor er all sein Geld. Er meint, es sei ihm weggenommen worden, um es den Faschisten und den Deutschen zu geben. Der Kapitalismus sei wie ein Tiger, stellt er einen Vergleich an, er sei schön, aber versuche ja nicht, dich mit ihm anzulegen!

»In Amerika ist es so«, erklärt er, »wenn du eine Million Dollar klaust, klopfen dir die Behörden auf die Schulter und sagen ›*Good boy*‹. Aber wenn du 14 Cents klaust, wirst du für 14 Jahre eingelocht! Die amerikanischen Schulen sind schrecklich: Sie bringen den Kindern pfeifen und spucken bei und den eigenen Vater mit ›mein Alter‹ anzureden. Überhaupt wird die Familie nicht geachtet.«

Auf dem Schiff gibt es aber auch Reisende aus dem Westen, die unter dem Bann des Kommunismus stehen. Heinz diskutiert mit einem schottischen Kommunisten, der »radikalsten Person, die man sich vorstellen kann«[94]. Der Schotte stammt aus Glasgow, er heißt Reid. Seit zehn Jahren ist er in der kommunistischen Partei, seit neun Jahren ist er arbeitslos. Er erklärt, dass sogar große Erfinder wie Edison Werkzeuge in den Händen der Bourgeois seien, weil sie mit ihren Erfindungen das kapitalistische System rationalisiert und zum Anstieg der Arbeitslosigkeit beigetragen hätten. Dabei sei doch der einzige wirkliche Beitrag zur Entwicklung der Menschheit die Unterstützung des Proletariats.

---

93 Ebd., S. 7.

94 Ebd.

Ein gutes Dutzend anderer Personen schließt sich dem Gespräch an.

»Die wirtschaftliche Freiheit ist das endgültige Ziel Sowjetrusslands; in bourgeoisen Ländern gibt es keine Freiheit, weil die Bourgeois die Presse beherrschen und die Versammlungsfreiheit einschränken«, sagen sie.

»Wir brauchen in England eine Tscheka [Geheimpolizei], die grausamer ist als in Russland.«

»Die Weltrevolution ist unvermeidlich; alle Länder schließen sich freiwillig der UdSSR an. Die Deutschen werden die Nächsten sein. In Indien hat die britische kommunistische Partei die Aufgabe, gegen die Kapitalisten für die Freiheit der Arbeiter und Bauern zu kämpfen.«

»Zurzeit denkt man, dass sich der Kapitalismus selbst zu Fall bringt. Russland konzentriert sich auf den Fünfjahresplan. Sein Erfolg ist die Propaganda. Arbeiter aus der ganzen Welt nehmen diesen großartigen Erfolg wahr und werden danach streben, in ihren Ländern ein kommunistisches System zu errichten.«

»Das muss mit Krieg und Revolution enden. Die gegenwärtige Phase des Weltkapitalismus ist die Zeit der Lohnreduktion, Unterdrückung in den Kolonien und der Arbeitslosigkeit.«[95]

Bis zum Abend führt Heinz noch eine Menge Gespräche mit Kommunisten und Nichtkommunisten. »Die Revolutionäre waren so zahlreich und so zügellos in ihren Ansichten«, notiert er, »dass sie mich hätten zerquetschen können, wenn Joneski nicht rechtzeitig gekommen wäre.«[96]

Damals benutzt Heinz zum ersten Mal die russifizierte Form von Jones Nachnamen. Gareth, der an diesem Tag 26 Jahre alt geworden ist, erinnert sich zwei Jahre später daran, während er einen dramatischen Brief an eine Bekannte schreibt.

Als die Schiffsreise zu Ende geht, ist Jack nicht traurig darüber. Das Personal ist, wie er erwähnt, »typisch russisch«. Auf der ganzen Fahrt wurden nicht ein einziges Mal die Kabinen aufgeräumt oder die Betten neu bezogen. Auf Fragen der Reisenden gibt die Besatzung jedes Mal ruppige Antworten. Der Kellner serviert das Frühstück ungewaschen, unrasiert und in einem kragenlosen Hemd. Beim Lunch präsentiert er sich nur unwesentlich besser.

---

95 Ebd., S. 9.

96 Ebd., S. 10.

»Da ist das Land der Sowjets«, ruft der Schotte fröhlich, als Leningrad am Horizont erscheint. »Das Vaterland aller Arbeiter auf der Welt, das Objekt des Neids für die Bourgeois!«

Alle lachen, wenn sicherlich auch aus unterschiedlichen Gründen.

Die Dunkelheit ist schon hereingebrochen, als die s/s Rudsutak im Hafen einläuft. Nach langem Warten fährt sie die Newa entlang. Ringsum leuchten die roten und grünen Lampen der kleinen Kähne, die Waren transportieren. Selbst nach Mitternacht wird auf beiden Seiten des Flusses verladen und gelöscht. Getreide und Holz werden von den Leuten aufgeladen, Maschinen abgeladen. Schiffe pfeifen, Winden scheppern, die Fracht schlägt auf, über den Köpfen wirbeln Lichter. Gar nicht faul, diese Russen, kommentiert Heinz in seinem Buch *Experiences in Russia 1931. A Diary*. Es erscheint 1932 anonym in dem Verlag Alton Press in Pittsburgh. Beim Schreiben stützt er sich auf die Notizen, Gespräche und Übersetzungen von Gareth Jones.

Das Buch erscheint in kleiner Auflage und wird schlecht vertrieben. In keinem der damals gängigen Verzeichnisse der lieferbaren Bücher findet es Erwähnung. Heute wird es auf der Internetseite der Familie Heinz nicht erwähnt, die sich beispielsweise eines futuristischen Vehikels rühmt, das von Jacks Bruder konstruiert wurde.

Heinz verrät weder, dass er der Autor des Buches ist, noch, dass er sich auf das Tagebuch seines Begleiters stützt. Obwohl der Autor anonym bleibt, ist das Vorwort namentlich gezeichnet. »GARETH R.V. JONES« schreibt darin: »Mit Kenntnis von Russland und der russischen Sprache war es möglich, die ausgetretenen Pfade zu verlassen […], in verwanzten Hütten auf dem Land zu schlafen, mit den Bauern dunkles Brot und Sauerkrautsuppe zu teilen …«[97]

Über den 15. August 1931, als sie am späten Abend in Leningrad einliefen, schreibt Heinz: »Das hätte jeder Hafen sein können, aber es war Russland – und der Beginn eines großen Abenteuers!«[98]

97 Ebd., S. 2.

98 Ebd., S. 11.

Kapitel 5
Zehn Wahrheiten aus der UdSSR

Im Hafen wartet schon ein Vertreter von Intourist, einer Reiseagentur für Ausländer, die mit der Geheimpolizei zusammenarbeitet, und führt sie an der Schlange vorbei direkt zur Zollkontrolle. Das ist ein Zeichen von Höflichkeit gegenüber dem ehemaligen Sekretär Lloyd Georges. Einen Moment später taucht auch eine Übersetzerin auf, eine bezaubernde und intelligente junge Frau, etwa im Alter von Gareth, die hervorragend Englisch und Französisch spricht. Ihr letzter Kunde war der irische Schriftsteller George Bernard Shaw, ein Bewunderer Lenins und Hitlers. Ersterer ist für ihn der »einzige wirklich interessante Staatsmann in Europa«[99] und Letzterer ein »sehr ungewöhnlicher und fähiger Mensch«[100]. Shaw preist auch Stalins Reformen. Gareth Jones und sein Reisekamerad – der Erbe des Ketchup-Vermögens – sollen bei ihrer Reise durch die UdSSR einen ebenso guten Eindruck bekommen.

---

99 Michael Holroyd, *Bernard Shaw*, Bd. 3: *1918–1950: The Lure of Fantasy*, London 1993, S. 226.

100 Harry M. Geduld, *Bernard Shaw and Adolf Hitler*, in »The Shaw Review« 1961, Bd. 4, Nr. 1 /Januar), S. 11–20.

1. »Der Alkohol ist ein Freund der Religion«[101]

Die Übersetzerin schließt die Autotür und der nagelneue Ford fährt mit atemberaubender Geschwindigkeit über das holprige Pflaster in Richtung Innenstadt. »Irgendwie sind wir angekommen, ohne jemanden zu töten«[102], wird Heinz in sein Tagebuch schreiben. Ein Zimmer mit Bad erwartet sie im Europa Hotel, dem besten von Leningrad. Zum Ausruhen ist keine Zeit, sofort beginnt die Besichtigung.

Erster Punkt der für eine Gruppe von Amerikanern organisierten Rundfahrt, der sich Gareth und Jack anschließen, ist der Besuch in einem kostenlosen Sanatorium für Arbeiterkinder. Es herrschen dort tadellose Sauberkeit und Ordnung, und überall hängen Propagandaplakate. Sie preisen den Kommunismus, den Fünfjahresplan und die Industrialisierung. Die Kinder fertigen sie mit Hilfe von Zeitungsausschnitten an.

Die zweite Attraktion des Tages ist der Winterpalast, dessen erste Bewohnerin Zarin Katharina II. war. Seit der Revolution gehört er zum staatlichen Museum Eremitage. Hier sind die Propagandaprospekte in den Vorzimmern untergebracht.

Gareth liest:

»Die sowjetischen Luftschiffe sind ein wichtiger Faktor für die Wiedererrichtung des Sozialismus.«

»Lasst uns am ersten August mutige Kämpfer der chinesischen Revolution sein.«

Erst um fünf essen die Ankömmlinge ein Lunch in einem Luxusrestaurant mit Ausblick auf die dreckigen und kaputten Dächer Leningrads, die von Radioantennen überzogen sind wie von einem Spinnennetz. Aus diesem grauen Gewirr ragen die Türme der Kathedrale empor. Die klapprigen Kutschen sind nur mehr eine Erinnerung an die einstige Pracht der Stadt. Ebenso der schlammige und löchrige Weg entlang des Flusses, die einstige Esplanade. Von den einst vornehmen Häusern sind schmutzige Wände, verblichene Fassaden und Fenster mit eingeschlagenen Scheiben übrig geblieben. Einzig die Hauptstraße, die im letzten Frühjahr von 3000 Arbeitern verputzt und gestrichen wurde, sieht anständig aus.

---

101 Die Untertitel in diesem Kapitel sind Parolen von den Propagandaplakaten, die Jones sah.

102 *Experiences in Russia 1931*, S. 12.

Auf den Straßen treiben sich betrunkene Männer herum und prügeln sich mit der Polizei. Herr T., der Chef der Leningrader Abteilung des britischen Konzerns Metropolitan-Vickers, meint, dass die besten vierzig-, fünfzigjährigen Arbeiter Trinker seien. Die Behörden verurteilen das, wer also unter Alkoholeinfluss zur Arbeit kommt, bekommt am Ende des Monats vor den Augen der anderen die riesige Attrappe einer Wodkaflasche überreicht. Die Neigung der Arbeiter zum Alkoholkonsum wird auch mit Hilfe von Hypnose bekämpft. Obwohl die Propagandaplakate verkünden, dass Trunksucht und Religion die Feinde des Fünfjahresplans sind, verdienen die staatlichen Brennereien jede Menge mit dem Verkauf von Wodka. Jemand erklärt Jones, dass der Alkoholismus aus Mangel an Lebensmitteln um sich greife: Die Russen, die daran gewöhnt seien, zur Mahlzeit Wodka zu trinken, hätten zum Abendbrot nichts anderes als Alkohol.

An Essen fehlt es immer öfter. Die Frau eines sowjetischen Ingenieurs vergleicht: Zehn Eier kosten auf dem Markt fünf Rubel, im staatlichen Geschäft 70 Kopeken. Aber jeder kann sie dort nur ein Mal im Monat kaufen, und das klappt nicht immer, im Winter gibt es gar keine. Drei Mal im Monat bekommt man 200 Gramm Fleisch, gewöhnlich nur gesalzenes. Nur Arbeiter erhalten mehr: 300 Gramm und auch 400 Gramm gesalzenen Fisch. Das Brot reicht niemandem – es stehen einem nur 200 Gramm am Tag zu.

Die Leute stehen auf den Straßen Schlange in der Hoffnung darauf, Brot, Öl, Seife oder etwas anderes zu kaufen, ohne sicher zu sein, ob sie überhaupt etwas ergattern. Um in genossenschaftlichen Läden einzukaufen, muss man eine Arbeiterkarte haben. Heinz bemerkt boshaft, die »letzte Errungenschaft des billigen Handels«[103] in Russland sei die Neueröffnung der Ladenkette Torgsin, der Allunions-Gesellschaft zum Handel mit Ausländern, in denen man Waren für Gold oder Devisen bekommt. Hier gibt es anderswo schwer erhältliche Produkte des täglichen Bedarfs und Grundnahrungsmittel zu einem Preis, der 20 Prozent höher ist als in den Vereinigten Staaten. Das einzig Billige sind Zigaretten von miserabler Qualität.

»Das ist also das berühmte Leningrad, die Heimat der Zaren und das Zuhause der fröhlichen Crème de la Crème«[104], denkt sich Heinz. Gareth beschließt, Propagandaplakate zu sammeln.

103 Ebd., S. 14.

104 Ebd.

»Die Feinde des Fünfjahresplanes« – Propagandaplakat von 1929, das Jones von seiner ersten Reise in die Sowjetunion mitgebracht hat.

2. »Unsere Methode: Aktivisten der Arbeit, unser Ziel: der Fünfjahresplan«

In der Hauptstadt der UdSSR kommen Jones und Jack Heinz am 18. August nach zwölf Stunden Zugreise an. Nach dem verwahrlosten Leningrad ist Moskau eine positive Überraschung. Am Bahnhof begrüßt sie eine Fremdenführerin von Intourist. Sie führt sie zu einem Franklin, einem Luxusauto mit luftgekühltem Motor, dem größten Stolz der amerikanischen Automobilindustrie, und sie fahren gemeinsam zum Hotel Metropol. Die Straßen sind hier breiter, gleichmäßig gepflastert und sauber. Die Menschen sind erheblich besser gekleidet.

Hauptprogrammpunkt des ersten Tags in Moskau ist der Kultur- und Erholungspark – ein Ort, an dem die Arbeiter die späten Nachmittage und die arbeitsfreien Tage verbringen. Hier gibt es ein Kino, Hörsäle, Sportplätze und ein Schwimmbad. Aus den im Park aufgehängten Lautsprechern ertönen gewichtige Worte: »Wir brauchen mehr und mehr Aktivisten der Arbeit«, dann folgt das Lied über die Aktivisten. Es wurde sogar eine eigene Allee angelegt, an der Bronzebüsten der sowjetischen Helden der Arbeit aufgestellt wurden.

»Die Helden der Sowjetunion muss man kennen«, verkündet ein feuerrotes Transparent. Ein anderes: »Die Rote Sportinternationale ist die Kampforganisation des internationalen Arbeitervolks«. In einer Fabrik für Baumwollstrümpfe, in der ehemalige Prostituierte resozialisiert werden, sind die Rekorde der Aktivistinnen der Arbeit auf roten Wimpeln ausgestellt.

»Der Kampf mit den Faulenzern ist hier unterhaltsam, aber wirkungsvoll«[105], bemerkt Jack in einer Kautschukfabrik. Dort wurde ein Friedhof mit Grabsteinen eingerichtet, die wie echt aussehen. Auf den Kreuzen sind die Porträts und die Namen der größten Faulpelze und Säufer aufgemalt.

Es gibt auch Fabriken wie die in Nischni Nowgorod, wo am Eingang auf einem riesigen Schwarzen Brett die Namen der besten Arbeiter genannt werden, die von der Regierung mit Preisen ausgezeichnet wurden. Als Bonus gibt es kein Bargeld, sondern die Bescheinigung über ein Darlehen an die Regierung, für das der Arbeiter Zinsen bekommt. Wie einfach das ist, denkt sich Heinz: Gewinn einen Preis, und dann gib ihn der Regierung.

105 Ebd., S. 28.

Sowjetische Kinder demonstrieren in Moskau gegen Alkohol.
Die Propaganda verkündet, dass Alkoholismus genau wie die Religion eine Bedrohung für die Entwicklung des Staates ist.

»Die Russen produzieren auf Masse, aber es fehlt an Qualität, die schnelle Produktion begeistert sie geradezu«, erklärt der Chef der Leningrader Niederlassung von Metropolitan-Vickers. »Sie lieben es, fremde Entwürfe zu verbessern und als die eigenen auszugeben. Diese ›verbesserten‹ funktionieren jedoch gewöhnlich nur auf dem Papier.«[106]

Davon überzeugt sich Gareth bei einem Besuch im Haus eines Moskauer Parteimitglieds, dessen junge Frau sich, wie sie meint, für einen sowjetischen Phonographen begeistert, zum Erstaunen der Gäste aber ein Gerät amerikanischer Produktion präsentiert.

Herr R. von der Firma Stuart, James & Cooke wiederum meint, für einen Arbeiter in Russland genüge nun ein Schnellkurs, um Ingenieur zu werden. Die Entwürfe und Pläne werden also den ehemaligen Arbeitern zur Bewilligung vorgelegt. Sie haben keine Einwände und akzeptieren alles.

Von der Vorliebe der sowjetischen Jugend für die Produktion hören die Gäste auch von dem amerikanischen Ingenieur Scrymgeour, der neben seiner führenden Position im Konzern Albert Kahn auch Chef des sowjetischen Planungs- und Baubüros Gosprojektstroi ist.

Die Russen »haben das eine noch nicht gut verstanden, aber möchten schon die nächsten Dinge lernen. Sie haben einen riesigen Wissensdurst«, meint Heinz. Selbst Büroarbeiter beteiligen sich an ihren freien Tagen an gemeinnütziger Arbeit: Sie unterrichten Bauern, ernten Kartoffeln oder leisten körperliche Arbeit in der Fabrik. Angst und Schrecken verbreitet die Arbeiter-Disziplinarkommission. Anonyme Denunziationen von unproduktiven Mitarbeitern werden in einen bestimmten Kasten eingeworfen. Selbst die jüngsten Arbeiterinnen erwähnen ohne Scheu die ihrer Meinung nach unprofessionelle Arbeit der amerikanischen Vorgesetzten. Niemand kann entlassen werden. Doch vor Kurzem wurde unter Scrymgeours Mitarbeitern eine Säuberung angestellt, und seine zwei besten Ingenieure wurden nach Sibirien deportiert. Aus Angst vor der Verbannung manipulieren die russischen Ingenieure die Statistiken. Mal beharren sie auf der Bewilligung eines ungeeigneten Maßes für Bahngleise, mal wollen sie einen sechs Meter langen Sturz ohne Stahlträger bauen, obwohl alle wissen, dass er der Belastung nicht

106 Ebd., S. 18.

standhält. An der Tagesordnung ist die Herstellung von Beton aus einer Mischung, die keine entsprechende Qualität garantiert.

Doch der größte Fehler der sowjetischen Industrialisierung ist nach Scrymgeours Meinung die mangelnde Planung und Koordination. Im Süden des Landes ist der Bau eines gewaltigen Stahlwerks geplant. Der amerikanische Produktionsleiter mit einem Gehalt von 15 000 Dollar jährlich plus Aufwendungen wartet dort schon seit vier Monaten, aber das Holz ist immer noch nicht eingetroffen. Kürzlich wurde auch ein neues Zementwerk errichtet, aber im letzten Moment wurde auf den Einbau der amerikanischen Maschinen verzichtet, die in den Plänen vorgesehen waren. Das Ergebnis ist, dass die Geräte nicht die richtigen Anschlüsse haben und die Fabrik stillsteht. Effektivität zählt nicht. Um in den Berichten dokumentieren zu können, dass zwei Fabriken betrieben werden, werden jedes Jahr die Maschinen aus der alten in die neue und zurück transportiert. Das halbe Jahr ist die eine Fabrik in Betrieb, das halbe die andere.

In einer Autofabrik in Nischni Nowgorod rühmen sich die Ingenieure, dass Frauen auch für schwere Arbeiten eingesetzt werden. Sie erklären, dass Frauen bei der Installation der Elektrik sogar besser sind als Männer. Doch nach Besichtigung der Fabrik, in der 300 000 Personen arbeiten, erweist sich, dass die Arbeitsproduktivität dort so gering ist, dass drei oder sogar vier Personen die Aufgaben einer erfüllen. Das Schichtdienstsystem führt dazu, dass manche Schichten ohne Schichtleiter oder Brigadier arbeiten. Und zu den angestellten Arbeitern kommen noch die *Subbotniki*[107] hinzu, die nach ihrer eigenen Arbeit freiwillig in die Fabrik kommen.

»Die Arbeitsmethoden sind hier furchtbar«[108], notiert Heinz. Die Schreiner benutzen nur Beil und Handsäge. Zu zweit schleppen sie große Mengen Erde auf einer Konstruktion, die an eine Bahre erinnert.

In Charkiw hören Gareth und Jack von amerikanischen Ingenieuren, der Drang der Russen zur Industrialisierung sei so groß, dass sie sogar Maschinen bestellten, von denen sie nicht wissen, wozu sie dienen. In einer Moskauer Zeitung erschien das Foto von drei Maschinen vor einer Traktorenfabrik mit der Bildunterschrift, das seien die ersten produzierten Exemplare. In Wirklichkeit wurden sie

---

107 *Subbotnik* – russ. für freiwillige Tat, aber Jones und seine Gesprächspartner bezeichnen damit auch die Personen, die diese Arbeit leisten (Anm. d. Red.).

108 *Experiences in Russia 1931*, S. 41.

für das Foto aus Stalingrad angeliefert. Die ersten Schlepper sollten erst einige Wochen später aus der Charkiwer Fabrik rollen.

Ein Resümee der sowjetische Industrialisierung zeigt ein Blumenbeet in einem Kiewer Park, das die Zahlen 1040 und 518 darstellt. Die erste ist die Anzahl der in der UdSSR eröffneten Maschinen-Traktoren-Stationen, die zweite die der in diesem Jahr entstandenen Industriebetriebe.

3. »Religion ist eine Waffe der Unterdrückung«

An Gott glauben nur noch alte Leute – immer öfter praktizieren sie ihren Glauben heimlich. Die Tochter eines Ingenieurs sagte noch vor kurzer Zeit täglich das Vaterunser auf, doch eines Tages kam sie aus der Schule und spottete: »Wo ist Gott? Zeigt ihn mir.«

»Jetzt glaubt sie, dass es ihn nicht gibt«, erklärt ihre Mutter mit zitternder Stimme. »Mir ist die gute Bildung meiner Kinder wichtig, deshalb mache ich mir nichts daraus, dass meine Tochter Kommunistin wird. Soll sie zu den Pionieren und dem Komsomol gehen, so bekommt sie eine bessere Ausbildung. Die meisten Eltern denken ähnlich. Die jungen Leute wollen keine Kinder mehr haben, weil es zu schwierig ist, sie zu ernähren. Ständig überall Abtreibungen – 75 000 im vergangenen Jahr allein in Moskau.«[109]

Es ist sehr leicht zu heiraten und noch leichter, sich scheiden zu lassen. Gareth und Jack überzeugen sich davon in einem Moskauer Büro für Hochzeiten und Geburten. Heinz nennt es Büro für Hochzeiten und Scheidungen. Die Bescheinigung einer Scheidung kann man dort sogar ohne das Einverständnis seines Ehepartners erhalten.

»Oft kommt es vor, dass der Mann seiner Frau eines Nachts sagt, dass er sich scheiden möchte, und schon in der nächsten Nacht taucht er zu Hause mit einer neuen Verlobten auf! Angesichts des Mangels an Wohnungen müssen dann alle drei zusammenwohnen, bis einer auszieht«[110], notiert Heinz.

Eine zwanzigjährige Beamtin sammelt von den Antragstellern die Daten: Name, Adresse, Passnummer, Gebühr in Rubel, Unterschrift. Gareth und Jack stoppen mit der Uhr in der Hand die Zeit: Die sowjetische Trauung dauert fünfeinhalb Minuten.

---

109 Ebd., S. 16.

110 Ebd., S. 23.

»Die Nächsten!« In der Schlange warten noch drei Paare.

Gareth sieht sich die Statistiken an. Im Monat werden hier durchschnittlich 400 Trauungen und 200 Scheidungen vollzogen.

»Lässt die Phantasie die Leute in diesem Land nicht im Frühling an die Liebe denken?«, möchte Jack wissen, als er bemerkt, dass die Zahl der Hochzeiten in dieser Jahreszeit überhaupt nicht zunimmt.

»Natürlich«, antwortet die zwanzigjährige Beamtin. »Nur dass die Leute keine Zeit haben zum Heiraten.«[111]

4. »Es lebe unser geliebter großer Stalin«

In der Hauptstadt besuchen Gareth und Jack amerikanische Korrespondenten, Kenner der Sowjetunion.

Maurice G. Hindus, Schriftsteller und Journalist, sagt, dass »die Bourgeois in Amerika und England erst nach dem Tod ihren Besitz abgeben würden«[112]. Obwohl er die Ernährungssituation in Russland, insbesondere auf dem Land, kritisiert, weiß er doch die Entwicklung der Bildung, die Versorgung der Kinder und den für sie garantierten klugen Zeitvertreib zu schätzen. Er meint, die russischen Bauern hätten sich gerne der Kollektivierung angeschlossen, weil sie letztlich verstanden hätten, dass eine individuelle Landwirtschaft keine Zukunft habe, stark seien sie nur in der Gruppe.

Louis Fischer, der seit Anfang der 1920er-Jahre als Korrespondent in Moskau arbeitet, erklärt, der russische Staat sei ein Tiger und das russische Volk könne Berge versetzen. Seiner Meinung nach seien die Ressourcen des Landes gewaltig, und schon bald werde es mehr produzieren, als es benötige.

Eugene Lyons ist ein dreißigjähriger Mitarbeiter von United Press und der zukünftige Biograf von Präsident Herbert Hoover. Er garantiert Jones, dass die kommunistischen Behörden alles dafür täten, den Lebensstandard in der Sowjetunion zu erhöhen. Die Partei habe noch nie so geschlossen dagestanden. Besondere Unterstützung erfahre sie von den jungen Leuten. Bis 1933 werde die Kohleproduktion auf 140 Millionen Tonnen jährlich ansteigen. Aber selbst falls das nicht gelinge, werde die Regierung die Zahlen höher ansetzen.

Der vierte Experte ist der berühmteste!

---

111 Ebd.

112 Ebd., S. 24.

»Der arme Mensch«, bedauert ihn Heinz. »Er hat es nicht leicht. Fast jeder, der nach Russland kommt, stattet ihm einen Besuch ab. Es heißt, er sei der informelle Botschafter der Vereinigten Staaten. Und obwohl er ein vielbeschäftigter Mann ist, gelingt es ihm, allen gegenüber reizend zu sein.«[113]

Walter Duranty ist Brite, seit 1922 Korrespondent der *New York Times* in Moskau und das Orakel in russischen Fragen. Informationen, die von ihm kommen, erfordern keine Verifizierung.

»Das Geheimnis von Stalins Macht«, erklärt er seinen Gästen, »ist Gegenstand vieler Diskussionen. Erstaunlich, wie er sich Trotzkis entledigt hat, eines Menschen in derselben Position, aber durchsetzungsfähiger und temperamentvoller als Stalin. Bei jeder Erklärung versteckt sich dieser hinter den Autoritäten der Partei. Nur ergibt es sich so, dass die Meinungen der Partei immer mit seinen Ansichten übereinstimmen.«

»Die Leute mögen Stalin nicht«, sagt hingegen ein Dreizehnjähriger, der Gareth und Jack erklärt, dass in den meisten Häusern seiner Bekannten immer noch Ikonen hängen, nur in manchen Lenin-Porträts. »Stalin hängt fast niemand auf. Wir hören nie russische Radiosender. Dort gibt es nichts als langweilige Diskussionen über den Fünfjahresplan. Ich höre nur Auslandssender. Wir wollen Foxtrott! Meine Mama kann 60 Stücke spielen und meine Schwester 100. Wir tanzen heimlich. Tanzen ist verboten, aber alle tanzen. Es heißt, das sei etwas für Bourgeois.«

Jones fragt, wie die Geheimpolizei auf illegale Tanzveranstaltungen reagiere. Der Junge antwortet, die Polizisten würden auch tanzen. Das Tanzverbot gibt es nur zum Schein.

»In unserer Schule«, fährt er fort, »geben sich die Jungs amerikanische Namen. Ich bin Babe Joyce. Andere nennen sich John Smith oder John Simonson.«

»Warum amerikanische?«, wundert sich Gareth.

Der junge Russe erklärt, dass doch alle Amerika liebten, weil die Vereinigten Staaten das zivilisierteste Land der Welt seien.[114]

113 Ebd., S. 20.

114 Ebd., S. 19–20.

5. »Die Kinder aller Länder sind eine Familie«

Der einzige Schmuck in dem kleinen und sonst leeren Büro des Kommissariats für Bildung ist ein großes Lenin-Porträt. Die Gesprächspartnerin von Gareth hat sorgfältig nach hinten gekämmte graue Haare, einen rundlichen Kopf, einen etwas schiefen Mund und beeindruckend schwere Augenlider. Gekleidet in ein einfaches kariertes Kleid, macht sie den Eindruck der einfachsten, liebenswürdigsten und höflichsten Sechzigjährigen, die man sich vorstellen kann. Den Bericht von diesem Interview publiziert Jones mehr als ein Jahr später, am 7. November 1932 in der Zeitung *The Western Mail*, unter dem Titel »Lenins Witwe spricht mit einem Waliser«[115].

Sie wird Mutter von Russland genannt. Seit dem Tod ihres Mannes 1924 ist sie voll und ganz in Anspruch genommen von der Verbesserung des sowjetischen Bildungssystems, seit einigen Jahren ist sie Stellvertreterin des Volkskommissars für Bildung, also Vizeministerin.

»Die Kinder müssen alles über die Produktion wissen: über Bergwerke und Kolchosen, die Funktionsweise von Maschinen verstehen. Dafür sind häufige Ausflüge in Fabriken hilfreich«, erklärt Nadeschda Krupskaja, das Wort »Produktion« spricht sie ebenso andächtig aus, wie ein walisischer Politiker über Gott oder Religion sprechen würde.

Der Enthusiasmus der sowjetischen Arbeiter für Bildung ist ihrer Meinung nach grenzenlos. In manchen Fabriken, erklärt sie, gingen alle nach der Arbeit zum Unterricht. Sie fahren sogar aufs Land, um den Bauern Lesen und Schreiben beizubringen. Selbst die Achtzigjährigen lernen eifrig, der Analphabetismus verschwindet.

Lenins Witwe spart auch nicht mit Lob für die sowjetischen Frauen: Es werden schon fast alle Mütter in der Produktion beschäftigt. Die Nachfrage nach Arbeit ist enorm. Diesen Sommer sind 500 Moskauer Kinder auf die Krim gefahren, um den Mangel an Arbeitskräften zu reduzieren, mit dem man es überall in der Sowjetunion zu tun hat. Sie haben dort vier Stunden am Tag gearbeitet, in der Freizeit wurden Ausflüge und andere Attraktionen für sie organisiert. Anschließend sind sie, so Krupskaja, »gesund und glücklich nach Hause zurückgekehrt«.

---

115 Gareth Jones, *Lenin's Widow Talks to a Welshman.*

»Und selbstverständlich gibt es in unseren Schulen keinen Religionsunterricht«, fügt sie stolz hinzu.[116]

Von der Effektivität der sowjetischen Erziehung überzeugt sich Gareth in Nischni Nowgorod. Von den vier Unterrichtsstunden ist jeden Tag die erste der Lektüre revolutionärer Bücher gewidmet, wie ihm eine Jugendliche erzählt. Ihre Schulfreunde sind Pioniere. Sie glauben, dass bald die Revolution in Deutschland ausbricht. Dann in England und Amerika, was die dortigen Arbeiter glücklicher machen wird. In der Schule haben die jungen Russen erfahren, in welch großer Armut die amerikanischen Arbeiter leben: Sie fürchten sich davor, Kommunisten zu werden, weil Kommunisten dort schwer Arbeit finden. Aber der Tag wird kommen, an dem die amerikanischen Arbeiter leben werden wie das Arbeitervolk in Russland. Der Krieg rückt näher, ist sich das Mädchen sicher.[117]

Ein anderes Mal, als Jones und Heinz in einer Buchhandlung ein Buch mit dem Titel *Im Angesicht des mechanischen Materialismus und des menschewistischen Idealismus in der Biologie* sehen, wird ihnen bewusst, dass sie das einzige nicht technische Buch auf ihrer Reise in den Händen eines Russen auf einer Baustelle gesehen haben, auf der eine Autofabrik errichtet wurde: Der Kranführer las in seiner Pause *Gullivers Reisen*.

Als er Krupskajas Büro verlässt, ist Jones immer noch überzeugt, dass er es mit einer bedeutenden Persönlichkeit zu tun hatte, trotzdem zweifelt er am Erfolg eines Bildungssystems, in dem es keinen Platz für freies Denken gibt. Obwohl er sich während des Gesprächs nicht traute danach zu fragen, geht er in seinem Artikel nicht über die Tatsache hinweg, dass Nadeschda Krupskaja der Opposition gegen Stalin zugerechnet wird. Er erwähnt einen Witz, der auf den Moskauer Straßen geflüstert wird: Zwischen Stalin und Krupskaja kommt es wieder einmal zu Streit, plötzlich verliert er die Beherrschung und schreit: »Sieh mich an, Alte, wenn du nicht zur Vernunft kommst, ernenne ich eine andere!«[118]

Krupskaja stirbt im Jahr 1939, noch vor Ausbruch des Zweiten Weltkriegs. Viele meinen bis heute, dass sie auf Befehl Stalins vergiftet wurde.

---

116 *Experiences in Russia 1931*, S. 29.

117 Ebd., S. 44.

118 Gareth Jones, *Lenin's Widow Talks to a Welshman*, »The Western Mail«, 7. November 1932.

6. »Lasst uns den Fünfjahresplan in vier Jahren erfüllen«

Die Bauern werden gezwungen, so hören es Gareth und Jack, höhere Steuern zu zahlen, den Kolchosen beizutreten und Zwangsarbeit zu leisten. In den Wäldern im Norden des Landes gibt es nur Zwangsarbeiter. Ohne Erlaubnis des Staates darf man das eigene Schwein nicht mehr schlachten. Die Bauern nennen die Kommunisten Teufel. Es kommt sogar vor, dass sie sie ermorden. Aus Rache nahmen die Verhaftungen zu. Im letzten Winter gab es kein Mietshaus, in dem niemand verhaftet wurde. Die Menschen werden gefoltert, um ihnen Gold, Devisen und Schmuck abzunehmen. In den Gefängnissen bekommen sie gesalzene Heringe zu essen, ohne dass sie Wasser zum Trinken haben. Andere werden in enge Räume gesperrt, bis sie beinahe ersticken und verraten, wo sie Wertgegenstände aufbewahren. Die Regierung zwingt die Bürger dazu, dem Staat Darlehen zu gewähren, indem er sie ihnen vom Lohn abzieht.

Ähnliche Berichte hören die Ankömmlinge während der ganzen Reise.

»Die Bauern sind schrecklich unzufrieden«, erzählt ihnen eine Bäuerin, die ihr Glück in Moskau sucht. »Man hat sie gezwungen, den Kolchosen beizutreten, dabei hätten sie lieber ihr eigenes Stück Land, ihr eigenes Haus, eigenes Vieh und Schweine und würden lieber für sich selbst arbeiten. Meine beiden Cousins haben Tag und Nacht geschuftet, sie haben selbst die Ziegel hergestellt. Haben Häuser gebaut, und dann? Sie wollten nicht in die Kolchose und wurden in den Ural deportiert. Ein anderer Cousin hatte zwei Kühe, zwei Schweine, ein paar Schafe und zwei Hütten. Sie haben ihn als Kulak bezeichnet und gezwungen, alles zu verkaufen. Dafür haben sie ihm nur 300 Rubel gegeben. In den Kolchosen will niemand arbeiten. Denen, die nicht beitreten wollen, wird alles weggenommen. Viele wurden nach Archangelsk verbannt.«[119]

7. »Es lebe unser glückliches sozialistisches Vaterland«

Das Spielzeuggeschäft ist, wie andere Geschäfte auch, am Sonntag geöffnet. Auf einer Schachtel mit Bausteinen prangt die Aufschrift: »Politisches Spielzeug, zugelassen zum massenhaften Gebrauch im

119 *Experiences in Russia 1931*, S. 32.

Einklang mit der Resolution des 16. Kongresses der Kommunistischen Allunionspartei«.

Spencer Williams von der Amerikanischen Handelskammer erklärt Gareth, dass man in Russland immer noch Reste des freien Handels finden könne, er aber mit Sicherheit schon nächstes Jahr komplett verschwunden sein werde. Zwei Mitarbeiter einer Eisenbahnfabrik erinnern sich, dass sie vor der Revolution alles und zudem billig bekommen konnten. Es ist August, und seit Beginn des Jahres ist es ihnen nur gelungen, zehn Eier zu ergattern. Sie geben jedoch zu, dass Moskau immer noch der beste Ort zum Leben ist.

Eines Tages torkelt ein Säufer auf der Straße in Jones Richtung.

»Du bist also aus England?«, lallt er. »Euch füttern wir, in euer Land schicken wir die ganze Zeit Lebensmittel. Und wie sollen wir leben?«

Jones spricht seinerseits die Arbeiter an:

»Und was ist mit den optimistischen Zahlen, die die Behörden publizieren?«

»Zahlen machen nicht satt!«, antworten sie. »Du siehst einen Baum und weißt genau, dass es kein Apfelbaum ist, aber die Kommunisten erklären, dass morgen Äpfel daran wachsen.«[120]

Endlich gelingt es, auch Karl Radek zu treffen, einen ehemaligen Trotzkisten. Obwohl er in Wirklichkeit Sobelsohn heißt, benutzt er als Nachnamen ein Pseudonym, das auf den Helden des Romans *Syzyfowe prace* (Sisyphusarbeiten) von Stefan Żeromski zurückgeht. Nachdem er Selbstkritik geübt hatte, erlangte er wieder Stalins Gnade und wurde Redakteur der Zeitung *Iswestija*. Mit großem Eifer kritisiert er die ehemaligen Genossen. Für die Feinde der Partei fordert er sogar die Todesstrafe, und mit seinem Lobgedicht *Architekt der sozialistischen Gesellschaft* begründet er den Stalinkult.

»Dieser Mensch sieht schrecklich aus mit seiner Brille in dicker Fassung, seinen scharfen Gesichtszügen und dem charakteristischen Streifen Haare, der das Kinn umgibt wie in den Filmen von Pat und Mike, ganz so, als hätte er sich ein Stück Fell um das Gesicht gelegt von Ohr zu Ohr«, so sieht ihn Heinz.

In einer für Ivy Lee knapp zwei Monate später angefertigten Notiz fasst Jones die Meinung Radeks zusammen:

120 Ebd., S. 32–35.

»Kulaken raus aus dem Kolchos!« Propagandaplakat, das den Kulaken als Schädling und Schmarotzer darstellt.

»Im Verlauf der nächsten 20 Jahre wird uns die Entwicklung des Landes ganz in Anspruch nehmen. In dieser Zeit wird Russland seinen Binnenmarkt entwickeln. Die Leute brauchen das sehr. Die Bauern wollen bessere Kleidung und Geräte, von denen sie früher nicht einmal zu träumen wagten.«

»Wir haben allen Grund zu friedlichen und besseren Beziehungen mit anderen Ländern. [...] Dieses Argument spricht für eine friedfertigere Politik. Russland wird immer stärker.«

»Das ist nicht die letzte Krise des Kapitalismus. [...] In der kapitalistischen Welt wird der allgemeine Wohlstand nie mehr zurückkehren, aber die stärksten Länder bleiben stärker als die restlichen.«

»Die größte Bedrohung für England ist nicht der englische Kommunismus, sondern der amerikanische Kapitalismus.«

»Ihr fragt, wie man die Beziehungen zwischen den Vereinigten Staaten und der Sowjetunion verbessern kann: erstens, das Embargo und andere heikle Kreuzzüge beenden. Zweitens: Entwicklung ist nicht möglich ohne politische Anerkennung. Drittens: Ihr müsst den Ansatz ›Amerika für die Amerikaner‹ aufgeben. Ihr seid nicht realistischer als manche unserer Komsomolzen, die meinen, dass in fünf Jahren die ganze Welt in unserer Hand sei. Wir sind genauso ein Land wie Amerika. Ohne eure Hilfe wird unsere Entwicklung langsamer sein, aber es gibt keine Macht, die uns aufhalten könnte. Eine Intervention in Russland würde mit der Vernichtung Deutschlands und Polens enden. Wir werden keine Länder angreifen. Die Geschichte wird zeigen, welches System besser ist. Wir sind vollkommen überzeugt, dass der Sozialismus siegen wird.«[121]

Zwei Tage nach diesem Treffen, am 27. August, treffen Gareth und Jack mit dem Zug in Nischni Nowgorod ein. Sie gehen auf einem Weg außerhalb der Stadt, und die in gleichmäßigen Abständen vorhandenen Brunnen wirken wie wohltuende Oasen in einer befremdlichen Schlammwüste. Jones fragt eine Frau, ob sie in der Stadt Eier verkaufe. Die Frau wundert sich. Auf dem Land wurden schon lange keine Eier mehr gesehen. Ähnlich wie Fleisch oder Butter. In der genossenschaftlichen Kantine ist es so dreckig und stinkt derartig – außerdem fliegen über dem Essen Schwärme von Fliegen –, dass Gareth und Jack auf das Mittagessen verzichten und im Büro

121 Gareth Jones, *Interview with Karl Radek*, 14. Oktober 1931, https://www.garethjones.org/overview/radek.htm (Zugriff: 24. Januar 2019).

des Oberinspektors darum bitten, dass man ihnen die Bohnen aufwärmt – einen der 57 Leckerbissen von Heinz. »Es fehlt an Essen, es fehlt an Essen«, sagen ihnen weitere Leute, auf die sie stoßen.

Im nächsten Dorf schauen sie im Haus des Pfarrers vorbei. Der Geistliche erzählt, wie er im vergangenen Jahr für zwei Wochen hinter Gitter kam, weil Gemeindemitglieder trotz des Verbots an Ostern die Glocken läuteten. Ein anderes Mal musste er eineinhalb Monate lang »freiwillig« bei Minusgraden Bäume fällen.

Die Mutter des Pfarrers schaltet sich in das Gespräch ein. Sie sagt, die »Subbotniki« müssten als gemeinschaftliche Tat eine Autofabrik errichten, ob sie das wollten oder nicht. Oft fehlten Schaufeln, und die Erde müsse mit dem Rock getragen werden.

Es sitzt auch eine junge Frau bei ihnen. Sie beugt sich über den Tisch und flüstert:

»Im Februar und März haben sie mich zur Arbeit gezwungen. Für einen ganzen Monat haben sie mir einen Rubel und 35 Kopeken gezahlt, vier Pfund Brot und 17 Portionen Tee gegeben. Um Essen zu bekommen, musste ich meine Kleidung verkaufen.«

Die Miene des Pfarrers verdüstert sich, sein Tonfall ändert sich, seine Augen sprühen Funken.

»Ich hoffe, dass Gott uns hilft«, sagt er, »aber ebenfalls, dass uns andere Länder helfen. Wir zählen auf einen Krieg. Wir haben gelesen, dass der Papst einen Kreuzzug gegen die Sowjetunion führen möchte. Hervorragend! Falls es zu so einer Intervention kommen würde, würden sich auch unsere Bauern erheben, denn zurzeit fehlen ihnen die Anführer und alle fürchten sich.«[122]

Vor Einbruch der Dunkelheit gehen Jones und Heinz in den genossenschaftlichen Laden.

»Das ist nur für Kinder«, betont der Verkäufer sofort, als er sieht, dass die Kunden auf das Lammfleisch blicken.

»In diesem Fall bin ich neun Jahre alt und mein Freund acht«, antwortet Jones selbstsicher.

Für zweieinhalb Rubel gibt der Verkäufer den Ausländern zwei Kilo Fleisch. Sie bitten auch um Butter, die Einkäufe tragen sie ins Haus des Pfarrers.

»Wir haben gut geschlafen nach dem bisher interessantesten Tag unserer Reise«[123], wird Heiz später notieren.

---

122 Ebd., S. 46–47.

123 Ebd., S. 48.

8. »Das Arbeitervolk ist bereit zur Luftverteidigung der UdSSR«

Eine Zwölfjährige aus Nischni Nowgorod erzählt, sie sei der Gesellschaft zur Förderung der Verteidigung, des Flugwesens und der Chemie (OSSOAWIACHIM) beigetreten sowie der Internationalen Roten Hilfe (IRH, russ. MOPR). Deshalb hat sie schon Fabriken und Kasernen der Roten Armee besichtigt. Sie durfte sogar ein Gewehr halten.

Jones hat das schon in Moskau gesehen. Im Arbeiterklub, den er mit Heinz besuchte, nahmen 5000 Arbeiter an einem Erste-Hilfe-Kurs teil. Wer möchte, kann sich in Zirkel für Ingenieurwesen, Musik oder Theater einschreiben. Die militärische Ausbildung ist für alle obligatorisch, sie erlernen den Einsatz von Waffen und Gasmasken.

Als Gareth und Jack in Nischni Nowgorod ein Theater besuchen, bewundern sie in dem Gebäude wieder Propagandaplakate. In der Pause zwischen den Akten der Aufführung sehen sie sich eine Demonstration zum Gebrauch von Gasmasken an.

Die Wolga hinab, nach Osten, in Richtung Kasan, wollen sie früh am Morgen des letzten Augusttags aufbrechen, aber das Schiff kommt nicht. Das nächste ist für 11.00 Uhr angekündigt, es taucht auch lange nicht auf. Schließlich trifft es in Nischni Nowgorod ein und fährt mit neunstündiger Verspätung ab. Das Wetter ist kalt und regnerisch. Es müssen rund tausend Passagiere sein, sie sind so eng aneinandergedrängt, dass kein Blatt Papier mehr dazwischen passen würde. Die Bauern drängeln und riechen schlecht. Eine Frau auf dem Schiff sagt Jones, das seien Verbannte. Sie werden zu Tausenden transportiert und sollen hungern zur Strafe dafür, dass sie hart gearbeitet hätten. Man deportiere sie nach Taschkent und überlasse sie dort, wie sie selbst gesehen habe, ihrem Schicksal: obdachlos, arbeitslos, verhungernd.

An Essen mangelt es auch an Deck des Dampfschiffes. Gareth kann den ganzen Tag lang trotz Bitten nichts auftreiben. Schließlich überzeugt er einen der Kellner mit Hilfe von Zigaretten. Die Mahlzeit, die er bekommt, ist teuer und schwer verdaulich. Als die Sonne durch die Wolken guckt, gehen die Passagiere an Deck und wärmen sich auf. Plötzlich schreit jemand: »Alle in die Kabinen!« Das Dampfschiff nähert sich einer Brücke, darauf stehen bewaffnete Wachleute. Sie schießen auf jeden, der sich an Deck befindet. Jemand erklärt, dass alle russischen Brücken mit Wachleuten besetzt sind, um sie vor Sabotage zu schützen.

Auf der linken Seite zieht sich das bewaldete Land von Mari El dahin, und die Wolga, die eine Weile etwas schmaler war, fließt wieder auseinander und strömt in breitem Lauf nach Kasan, in die Hauptstadt Tatarstans, das Zentrum der tatarischen Nationalbewegung und das religiöse Zentrum der russischen Muslime. Am Ufer spielt sich, wie Heinz am 2. September bemerkt, eine wahre Tragödie ab: Hunderte Frauen, Männer und Kinder sitzen bedrückt da und warten schweigend auf ihre Verbannung. »Das sind Kulaken, die verhassten und unterdrückten Kulaken.«[124]

9. »Nur 24 Prozent der Mitglieder in Artels, Vereinigungen von Kleinwarenproduzenten, putzen sich die Zähne, in Kollektiven sind es 31 Prozent«

Hinter Kasan biegt die Wolga scharf nach rechts, und ein paar Dutzend Kilometer weiter mündet die weitläufige Kama. Von dort an fließt sie in breitem Flussbett reißend geradeaus nach Süden, in Richtung des Kaukasus. Hinter Stawropol, das drei Jahrzehnte später zu Ehren eines italienischen Kommunisten in Togliatti umbenannt wird und Autos der Marke Schiguli produziert, die im Ausland als Ladas verkauft werden, fließt der Strom in einer wundersamen Schleife um die von Wäldern bedeckten Schiguli-Berge. In der Stadt Samara, die auf der Hälfte dieses Halbkreises liegt, kommen die Passagiere am 3. September nach Einbruch der Dunkelheit an. Am Morgen gehen sie zum Zug.

Obwohl die Reise von Samara nur eine halbe Stunde dauert, meint Jack, das sei »keine leichte Arbeit für die Jungs, die in der ›harten‹ fahren.«[125] Die sowjetischen Eisenbahnwaggons, erklärt er in seinem Buch, bestehen aus zwei Klassen: »weichen«, mit bequemen Sitzen für vier Personen, und »harten«, in denen man auf langen Bänken längs des Waggons sitzt.

Der Kolchos ist nach Stalin benannt und hat 4000 Arbeiter. Jack und Gareth kommen in der Dunkelheit an und machen erst an dem Haus halt, in dem das hellste Licht brennt. Sie treten ein. Mehrere bärtige Männer sitzen an auf dem Tisch verstreuten Rechnungsbüchern. Sie unterbrechen ihre Arbeit und treten näher, um die Fremden zu begrüßen. Sofort, als wären sie auf die Ankunft von Gästen

124 Ebd., S. 49.
125 Ebd., S. 51.

vorbereitet, kommen andere. Es werden mehr und mehr, bis – wie Heinz bemerkte – das Zimmer »voll ist und stinkt«[126].

»*Kakaja krasiwaja kartina*« (Was für ein schönes Bild), begeistern sie sich über eine alte Ausgabe des *Cosmopolitan*, eines amerikanischen Frauenmagazins, das ihnen Heinz zeigt.

Dann hagelt es Fragen:

»Wann bricht in Amerika die Revolution aus?«

»Stimmt es, dass England den Krieg möchte?«

»Warum erlaubt man der Sowjetunion nicht, in Frieden zu leben?«

»Sterben in England und Amerika Tausende Arbeiter?«[127]

Der Vorsitzende des Selsowjet, einer administrativen Einheit in der UdSSR, die der Gemeinde entspricht, ist ein kleingewachsener und energiegeladener junger Mann mit flinken Augen. Er trägt eine Militärmütze. Auch der stellvertretende Vorsitzende stellt sich vor, unrasiert und fröhlich, und lädt die Ankömmlinge mit dröhnender Stimme nach Hause zum Abendbrot ein, das sich als aufgewärmte Bohnen aus einer von Heinz mitgebrachten Büchse erweist.

Das Haus besteht aus einer Stube. Über dem Tisch, bedeckt mit einem dreckigen Wachstuch, glimmt eine Öllampe. An der Wand stehen drei Stühle und eine Bank, in einem Schrank mit Glasscheibe befindet sich Geschirr. In der Ecke steht ein Bett, und der riesige Ofen zieht sich bis in die Mitte des Zimmers. Der stellvertretende Vorsitzende wohnt hier mit seiner Frau und fünf schmuddeligen Kindern. Die fehlende Reinlichkeit und Schönheit in diesem Haus, bemerkt Heinz, wird kompensiert von der Gastfreundschaft der Gastgeber. Sie wärmen die Bohnen auf und reichen zu der von den Gästen mitgebrachten Mahlzeit stolz Tee und eine Wassermelone. Beim Essen spucken sie die Kerne auf den Boden, später fegt sie jemand in die Ecke.

Ach, es ist schrecklich, hebt die Gastgeberin an. Von drei Kühen, die jede 15 Liter Milch am Tag gegeben haben, zwei Pferden, Schafen und zehn Hühnern ist ihnen nichts geblieben. Im Tausch erhalten sie einen halben Liter Milch am Tag. Die Kinder sind immer blasser, immer kränklicher geworden.

Die Ausführung unterbricht der Vorsitzende des Selsowjets, als er in die Hütte schaut, um »gute Nacht« zu sagen. Bei der Gelegenheit erzählt er vom Klassenkampf im Dorf, der zu Einheit und Ordnung

126 Ebd., S. 52.

127 Ebd., S. 53.

geführt habe. Stolz spricht er über die Beseitigung des Kulakentums. Es habe hier 40 Kulaken gegeben. Letzten Monat sei es gelungen, den letzten von ihnen in die Verbannung zu schicken. In etwa sechs Jahren, wenn sie sich resozialisiert hätten, erklärt er, könnten sie vielleicht zurückkommen. Im Juni und Juli gab es noch eine Kampagne gegen den Analphabetismus. Analphabeten habe es viele gegeben, jetzt gebe es gar keine mehr. Endlich seien alle gleich.

Die Bauern werden Arbeiter. Allein aus diesem Kolchos wurden kürzlich 130 Arbeiter in eine Fabrik delegiert. Je mehr Maschinen es gibt, erklärt der Vorsitzende, desto mehr Leute wird man in eine der 518 Fabriken schicken können, die in diesem Jahr entstanden. Die *Urawnilowka* (Gleichmacherei), meint er, habe sich nicht bewährt, weil die Leute die Überzeugung gewonnen hätten, dass sie genauso viel verdienten, egal ob sie arbeiteten oder faulenzten. Deshalb Schluss mit gleichen Löhnen. Seit diesem Jahr arbeiten die Leute bedeutend schwerer und ehrlicher im Akkord. Jeder Arbeiter hat ein Büchlein, in das seine Arbeitstage eingetragen werden. Ein Arbeitstag Rasenmähen zum Beispiel ist ein »halber Arbeitstag«. Anderen wiederum wie Brigadieren, qualifizierten Arbeitern oder Helden der Arbeit gebührt mehr als ein »Tag«.

Der stellvertretende Vorsitzende bietet den Gästen an, in dem einzigen Bett in der Hütte zu schlafen. Gareth und Jack bestehen darauf, auf dem Boden zu schlafen. Die ganze Nacht lang krabbeln, obwohl sie die Hosenbeine komplett in die Socken gestopft haben, Wanzen und Flöhe auf ihnen herum.

Zum Frühstück kommt ein Mann, einer von jenen, die am Tag zuvor am lautesten ihre Ergebenheit gegenüber der Partei zum Ausdruck brachten, die Erfolge des Kolchos priesen, ihre Verehrung für die Kollektivierung zeigten und, dem Vorsitzenden immer wieder auf die Schulter klopfend, den »jungen bolschewistischen Führer«[128] lobten. Er hat rabenschwarzes Haar und einen scharfen Blick. Abseits flüstert er mit dem stellvertretenden Vorsitzenden, schließlich setzt er sich an den Tisch und beginnt:

»Es ist schrecklich. Wir dürfen nichts sagen, weil uns die Verbannung droht.«

Ihm wurde das Schwein weggenommen, es gibt kein Brot. Ehrlich gesagt, ist es viel schlimmer als vor der Revolution.

---

128 *The Real Russia. The Peasant on the Farm. 1. Increase and Its Cost,* from a correspondent, »The Times«, 14. Oktober 1931.

Aussiedlung von Kulaken. 1930er-Jahre in der Gegend von Donezk

Nach dem Frühstück: Besichtigung des Kolchos. Ein Alter erzählt Jones von weggenommenen Tieren und einer Hungersnot, dem Befehl zu schweigen und der Androhung, nach Sibirien deportiert zu werden.

»Alle in den Dörfern weinen heute, mein Bruder«, sagt er, doch sofort fasst er Gareth am Arm und flüstert heiser: »Um Gottes willen, sagen Sie niemandem, was ich Ihnen erzählt habe.«

»Guck«, die Arbeiter zeigen Jones verfaultes Getreide, »das ist für uns. Das bessere schicken sie nach Samara. Wie kann das sein? Wie lange? Wir arbeiten zwölf Stunden am Tag, und die im Sowchos nebenan sogar sechzehn.«

Als es Zeit ist für das Mittagessen, begeben sich die Gäste zusammen mit dem stellvertretenden Vorsitzenden des Selsowjet in ein Haus mit Speisezimmer. Dort sind schon etwa 50 Arbeiter, überwiegend Frauen. Ekelhafte Fliegen sitzen auf den Gesichtern der Teilnehmer des Festmahls und auf den Tellern mit der wässrigen Sauerkrautsuppe ohne jede Spur von Fleisch, zu der es lediglich einen Kanten Schwarzbrot gibt.

Heinz wird später von dem so unerträglichen Gestank dieses Ortes berichten, dass beide hinausgehen mussten, »in Gedanken bei den herrlichen Speisesälen in den Fabriken und Kolchosen, von denen sie gehört hatten«.[129]

10. »Verteidiger der UdSSR«

Im Hotel in Samara möchten die Gäste ein Bad nehmen, aber der Heizer ist nicht da. Heinz organisiert Holz, und sie heizen den Wasserkessel selbst ein. Am Bahnhof erweist es sich, dass der Zug nach Moskau fünfeinhalb Stunden verspätet ist. »*Sawtra* (morgen)«, sagen die Russen in solchen Situationen und verlieren nie die Geduld. Doch Gareth und Jack haben Glück: Kurz darauf kommt der um vierzehn Stunden verspätete Zug von gestern an, und es sind darin gerade zwei »weiche« Plätze frei. Der Boden in den Abteilen wurde lange nicht geputzt, die Liegen sind aufgerissen und von einer dicken Schicht Staub bedeckt, natürlich unbezogen, und den Ausblick aus dem Fenster verschleiert eine schmutzige Scheibe. Der Zug fährt durch den Mordwinischen Autonomen Kreis. Als er an

---

129 *Experiences in Russia 1931*, S. 57; die ganze Beschreibung des Besuchs in dem Dorf: ebd., S. 52–58.

einer Station hält, springt eine Gruppe von zerlumpten Jungen an die Fenster und fleht die Passagiere um Brot an.

Die restliche Reise verbringen Gareth und Jack damit, dass sie den Berichten von Jim lauschen, einem Amerikaner, der seit einem halben Jahr Traktoren im asiatischen Teil des sowjetischen Imperiums wartet. Kartoffeln hat er dort in den letzten zwei Monaten nicht mehr gesehen, und das einzige erhältliche Fleisch ist Kameleuter. Um zu überleben, jagen die Leute sogar Geier. An einem anderen Ort gibt es überhaupt kein Fleisch, obwohl zum Inventar des Kolchos beträchtliche Herden gehören. Erst aus Anlass eines Besuchs von Kommunisten aus Südamerika wurden viele Tiere getötet, um den Gästen mit einem üppigen Empfang zu imponieren.

Jim erzählt auch von sechs ihm bekannten russischen Ingenieuren, die vor 1921 in den USA arbeiteten und dann nach Russland zurückkamen, um die Industrialisierung zu unterstützen. Er hat den Brief eines dieser Männer an dessen Sohn in Detroit dabei, der von einem Umzug in die UdSSR träumt. Er zieht ihn hervor, liest ein Stück: »Selbst wenn Du keine Arbeit finden kannst und nichts hast, aber Dir Brot, Butter und Kaffee leisten kannst, bleibe lieber dort, wo Du bist.«[130]

Die überraschendste Information liefert Jim nach Heinz Meinung am Schluss: Als sein Vertrag auslief und klar war, dass er in die USA zurückkehrt, wurden ihm, wie er sagt, 300 Dollar Gehalt im Monat für die Propagierung des Kommunismus in seinem Land angeboten.

Am 7. September ist Gareth mit seinem Begleiter wieder in Moskau, und am 11. September kommen sie in Oleksandriwsk unweit von Luhansk in der Ukraine an. Es erstaunt sie, dass Oberst Cooper und andere Amerikaner, die beim Bau des Dnipro-Wasserkraftwerks geholfen haben, in Luxus-Bungalows wohnen wie in Florida, umgeben von Gärten und Bäumen. Sie können sich über die weltweit größten Turbinen freuen und eine Rekordmenge an Beton, die in gerade einmal drei Monaten von Aktivisten der Arbeit gegossen wurde.

Das Staubecken mit einer Fläche von 420 Quadratkilometern hat 56 Dörfer überflutet. Die Kosten der Bauarbeiten, bei denen Zehntausende Arbeiter beschäftigt wurden, betrugen 400 Millionen Dollar.[131] Ein Ingenieur führt die Gäste herum und erklärt ihnen stolz,

130 Ebd., S. 60.

131 http://www.smartage.pl/dnieprowska-elektrownia-wodna/ (Zugriff: 23. Januar 2019).

dass der Bau des Damms den Dnipro (Dnjepr)vom Schwarzen Meer bis Kiew schiffbar mache, und die vom Wasserkraftwerk erzeugte Energie beleuchte eine Millionenstadt und versorge Stahlwerk, Aluminiumfabrik und andere in der Nähe errichtete Betriebe mit Strom.

Tags zuvor war das Fotografieren hier streng verboten. Als Gareth nach den schmalen Gängen innerhalb des Damms fragt, antwortet der Führer, das sei ein Geheimnis. »Eindeutig ist alles auf Verteidigung eingestellt«[132], vermutet Heinz.

Genau zehn Jahre später befiehlt Stalin aus Furcht, dass es in die Hände der Deutschen fällt, das Dnipro-Wasserkraftwerk zu zerstören. Es müssen 20 Tonnen Sprengstoff benutzt werden. Die Flutwelle verwüstet die Uferbereiche des Dnipro und tötet 120 000 Menschen.

Nach ihrer sechswöchigen Reise verlassen Gareth und Jack über Charkiw und Kiew die Sowjetunion. Am 17. September besteigen sie in Warschau den Nachtzug nach Berlin, und Heinz durchläuft ein »gewaltiger Schauder der Freiheit«. Von da an begannen die »russischen Erfahrungen unvorstellbaren Glanz und eine Romantik anzunehmen«, erinnert er sich, und »die schlimmsten Erlebnisse wurden zum Gegenstand der besten Erzählungen am Kamin«.[133]

Heinz beendet seinen Bericht, möglicherweise das erste Buch über die nahende Hungersnot in der Sowjetunion[134], mit dem Satz: »Aber vielleicht irren wir uns alle – wahrscheinlich gab es auch Menschen, die am Ruhm Griechenlands oder der Größe Roms zweifelten!«[135]

---

132 *Experiences in Russia 1931*, S. 65.

133 Ebd., S. 67–68.

134 Nigel Linsan Colley, *Was Gareth Jones's Surname behind George Orwell's Naming of ›Farmer Jones‹ in* Animal Farm?, https://www.garethjones.org/soviet_articles/farmer_jones.htm (Zugriff: 23. Januar 2019).

135 *Experiences in Russia 1931*, S. 68.

Kapitel 6
Kein Bauer arbeitet gerne

Damit niemand daran zweifelt, dass das sowjetische Imperium eine ebenso große Errungenschaft darstellen wird wie das alte Griechenland oder Rom, wenn nicht eine größere, zeigt Stalin keine Skrupel. Schon 1928 auf dem Plenum der Partei, so Anne Applebaum, erklärte er schamlos, der Schlüssel zur Industrialisierung der UdSSR liege in der Ausbeutung der Bauern.[136]

Er meinte, England habe seine Industrie dank der Ausbeutung seiner Kolonien entwickelt. Die UdSSR hatte keine, sie musste also ihre Bauern kolonisieren. Deren Arbeit war es, die dem Land die »innere Akkumulation« bringen und die industrielle Entwicklung ermöglichen sollte.[137]

Im Winter 1928 fuhr Stalin nach Sibirien. Bei der Gelegenheit überlegte er sich, wie das Problem des Getreidedefizits zu lösen sei. Die Bauern müssten mit industriellen Produkten dazu verleitet werden, das Getreide abzugeben. Auf einem Treffen mit sibirischen Parteianhängern trat der Diktator in einem neuen Lammpelz auf. Zu ihrem Erstaunen sprach er von den Mankos der sowjetischen Landwirtschaft. Er gab zu, dass die Höfe wohlhabender Bauern moderner und ertragreicher seien. Aber genau deshalb bereichern sich deren Besitzer noch mehr und werden zu Kulaken. Das widerspricht den Prinzipien des Kommunismus. Dagegen lässt sich etwas tun: die

136 Applebaum, *Roter Hunger*, S. 125.

137 Ebd.

Kollektivierung, der Zusammenschluss einzelner Bauernhöfe zu Kolchosen.

Gegen Ende des Jahres 1929 beschloss das Zentralkomitee, diesen Prozess zu beschleunigen. In jenem Winter tauchten Leute in den Dörfern auf, die dort zuvor noch nicht gesehen worden waren. Sie liefen tollpatschig durch den Schnee und konnten ein Kalb nicht von einem Fohlen unterscheiden. Manche meinten sogar, für die proletarische Weltrevolution sei das unwichtig.[138] Sie kamen aus den Städten: 25 000 Arbeiterinnen und Arbeiter. Ihre Aufgabe war es, bei der Kollektivierung der Landwirtschaft zu helfen. Die Veränderungen sollten allen Wohlstand und Glück in ungekanntem Ausmaß bringen.

Wem das nicht gefiel, der wurde als Kulak angesehen. Mit diesem Namen wurden sogar Mittelbauern und Arme bezeichnet, die unteren Schichten des Bauerntums. Mit der Zeit dachte man sich neue Begriffe aus, um die Repressionen gegen arme Bauern zu rechtfertigen: »Unterkulaken«. Bei der Liquidierung des Kulakentums wurden Normen festgelegt, die erfüllt werden mussten. Unabhängig davon, ob es in einem Dorf Kulaken gab oder nicht. Wo es sie nicht gab, musste man sie erfinden.

Die höchste Norm galt für die Ukraine. Wahrscheinlich deshalb, weil gerade die Ukrainer von allen Bewohnern der UdSSR als die größte Bedrohung für den kommunistischen Staat angesehen wurden. Es mussten dort also Zehntausende Kulaken gefunden und verhaftet oder deportiert werden. Wem erlaubt wurde, in seinem Dorf zu bleiben, wurde der schlechteste Boden zugeteilt. Wenn sie sich nicht den Kolchosen anschließen wollten, wurden ihnen die Geräte und Tiere weggenommen. Diese Menschen fielen dem Hunger als Erste zum Opfer.

Ein Aspekt der Kollektivierung war auch der Angriff auf die Religion. Die Bauern sollten die Ikonen verbrennen und die Glocken einschmelzen, um Metall für die Industrie zu gewinnen. Die Kirchen wurden geschlossen, die Geistlichen verhaftet. Jones berichtet sogar von Propagandaplakaten, die darüber informierten, dass »Leute, die Schnaps brennen, mit dem Papst verbunden sind«[139]. Ein

---

138 Miron Dolot, *Execution by Hunger: The Hidden Holocaust*, New York 1984, S. 6, nach Applebaum, *Roter Hunger*, S. 153.

139 Gareth Jones, *Youth and the Future. III. A Blessed Word*, »The Times«, 16. Oktober 1931.

russischer Lehrer sagt ihm, dass Tausende Christen dem Komsomol beitreten. Wenn ich nicht Jungkommunist werde, erklärt er, habe ich keine Chance auf eine gute Ausbildung, »also tue ich so, als würde ich ihre langen, fremd klingenden Formulierungen wie ›Industrialisierung‹ mögen; aber mein Herz glaubt nicht daran, was meine Zunge spricht«.[140]

Trotz Widerstands veränderte die Kollektivierung sehr schnell und unumkehrbar die Beziehungen in der Gesellschaft, die Einstellung der Menschen einander gegenüber, gegenüber der Arbeit und dem Leben. Kinder begannen, ihre Eltern zu denunzieren, Eltern verließen – wenn ihnen der Besitz genommen wurde und sie die Familie nicht ernähren konnten – ihre Kinder. Selbstverwaltungen wurden durch Entscheidungen von oben ersetzt. Die zunehmenden Gewalttaten zerstörten Freundschaften und nachbarschaftliche Beziehungen. Der Fleiß der Bauern wurde verdrängt von Mutlosigkeit.

Für viele Bewohner der UdSSR, ganz besonders für die Ukraine, war der Umbruch von 1929 und 1930 eine radikalere Veränderung als die bolschewistische Revolution. Den Dörfern standen Beschlagnahmungen, Enteignungen, Verhaftungen, Deportationen, Zerstörung und Vernichtung bevor.

Die offiziellen Statistiken von 1930 besagten, dass die Getreideproduktion zunahm. Es ist nicht bekannt, ob das der Wahrheit entsprach. Sicher ist, dass Stalin daran glauben wollte. Er verkündete den Erfolg der Kollektivierung und beschloss den massenhaften Export von Getreide. Selbst wenn die Sowjetunion ihre Reserven hergeben müsste. Im Gegenzug sollten die Sowjets Maschinen und harte Devisen bekommen.

So begann die Industrialisierung Russlands.

Im darauffolgenden Jahr – demselben, in dem Jones und Heinz durch Russland reisen – brilliert Maxim Litwinow, der sowjetische Außenminister, auf der Sitzung des Völkerbundes: »Ich genieße hier einen Sonderstatus, weil das Land, das ich vertrete, nicht nur unter keiner Wirtschaftskrise leidet, sondern einen nie dagewesenen Höhepunkt seines Wirtschaftslebens erlebt.«[141]

---

140 Ebd.

141 Wolodymyr Serhijtschuk u. a., *Ukrajinskyj chlib na eksport, 1932–1933*, Kiew 2006, S. 7, zit. nach Applebaum, *Roter Hunger*, S. 211.

Stalin beschloss den massenhaften Export von Getreide ohne Rücksicht darauf, ob es für seine Landsleute reichte. Im Gegenzug zählte er auf Maschinen und harte Devisen. Beschlagnahmung von Getreide bei der Zwangskollektivierung, 1933

Der Amerikaner Eugene Lyons, den sie auf ihrer Reise trafen, wird Jahre später zerknirscht eingestehen, dass der Begriff »Liquidierung des Kulakentums«, obwohl er kein menschliches Leid suggerierte und nur eine Formulierung aus dem Bereich des Social Engineering zu sein schien, die Zeugen dieses Prozesses in Angst und Schrecken versetzte.[142]

Der wohlhabende Bauer ist jetzt ein Feind der Entwicklung der Sowjetunion. Maurice Hindus berichtete sogar, dass keine Russin mehr einen reichen Mann heiraten möchte. Reich bedeutet: verdächtig.

Die russischen Bauern sind gänzlich demotiviert, Getreide anzubauen. Bis Ende 1933 kommen mindestens 100 000 von ihnen in den Gulag.

*

Nach seiner Rückkehr nach Großbritannien gegen Ende des Jahres trifft sich Gareth in Cardiff mit seiner Mutter und seiner Schwester Gwyneth. In London steigt er im Reform Club ab, seinem Lieblingsort, der Bequemlichkeit und eine herrliche Atmosphäre garantiert und ihn zudem noch an die in Cambridge verbrachte Zeit erinnert. Er sieht aus dem Fenster: Auf der Straße spielt ein arbeitsloser Pianist, gegenüber im ehrwürdigen Carlton Club rauchen die Konservativen Zigarre. In einem der bequemen Clubsessel sitzend, trinkt Jones einen Tee, dann geht er durch den königlichen St. James's Park in Richtung der ihm wohl bekannten Büros von Lloyd George, den er dort aufgrund einer Krankheit nicht antrifft.

Seine Tage sind erfüllt von Arbeit. Im Reform Club trifft er sich mit dem Schriftsteller Herbert George Wells, einem Pionier der Science-Fiction-Literatur. Mit dem berühmten Wirtschaftswissenschaftler George Paish, den er – wie wir uns erinnern – vor Kurzem auf dem Treffen der Internationalen Handelskammer in Washington kennengelernt hat, unterhält er sich über die Krise und die weltweite Gefahr einer Hungersnot. Paish gibt Jones eine schriftliche Nachricht für Ivy Lee. Er verrät, dass er darin bittet, der amerikanische Lobbyist möge all seinen Einfluss nutzen, damit eine internationale Wirtschaftskonferenz organisiert wird.

142 Eugene Lyons, *Assignment in Utopia*, New York 1937, S. 283.

Am Dienstag und Mittwoch schaut Jack Heinz im Reform Club vorbei. Er beendet gerade sein Tagebuch *Experiences in Russia 1931* und braucht Beratung, schließlich wird dieses Buch auf Jones' Notizen beruhen. Am Mittwoch schreibt Gareth zwei Artikel auf der Maschine und beginnt einen dritten. Während des Frühstücks am Donnerstag in einem größeren Kreis sind alle beeindruckt von seinem Bericht über Russland und meinen sogar, er könnte ein Buch über die Reise schreiben.

Nach dem Lunch wird Jones von dem kränkelnden Lloyd George empfangen, der den ärztlichen Rat ignoriert, sich nicht mit Gästen zu treffen. In letzter Zeit wendet sein Sekretär viel Kraft dafür auf, Verabredungen seines Chefs abzusagen. Er wimmelt sogar dessen Freunde ab.

Lloyd George liegt auf dem Sofa, und Gareth bemerkt, dass er in seinem eleganten grauen Anzug und mit seinen schneeweißen Haaren imponierend aussieht. Der ehemalige Premierminister begrüßt ihn herzlich und bombardiert ihn mit Fragen.

Gareth antwortet, dass er überall, wo er hinkam – in Amerika, Russland, Deutschland oder Frankreich –, nach seinem ehemaligen Arbeitgeber gefragt wurde.

»Nun, ich bin über den Berg«, gibt sich Lloyd George bescheiden.

Tatsächlich sieht er schon ganz gesund aus. Seine Augen blitzen wie früher und er erscheint viel weniger müde als damals, als Gareth ihn das erste Mal traf.

»Und nun erzähl mir von Deutschland«, bittet ihn der ehemalige Premierminister. »Und wie steht es um Russland?«, fragt er einen Moment später.

Jones erzählt von den mächtiger werdenden Kommunisten. Lloyd George bekennt, dass Stalin eine wirklich große Persönlichkeit sei. Gareth erwidert darauf, dass die Armut der russischen Bauern zunehme und alle Gegner der Kollektivierung seien.

»Selbstverständlich gefällt ihnen das nicht«, kommentiert der ehemalige Premier. »Endlich müssen sie arbeiten. Aber kein Bauer arbeitet gerne.«

Er wechselt das Thema, über das Stalin'sche Russland ist er offensichtlich beruhigt.

»Erzähl mir lieber, wie es um Amerika steht. Wie groß ist die Arbeitslosigkeit dort?«

Gareth sagt, dass 8 Millionen Leute ohne Arbeit sind, weitere 8 Millionen arbeiten in Teilzeit.

»Wird das nicht zu Blutvergießen führen?«, zeigt sich Lloyd George besorgt.

Das Zimmermädchen meldet, dass der Schottland-, der Innen- und der Bildungsminister eingetroffen seien. Gareth schlägt vor, dass er im Nebenzimmer wartet. Er sitzt in der Bibliothek und trinkt Tee mit dem Sekretär des ehemaligen Premierministers. »Das historische Gespräch zwischen Lloyd George und den liberalen Ministern der nationalen Regierung wurde im Nachbarzimmer geführt, und ich habe den erhobenen Stimmen gelauscht«[143], wird er am 4. Oktober 1931 in einem Brief an seine Familie schreiben.

Er hört, dass Lloyd George versucht, seine Gesprächspartner von etwas zu überzeugen, die Minister sind unentschieden. Später erweist sich, dass es nicht gelang, die Kollegen von der Liberalen Partei zu überreden, sich unabhängig zur Wahl zu stellen. Schon zuvor waren sie eine Koalition mit den Konservativen eingegangen und hatten eine nationale Regierung gebildet, in der es keinen Platz für den kranken Lloyd George gab. Am 27. Oktober gewinnen die vereinten Kräfte der Konservativen und der Liberalen die Wahl. Ihre Wege scheiden sich jedoch schnell, was Lloyd George vorausgesehen hatte.

Unterdessen zieht sich das Gespräch auf der anderen Seite der Wand in die Länge, obwohl die über den Gesundheitszustand des ehemaligen Premierministers beunruhigte Krankenschwester es zu unterbrechen versucht. Schließlich, kurz vor 19.00 Uhr, kommt Lloyd George aus dem Zimmer und entschuldigt sich bei Gareth, dass er ihm so wenig Zeit gewidmet hat. Er ist müde und muss schlafen gehen. Gareth bedauert, dass er es nicht geschafft hat, ihm die Sammlung von Propagandaplakaten zu zeigen, die er aus Russland mitgebracht hat. Eines davon schenkt er dem ehemaligen Arbeitgeber: Männer im Frack und mit seidenen Hüten sitzen an einem runden Tisch, in der Mitte liegt ein Blatt mit der Aufschrift »Krise«, sie lesen den Hoover-Plan, über ihnen ragt jedoch die gigantische Figur eines roten Arbeiters auf, der ein Gewehr schwingt.

Die letzten Momente in England vor seiner Rückkehr zur Arbeit in den Vereinigten Staaten verbringt Gareth in Dorchester mit Jack Heinz und dessen Mutter. Beide sind ihm sehr dankbar, und Jack hält die vergangene Reise für phantastisch, obwohl sie ihm – wie er zugibt – manchmal langweilig vorkam.

---

143 Colley, *More Than a Grain*, S. 138; der Dialog mit Lloyd George vgl. ebd., S. 137–138.

Das Propagandaplakat, das Gareth Jones Lloyd George schenkte.

Anderntags, am Freitag den 4. Oktober 1931, steigt Jones in den Zug nach Southampton. Im Hafen sieht er die Aquitania, und in der Ferne auf dem Meer die Bremen und die Leviathan – zwei Linienschiffe: das eine das schnellste und das andere das größte auf der Welt zu jener Zeit. Als er an Bord des deutschen Schiffes s/s Deutschland geht, stehen Hunderte Passagiere an Deck. Die deutsche Kapelle spielt *God Save the King*, die Hymne Großbritanniens.

»In Kürze verlassen wir Europa nach einer wundervollen Reise durch Russland, Deutschland, Frankreich und England im aufregendsten Moment der weltweiten Krise«[144], schreibt Gareth in einem Brief an die Eltern.

Es ist früh am Nachmittag. Auf der Reise möchte er *Roter Handel: Der Fünfjahresplan zur Industrialisierung Sowjetrusslands* von Hubert Renfro Knickerbocker lesen, dem Preisträger des Pulitzer-Preises für eine Reihe von Artikeln über Russland, publiziert im laufenden Jahr in zwei amerikanischen Zeitungen.

*

Nur einen Tag zuvor in London besucht Jones noch die Chefs von *The Times* und schlägt eine Reihe eigener Artikel vor. Es ist nicht klar, ob die auf die Parlamentswahlen und die Krise im Land konzentrierte Redaktion es schafft, sie zu publizieren. Sollte es nicht klappen, plant Gareth, sie in den Vereinigten Staaten zu verkaufen, wo er mit Sicherheit ein bedeutend höheres Honorar bekommt.

Letztlich entscheidet sich *The Times* zur Publikation, und das zwei Wochen vor der Wahl. Die Texte erscheinen vom 14. bis zum 16. Oktober in einer Serie unter dem Titel »Das wahre Russland«. Gareth erscheint nicht mit seinem Namen unter den Texten, ähnlich wie es auch im Fall der ein Jahr zuvor in derselben Zeitung publizierten Reihe »Die zwei Russlands« war. Die Redaktion informiert jedoch darüber, dass der Autor dieselbe Person sei, die nun von ihrer nächsten Reise nach Russland zurückgekommen sei.

Der erste Text, »Der Landwirt auf dem Bauernhof«, beginnt so:

> Die Städte und Städtchen Sowjetrusslands sind abgeschiedene Oasen in der russischen Landschaft. Bewohnt von einer kleinen Minderheit der Bevölkerung, sind sie nicht das wahre Russland […]. Das wahre Russland kann man in den abgelegenen Dörfern

---

144 Ebd., S. 140.

> finden, die selten oder niemals von Reisenden besucht werden. Der Bauer ist die Hauptfigur der Sowjetunion, und das wird so bleiben. Die Landwirte stellen nicht nur die überwältigende Bevölkerungsmehrheit, von ihrer Getreideproduktion hängt auch das sowjetische Regime ab.[145]

In dem Artikel beschreibt der Autor die schwierige Situation der russischen Bauern, die Zwangskollektivierung, die Beschlagnahmung von Schweinen und Getreide. Zweifellos könne, schreibt er jedoch, vielleicht unter dem Einfluss des Gesprächs mit Lloyd George, die Steigerung der Produktion das Schicksal der Bauern verbessern. Die einstige Weise, in Russland die Äcker zu bestellen, weiche modernen wissenschaftlichen Methoden. Traktoren könnten ihre Arbeit unabhängig vom Wetter verrichten. Eine Ertragssteigerung sei ohne ein derart strenges System unmöglich. Der Bauer bedrohe die Stadt nicht mehr mit der Einstellung von Getreidelieferungen, weil die Kommunisten die volle Kontrolle über die vereinigten Höfe übernommen hätten.

Jones bemerkt, dass das sowjetische Regime mit seinem Sieg über die Landwirte stärker geworden sei als je zuvor und endlich einen dauerhaften Zustrom von Lebensmitteln in die Städte, für die Rote Armee und die Geheimpolizei garantieren könne. Für die Industrialisierung ist es bereit, die Bauern zu opfern.

In dem zweiten Artikel, »Die Perspektive für den Plan«, schreibt er:

> Die durch die Lieferungen von Brot und Arbeitskräften in den Kolchosen gestärkte Regierung, in Gewissheit von Stabilität, hat deutlich größere Chancen auf eine Industrialisierung, als zu jener Zeit, als einzelne Bauern die Hauptrolle in der russischen Landwirtschaft spielten. Im »dritten entscheidenden Jahr des Fünfjahresplanes« machten viele Industriezweige große Fortschritte. Die Produktion nahm deutlich zu, und viele neue Fabriken sollen in diesem Jahr eröffnet werden.[146]

An erster Stelle erwähnt er die Erdölindustrie, denn Russland ist schon der zweitgrößte Erdöllieferant auf der Welt. Größer als

---

145 [Jones], *The Real Russia. The Peasant on the Farm. I. Increase and Its Cost.*

146 *The Real Russia. The Outlook for the Plan. 2. From the Farm to the Factory*, from a correspondent, »The Times«, 15. Oktober 1931.

angenommen war der Getreideexport im letzten Winter. Man hat mit dem Anbau von Baumwolle begonnen. Unter der Erde werden neue Mineralienvorkommen entdeckt. Man baut Bergwerke, metallurgische Betriebe, Traktoren- und Autofabriken und ein gigantisches Wasserkraftwerk. Den Massen garantiert man Wohnraum, indem »sozialistische Städte« gebaut werden. Es entstehen neue Wege, und die Moskauer Straßen sind kaum mehr wiederzuerkennen.

All diese Erfolge, merkt Jones jedoch an, werden durch großes Leid der Menschen erkauft. Bemerkenswert, dass es in Russland keine Arbeitslosigkeit gibt und dass dort die alten Leute Bettler sind und nicht – wie auf den Straßen Berlins oder anderer westlicher Hauptstädte – junge Arbeitslose.

Der Autor zitiert auch die Zeitung *Iswestija* vom 8. September, die von Unzulänglichkeiten bei der Planerfüllung berichtete: von dreckigen und verwahrlosten Fabriken, Arbeitskräftemangel und vor allem vom ins Stocken geratenen Transport, der die Entwicklung des Landes verlangsame. Gewaltige Mengen an Metall, Getreide, Lebensmitteln und anderen Erzeugnissen warten wegen der Desorganisation der Bahn auf Nebengleisen.

Im dritten Artikel aus der Reihe mit dem Titel »Die jungen Menschen und die Zukunft« schreibt Gareth über die großangelegte allgemeine Bildungskampagne. Er berichtet von Kindern, die bei Umzügen mit Transparenten marschieren: »Schulpflicht ist die Grundlage der Kulturrevolution«, »Gebt uns technisches Wissen!«, »Für sieben Jahre Unterricht«, »Wir kämpfen für den Plan, für Schnelligkeit, für die Erfüllung des Plans in vier Jahren!«[147] Er erwähnt auch den Maschinenkult und den gewaltigen Einfluss der Militarisierung des Landes auf die jungen Menschen.

Den Zyklus beendet er mit der Zusammenfassung, dass der »Bewegung Sowjetrusslands, die Männer und Frauen in das Getriebe eines riesigen Rades verwandelt, das alle Gedanken zerquetscht, die mit der offiziellen Philosophie in Konflikt geraten, zwei Dinge im Wege stehen. Das sind die Besonderheit des russischen Geistes und der menschliche Drang nach Freiheit, verstärkt durch die Tyrannei, die mit dem Ausbau des Unterrichts zunehmen wird.«[148]

---

147 *The Real Russia. Youth and the Future. 3. A Blessed Word*, from a correspondent, »The Times«, 16. Oktober 1931.

148 Ebd.

In seinen ersten Artikeln räumte Jones ein, dass die Sowjetunion große Fortschritte in der Industrie machte. Illustration aus einem Kinderbuch von 1932, die ein metallurgisches Kombinat darstellt.

Obwohl weder Jones noch Heinz erwähnen, dass in den Gebieten, die sie besuchten, im Allgemeinen Hunger herrschte, werden Historiker später feststellen, dass in jenem Jahr mehr als eine Million Menschen in Kasachstan verhungerten.[149]

Gareth kann auch nicht wissen, dass die Behörden der Sowjetunion im September 1931, als er seine Reise mit Jack beendete, schon wussten, dass die Ernte geringer ausfallen würde als im vorhergehenden Jahr. Kiew schlug Alarm, dass die Lebensmittel ausgehen. Es bat die Zentralbehörden um Lieferung der festgesetzten Getreidenormen.[150] In Moskau bekam man es derweil mit der Angst zu tun, dass man die Exportverpflichtungen nicht einhalten könne. Das Regime musste Schuldige für die schlechte Ernte finden.

Die Wahl fällt auf die unteren Ränge der Parteihierarchie. Ihre Schuld soll in fehlendem Engagement und darin liegen, dass sie den Märchen über hungrige Bauern glauben. Das Problem ist also Inkompetenz lokaler Behörden, nicht das schlechte Wetter oder Missernten.[151] Der Ukraine wird befohlen, die Ernteproduktivität zu erhöhen. Die nächste Ernte soll mehr als acht Millionen Tonnen Getreide betragen. Außerdem soll die Ukraine das Saatgut für andere Regionen liefern. Obwohl alle wissen, dass das unmöglich ist, müssen die Annahmen und Forderungen erfüllt werden.[152]

149 Gamache, *Gareth Jones. Eyewitness*, S. 84.

150 Applebaum, *Roter Hunger*, S. 199.

151 Ebd., S. 200.

152 Ebd., S. 202.

1932

Kapitel 7

Ankündigung einer weiten Reise

In der Nacht vom 8. Oktober 1931 erblickt Gareth nach einer fünftägigen Reise an Bord der s/s Deutschland, auf der sich jede Menge Unternehmer, aus deutschen Kurorten zurückkehrende Alte, aber auch Unglückliche befinden, die in den letzten Wochen den Großteil ihres Geldes verloren haben, das erste Licht des amerikanischen Festlands. Bei Morgengrauen kommt er in New York an.

Sofort trifft er sich mit Howard Heinz, der sich nicht genug bedanken kann für die professionell organisierte, an Eindrücken reiche Reise seines Sohnes nach Russland. In einem Brief an Ivy Lee zeigt er seine Begeisterung über Gareth und erklärt sogar, die beiden jungen Menschen hätten ein größeres Wissen über die Situation in Russland gewonnen als irgendeine andere ihm bekannte Autorität.

Jones wird seitdem in New York als Experte für Russland und die internationalen Beziehungen gehandelt und deshalb zu weiteren Vorträgen eingeladen. Einen hält er für ein paar Dutzend Broker in Anwesenheit von Baron Edmond James Rothschild, in dessen Firma er zu Gast ist. Bei anderer Gelegenheit berichtet er über Russland vor einem jugendlichen Publikum in der Society for Ethical Culture (Gesellschaft für Ethische Kultur). Sein Auftritt im Mother's Club (Mutterklub), wo sich die Zuhörerinnen dafür begeistern, dass »Herr Jones die Figuren, von denen er erzählt, lebendig darstellt«[153], ist ein großer Erfolg.

153 Colley, *More Than a Grain*, S. 147.

In Buffalo gibt es für einen Vortrag vor mehr als 1000 Zuhörern in einer presbyterianischen Kirche 1000 Dollar und eine Rezension in einer Lokalzeitung: »Das war eine ungewöhnlich kenntnisreiche Darstellung der Ereignisse in Russland«[154]. Während eines Vortrags in Connecticut spricht er über die Kontroversen bezüglich des sogenannten Polnischen Korridors, den die Deutschen für ungerecht hielten, weil er Ostpreußen vom Rest des Landes trennte, und über die Bestrebungen zur Revision des Versailler Vertrags. Er glaubt selbst, dass eine Änderung der Vertragsbestimmungen die einzige Medizin für die weltweite Krise sei.

Nicht weniger erfolgreich sind seine Vorträge über Deutschland. Im Town Hall Club spricht er zu 100 namhaften New Yorkern. Er geht auf den Rückgang der Mittelschicht ein, und den Grund für den Widerstand der deutschen Gesellschaft sieht er in den Aktivitäten der dortigen Politiker, dem Versailler Vertrag und dem Kapitalismus. Er prophezeit, dass eine Diktatur in diesem Land unvermeidlich sei und in Kürze entweder zu einem Krieg oder zum Sieg des Bolschewismus führen werde. Nach der Rede werden viele Fragen gestellt, und die Damen aus der ersten Reihe seufzen: Ausgezeichnet! Perfekt! Wundervoll! Unter den Bewunderinnen ist die Stiefmutter des Ministerpräsidenten von Preußen und die Frau eines bekannten Professors. Und unter den Zuhörern ein Journalist der *New York Times*. Anderntags liest der überraschte Jones eine Analyse seines Berichts über Deutschland in dieser Zeitung.

Die Zeitschrift *New York American* bittet um eine Abdruckgenehmigung seiner Rede in der Sonntagsausgabe. Jones erscheint diese Bitte komisch, aber er sieht sie als seinen Erfolg an, weil er weiß, dass die Redaktion gänzlich andere Ansichten vertritt als er: Sie ist antieuropäisch, antibritisch und sehr proamerikanisch.

So beginnt Gareth Jones' Zusammenarbeit mit dem Medienimperium des Amerikaners William Randolph Hearst. Sein Vortrag und die diesem gewidmeten Artikel in zwei amerikanischen Zeitschriften machen die führenden Banker Amerikas auf ihn aufmerksam, unter anderem die Bankiers von Goldman Sachs. Auszüge seiner Rede publiziert sogar die deutsche Presseagentur, und die Zeitung *Russian Evening Post* bittet um ein Treffen.

»Als ich um sieben Uhr dort ankam, war niemand da, sie hatten mir nicht einmal eine Nachricht hinterlassen, wie die Russen

154 Ebd.

so sind«[155], berichtet Gareth in einem der Briefe an die Eltern. Er schickt sie regelmäßig jede Woche, die immer wieder von den vor dem Fenster seines Büros vorbeifahrenden Schiffe eingefordert werden. »Morgen fährt die Europa und ich will die Gelegenheit nicht verpassen, Euch einen Brief zu schicken«[156], schreibt er einmal. Er schickt auch Telegramme. Eines davon will er auf Walisisch aufgeben, aber das Telegrafenamt beharrt darauf, dass es sie nur auf Englisch versendet.

Immer öfter wird in der Korrespondenz der Kauf eines Hauses thematisiert. Jones überredet seine Eltern dazu, weil alle bedeutenden Ökonomen, mit denen er sich trifft, noch schwierigere Zeiten vorhersagen und die Investition in eine Immobilie die einzige vernünftige Absicherung zu sein scheint. Das Haus bleibt, erklärt Gareth den Eltern, aber Geld kann sich in den heutigen Zeiten leicht in Luft auflösen. Die Preise steigen immer noch, der Wert des Pfunds fällt.

»Es muss in den nächsten Monaten gekauft werden«[157], instruiert er sie am 5. November.

Für den Kauf des Hauses schickt er Geld nach Wales. In einem der Briefe fragt er, zu welchem Kurs die kürzlich geschickten 440 Dollar gewechselt werden konnten. Er meint, dass das Verkaufsangebot für eine Immobilie mit hübschem Ausblick für 1250 Pfund sehr günstig sei, weil dasselbe Haus in Amerika zwei- oder dreimal so viel kosten würde. Deshalb beschließt er, den Eltern bei nächster Gelegenheit weitere 100 Dollar zu schicken. Für sich selbst behält er ein wenig Erspartes für den Fall finanzieller Schwierigkeiten seines Chefs.

Schließlich kommt der Tag des Umzugs des Ehepaars Jones in das neue Haus. Zur Erinnerung an das vorherige nennen sie es Eryl. »Nun ja, die im alten Eryl verbrachten Jahre waren ereignisreich, sowohl auf der Welt als auch in unserem Leben«, schreibt Gareth. »Krieg, Erfindungen, Krisen, Revolutionen und gute Informationen für uns …«[158]

*

155 Ebd., S. 150.

156 Ebd., S. 159.

157 Ebd., S. 148.

158 Ebd., S. 164.

In das an Felder grenzende gemietete Haus am Stadtrand, Eryl genannt, zogen die Eltern von Gareth 1896 ein, als Edgar Arbeit als Lehrer in einer Schule in der Hafenstadt Barry bekam. Nach drei Jahren wurde er deren Direktor und arbeitete auf dieser Stelle bis er 1933 in Rente ging.

Gareth, geboren 1905, wurde verwöhnt von einem Kreis von Frauen: Seiner Mutter, der Tante Winnie und den bedeutend älteren Schwestern Eirian und Gwyneth. In den ersten sieben Jahren kümmerte sich die Mutter zu Hause um ihn, dann ging er in die Schule, die sein Vater leitete.

Die zierliche Tante Winnie mit ihren roten Haaren und dem feurigen Temperament vergötterte Gareth und dessen Freunde, die sie zur Begrüßung zu küssen pflegte. Sie bewirtete sie mit ihrer einfachen ländlichen Küche und dem von Gareth geliebten Apfelkuchen und den Orangenbiskuits, zu den Festtagen servierte sie den stundenlang im Kessel für die Kochwäsche zubereiteten Weihnachtspudding. Sie hatte ein so loses Mundwerk, dass, als die Familie einmal in späteren Jahren von zwei deutschen Freunden besucht wurde, von denen der eine Nazi war, Jones es lieber nicht riskierte, sie von der Arbeit aus anrief und ermahnte, nicht etwa zum Spaß den Hitlergruß zu zeigen.

Die Verwandten erinnerten sich an Gareth als einen fröhlichen, enthusiastischen und zu Scherzen aufgelegten jungen Mann. Er liebte Kinder und spielte gerne mit ihnen *leapfrog*, ein Spiel, das darauf beruhte, dass man über den Rücken einer anderen Person sprang. Er machte oft Witze. So wie damals, als er einer Bekannten eine Postkarte mit einem Gorilla schickte und auf der Rückseite schrieb, dass er, wenn er sein Foto betrachte, eine verblüffende Ähnlichkeit feststelle, »besonders um die Lippen herum«.

Auf Fotos aus der Zeit, als Winnie ihn mit ihrem Gebäck verwöhnte, ist er ein rundlicher Sechsjähriger auf einem Fensterbrett oder ein zehnjähriger Gentleman – mit Brille und Sakko, Hosen bis zum Knie und langen Strümpfen. Auf letzterem erinnert er schon sehr an den erwachsenen Gareth. Auf beiden sieht man sehr gut seine abstehenden Ohren, an die sich die Verwandten erinnerten.

Jahre später teilt die New Yorker Journalistin Andrea Chalupa Gareths Nichte mit, dass sie ein Drehbuch über ihn schreiben wolle.

»Aber wer soll ihn spielen? Er war eher hässlich, hatte solche Segelohren«, Margaret Siriol Colley muss lachen.

Die Rolle übernimmt James Norton, ein großer schmucker Dreißigjähriger, so wie Gareth Jones Cambridge-Absolvent.

Die erhaltenen Fotos zeigen, dass der erwachsene Jones nicht einmal auf langen Reisen seinen Anzug ablegte. Bei offiziellen Anlässen trägt er Jackett mit Einstecktuch, auf der Reise bevorzugt er einen sportlicheren Schnitt. An kälteren Tagen trägt er einen hellen knielangen Mantel. Und während seiner Russlandreise wurde er sicherlich öfter gefragt, wie es möglich sei, dass er im hungernden England solche Kleidung trage.[159] Erst in Asien kauft er sich Shorts, zu denen er jedoch ein Jackett, Kniestrümpfe und polierte Schuhe anzieht. Ein Foto aus Asien zeigt ihn mit Hut und einer Art Polohemd mit so tiefem Ausschnitt, dass man seine behaarte Brust sieht. Größe: fünf Fuß und achteinhalb Zoll, also nicht ganz 175 Zentimeter. Augen: graublau, Haare: braun. Besondere Kennzeichen: keine. Außerdem: Er singt walisische Lieder und es ist »unmöglich, ihn nicht zu mögen«[160].

Er war ein lebhaftes Kind, und Annie Gwen und Edgar erlaubten es ihm, allein in der Stadt unterwegs zu sein. In den Docks hörte er die Erzählungen der Matrosen von fernen Ländern, die Mutter weckte in ihm das Interesse für Russland, und der Vater impfte ihm die Vorliebe für Poesie, griechische und lateinische Prosa sowie walisische Autoren ein. Der Vater – ein eleganter Gentleman mit langem Schnurrbart, der niemals in jemandem einen Feind sah – war als Schuldirektor in der Stadt eine bedeutende Persönlichkeit. Die Mutter, eine enthusiastische Suffragette, verlor trotz fortschreitender Jahre weder an Schönheit noch an Prinzipientreue, und selbst als Gareth erwachsen war, versuchte sie, über sein Leben zu bestimmen.

»Sag mir: Warum glaubst Du nicht an meine Zukunft? Warum möchtest Du, dass Deinem Sohn der Mut fehlt und er um des Gefühls der Sicherheit willen zu einem Langweiler wird?«[161], schrieb er ihr, als er auf die akademische Karriere verzichtete, um bei Lloyd George zu arbeiten.

Seine Kindheit und Jugend waren glücklich und es gab keine schlechten Erinnerungen, die ihn mit dem alten Haus verbunden hätten. Die Nachricht über den Umzug der Eltern nimmt er mit Rührung auf, obwohl er selbst sie dazu überredet hat.

*

159 Pares, *A Wandering Student*, S. 309–311.

160 Ebd.

161 Colley, *More Than a Grain*, S. 67.

In Ney York kennt Jones die Wall Street und die namhaftesten Klubs von Manhattan schon wie seine eigene Westentasche. Sein Jagdhund-Charakter lässt ihn nun in den Nebenstraßen herumschnüffeln. Die erste Überraschung erwartet ihn gerade mal ein paar Minuten zu Fuß vom finanziellen Zentrum der Welt. Gareth läuft zwischen obskuren Lagerhäusern, abgerissenen Gebäuden und Brachflächen umher. Er kommt an Bruchbuden und primitiven, von Obdachlosen aus Pappe und Holz selbst gebauten Hütten vorbei. Und plötzlich bemerkt er, dass er über Hausdächer geht, auf Dutzenden unterirdischen Wohnungen, die in Gräben eingerichtet wurden.

Ein anderes Mal trifft er in der Nähe des Hudson River auf mehr als 20 Spelunken, in denen trotzt Prohibition Alkohol verkauft wird. Ein Nachtwächter, den er dort trifft, rät ihm, das Nachtquartier an der 26. Straße aufzusuchen. Er wird eingelassen, obwohl er dort um Mitternacht ankommt. Die Armen erhalten einen schwachen Kaffee, Suppe und so viel Brot, wie sie nur möchten. Um an der kostenlosen Speisung teilhaben zu können, dürfen sie jedoch nicht mehr als drei Dollar besitzen. Jones sieht sich die Liste der Bewohner der Unterkunft an. Nicht wenige haben vor Kurzem ihr Vermögen verloren und sind mit einem halben Dollar in der Tasche hierhergekommen. Leute, die zuvor reich waren, hungern jetzt fast. Drinnen schlafen 400 und draußen, auf Betten, die auf der Mole aufgestellt wurden, 2500 Obdachlose.

»Sie zahlen keinen Cent«, betont ein Mitarbeiter des Nachtquartiers stolz. »Sehen Sie, New York ist nicht so eine grausame und gefühllose Stadt, wie es heißt.«

Gareth schreibt seinen Eltern, dass »die Situation in den Vereinigten Staaten kritisch ist«[162]. In gerade mal einem Monat hat mehr als eine halbe Million Amerikaner die Arbeit verloren. Viele Lehrer bekommen seit Monaten kein Gehalt ausgezahlt. Jones macht sich keine Illusionen, was seine Arbeit in New York betrifft – er weiß, dass ihr Ende näher rückt. Ivy Lee verliert weiterhin Kunden. Als er Anfang Dezember nach Europa reiste, bat er um Anfertigung eines Memorandums zu Russland. Gareth bezweifelt jedoch, ob sein Chef das Buch über die Sowjetunion jemals schreiben wird, auf das der Verlag schließlich schon seit Jahren wartet. Es wäre besser, denkt sich Gareth, wenn er mich die Situation in Europa verfolgen ließe.[163]

162 Ebd., S. 153.

163 Ebd.

Noch weiß er nicht, dass die Krise Ivy Lee im Februar nächsten Jahres zur Entlassung eines Drittels seiner Mitarbeiter und Gehaltskürzungen bei den übrigen zwingen wird. Nun sorgt er sich aber so sehr um die Zukunft seiner Familie, dass er beschließt, ihr für den Fall einer Hungersnot einen Vorrat an Konserven von Heinz' Bohnen zu schicken.

Unter diesen Umständen muss das Treffen mit dem russischen Vertreter der Firma Rothschild enttäuschend für Gareth sein. Im elegantesten Restaurant, das man sich vorstellen kann, bei stimmungsvoller Musik, live gespielt von einem Orchester, mitten in der Weltwirtschaftskrise, spricht Herr Kosnow nur von Geld. Wenn Jones ein Land erwähnt, fragt ihn Kosnow umgehend aus, ob man dort etwas verdienen könne. In seinem Brief an die Eltern schreibt Gareth später, dass ihm die kommunistische Einstellung zum Leben viel besser gefalle. Dasselbe erklärt er nach einem Treffen in einem russischen Studentenklub. Seiner Meinung nach sind die »weißen« Russen fanatisch, unglaubwürdig und hoffnungslos überfordert vom Regieren eines Landes. Er ziehe die Kommunisten vor und denke, die Zarenzeit könne nicht mehr zurückkehren, obwohl er sich der Schwächen des Fünfjahresplans bewusst sei. Außerdem mag er die Atmosphäre von Spionage und Diktatur nicht, die seiner Meinung nach alle Orte durchdringt, an denen sich Russen aufhalten.

Ja, New York erweist sich als ein »schrecklich enttäuschender Ort«[164]. Zwar ist, wie Jones zuvor bemerkte, »die Zusammenballung der Wolkenkratzer in der Wall Street der wundervollste Gebäudekomplex auf der Welt«[165], und neben dem hell erleuchteten, von Leben erfüllten Broadway scheint der Londoner Piccadilly-Circus so ruhig wie eine Methodistenkapelle auf dem Land zu sein, aber unter dem hübschen Deckmantel treiben Hunderte Gangster in der Stadt ihr Unwesen, und es ist kaum ein Bewohner zu finden, der nicht irgendwann Zeuge einer Schießerei war.

Gareth fühlt sich vielleicht enttäuscht von New York, aber in seinem Leben wird es keine bessere Zeit mehr geben. Die Stadt verwöhnt ihn, bietet ihm Emotionen und Unterhaltung, und die Leute, mit denen er es zu tun hat, sind wohlwollend und gastfreundlich. Sein Tagebuch von 1931 ist gespickt mit Einträgen über dienstliche Frühstücke, Lunches und Abendessen, und die notierten Namen

164 Ebd., S. 165.

165 Ebd., 156.

sind eine Liste der New Yorker intellektuellen, wissenschaftlichen, finanziellen und medialen Eliten.[166]

Trotz seiner Popularität und der vielen Termine vergisst Jones seine alten Freunde nicht. Mit seinem Kommilitonen aus Aberystwyth Alan Dudley geht er gerne am Hudson River spazieren oder fährt in die Shawangunk Mountains 100 Kilometer nördlich von New York, um an den glatten weißen Felsen zwischen Zwergkiefern auf den Bear Hill zu klettern. Die Abende verbringen die Freunde in Dudleys Haus, wo sie gewöhnlich Mozart oder Haydn hören.

Gareth bricht auch nicht den Kontakt zum jungen Heinz ab. Bei einem ihrer Treffen besprechen sie die näher rückende Publikation des Buches mit den Memoiren aus Russland, und Jack erzählt, wie er in der Universität bei einem Scherz unter Studenten dazu gezwungen wurde, alle »57 Sorten« der Konserven aus der Fabrik seines Vaters aufzuzählen.

Adelaide Hooker, die Tochter des Gründers der Hooker Electrochemical Company, eines der größten Unternehmer in den USA, lädt Gareth zu einem Basketball-Match ein. An den Feiertagen fährt der Waliser mit dem Schiff nach Boston. Er besucht dort Gerald Graham, mit dem er sich an die einstigen Scherze in Cambridge erinnert. Geralds Lachen ist so »ansteckend, dass sie geprustet haben wie die Idioten«[167]. Den Weihnachtsabend verbringt Jones wiederum mit einem anderen alten Kumpel. Mit Laurie Bunker schlendert er durch das festlich erleuchtete Boston, um Mitternacht gehen sie in die Christmesse und anderntags essen sie noch gemeinsam festlich zu Mittag.

Ein anderes Mal besucht Gareth die Universität Yale, wo er sich das erste Mal in seinem Leben inmitten von 75 000 Zuschauern ein American Football Match zwischen einer Auswahl der Studenten und der Armee ansieht. Ebenfalls das erste Mal wird er Zeuge eines Cheerleader-Auftritts. Und obwohl sich all das von dem unterscheidet, was er aus Großbritannien kennt, erinnert es ihn auf Schritt und Tritt an die in Cambridge verbrachten Jahre. Er fährt auch gerne nach New England, in die Wiege der amerikanischen Kultur, dessen Landschaft und Klima ihn an seine Heimat erinnern. Anlässlich der Gespräche mit berühmten Amerikanern zur Vorbereitung eines Memorandums über die Situation in den Staaten, besucht er ebenfalls Philadelphia.

---

166 Ebd., S. 154.

167 Ebd., S. 156.

In New York geht er nach Harlem, wo er an einer »spiritistischen schwarzen Séance«[168] teilnimmt. Eine »dicke Schwarze« erzählt von Gott und betet den Herrn an, anschließend zeigt sie auf Jones und sagt, sie wolle mit dem Mann »mit den starken geistlichen Schwingungen« sprechen. Sie stellt sich vor ihn, blickt ihm tief in die Augen, dann schließt sie ihre eigenen und warnt vor einer gefährlichen Fahrt mit dem Auto. Sie sagt auch voraus, dass in seinem Leben ein Mädchen mit langen goldenen Haaren auftauchen werde. Sie sieht, wie dieses Veilchen pflücke und verrät dessen Namen: Helen. Außerdem kündigt sie Jones eine lange Reise an. Höchstwahrscheinlich bis nach Chicago.

Unterdessen berichtet Gareth seinen Eltern im Januar 1932, er sei »eine der Personen, die hinter den Kulissen auf die Wahl des künftigen Präsidenten der Vereinigten Staaten Einfluss nehmen«[169]. Der neueste Auftrag Ivy Lees ist es, den Bankier Melvin Traylor zum Kandidaten der Demokraten zu machen und ihn dann ins Präsidentenamt zu hieven.

»Also befinde ich mich genau im Zentrum der aufregendsten Ereignisse in der amerikanischen Politik«[170], freut sich Gareth.

Traylor wird neben Rockefeller zu einem der wichtigsten Kunden von Ivy Lee. Jeden Monat bekommt Gareths Chef für die Kosten der Lobbyarbeit 85 000 Dollar, zusätzlich eine Vergütung von 2500. Sollte es Traylor bei der kommenden Wahl nicht gelingen, lautet der Plan, ihn zum Finanzminister zu machen und bei der nächsten Präsidentenwahl für ihn zu werben.

»Das ist es, was sie hier Demokratie nennen«, bemerkt Jones in einem Brief an die Eltern. »Es ist eine Farce, Amerika eine Demokratie zu nennen, wenn die Regierenden in den Städten die Politik mit Bestechung kontrollieren und die Präsidentschaftskandidaten für ihre Werbung mit gewaltigen Summen nur so um sich werfen.«[171] Auf Platz eins der von Jones nicht geschätzten Politiker steht der Bürgermeister von New York, James Walker, genannt Beau James, ein Playboy mit einem Leuchten in den Augen, das ihn zum Liebling der ganzen Stadt gemacht hatte. Als er das Amt bekleidete, veruntreute er Millionen. Gareth beschreibt später in einem Artikel, wie

168 Ebd., S. 161.

169 Ebd., S. 159.

170 Ebd.

171 Ebd.

er vor einem offenen Schrank mit 150 Pyjamas posierte oder wie ihm im Magistrat »sechs Platinblondinen nachliefen, die man selten außerhalb von Kinos sieht«[172]. In der Kategorie der schlimmsten Politiker der USA kann es nach Gareth mit dem »Lackaffen« nur Al Smith aufnehmen, der ehemalige Sheriff und Gouverneur von New York, einer der demokratischen Hauptkandidaten für das Präsidentenamt. Obwohl ihn Jones früher für eine der herausragendsten Persönlichkeiten in den Vereinigten Staaten hielt, meint er nach einer Begegnung, es sei der primitivste und vulgärste Politiker, den er je kennengelernt habe. Das im April mit ihm geführte Interview – nicht nur, dass Smith eine schreckliche Stimme hat, er spuckt auch noch ständig – hält Gareth für das schlimmste in seinem Leben.

Eines Tages ruft Ivy Lee Jones zu sich. Augenscheinlich aufgrund der zunehmenden Krise erklärt er, dass er von Russland die Nase voll habe, sich dort zu engagieren, habe in den gegenwärtigen Zeiten keinen Sinn. Gareth soll die Arbeit an dem Buch unterbrechen, stattdessen soll er sich auf Marktforschung konzentrieren, einen Bereich, der im Gegensatz zum Schreiben über Russland Gewinn einbringt.

Wie üblich, mit seinem angeborenen Enthusiasmus für neue Herausforderungen, schreibt Jones an die Eltern: »Es ist aufregend, dass ich näher an der amerikanischen Wirtschaft und Politik dran sein werde.« Mit weniger Enthusiasmus fügt er hinzu: »Nie wieder internationale Beziehungen. Also erweist sich meine ganze Arbeit für ihn als absolut nutzlos.«[173] Und doch begeistert er sich in seinem nächsten Brief, geschrieben am letzten Tag im Januar, für die Firma des Chefs als »phantastische Organisation«[174].

Er nutzt seine neuen Aufgaben und fertigt zwei umfangreiche Texte über die amerikanische Krise an, die später Lloyd George seinem Buch über Kriegsreparationen und -schulden als Brief eines »Bekannten in den Vereinigten Staaten« hinzufügen wird.

Jones formuliert darin die Schlüsselworte, die die in den USA herrschende Stimmung wiedergeben: »Enttäuschung über die Anführer, Enttäuschung über die Unternehmer, Enttäuschung über die Politiker, Enttäuschung über die Prohibition – selbst die Gangster hier haben ihren alten Pfiff verloren. Aber die größte Enttäuschung

172 Gareth Jones, *Mayor Walker's Secret*, »The Western Mail«, 9. September 1932.

173 Colley, *More Than a Grain*, S. 160.

174 Ebd.

ist, dass die Arbeiter, die vor zwei Jahren acht, zehn Pfund in der Woche verdient haben, jetzt für kostenloses Brot Schlange stehen müssen.«[175]

Darüber schreibt er auch in einer Serie von zwei Artikeln mit dem Titel »Ein Waliser beobachtet Amerika«, von denen *The Western Mail* den ersten gegen Ende März unter dem Titel »Das Land der Tragödie und Ernüchterung« druckt. Den Extravaganzen des Broadway stellt Jones darin das Bild von Hunderten Armen gegenüber, die im Regen auf einen kostenlosen Laib Brot warten, und das »Herz des reichsten Landes der Welt« kontrastiert bei ihm mit einer Million Arbeitslosen.[176]

Im Februar beauftragt Lee Jones mit einem neuen Buch. Gareth soll darin das Thema der Kriegsschulden darlegen, zu dem er seinem Chef zuvor Informationen für Reden vorbereitet hatte. Die Publikation wird auch Teil der Präsidentschaftskampagne Mel Traylors sein, weshalb Gareth wieder voller Enthusiasmus ist: »Also das nächste Buch! Das wird gut – das Thema ist hochinteressant und sehr wertvoll. Das Buch wird zur Einstellung der Reparationen und Tilgung der Kriegsschulden führen.«[177]

Schon im April muss sich Jones jedoch darüber im Klaren sein, dass Taylor keine Chance hat. Die Prognosen vor dem Konvent der Demokraten im Juni sagen vorher, dass der Gouverneur des Staates New York Franklin Delano Roosevelt zum Kandidaten gekürt wird. Nur er ist in der Lage, den amtierenden Präsidenten – den Republikaner Hoover – zu besiegen. Traylor bekommt auf dem Konvent gerade einmal 40 Stimmen. Er stirbt knapp zwei Jahre später nach einer langwierigen Lungenentzündung.

Während seiner Arbeit für Taylors Wahlkampf weiß Gareth schon mit Sicherheit, dass seine Tage in Amerika gezählt sind. Schon in den ersten Februartagen informiert ihn Lee traurigen Herzens, dass er den Einsparungen zum Opfer fallen und sein Vertrag nicht verlängert werden wird. Doch Jones reagiert in seinem Brief an die Eltern unverändert euphorisch:

»Hervorragende Nachrichten! Im Mai erwarte ich, in Eryl zu sein! [...] Ich habe neue Pläne – ich fahre nach Chicago – ich begebe mich

---

175 Ebd.

176 Gareth Jones, *A Welshman Looks at Amerika. Land of Tragedy and Disillusion*, »The Western Mail«, 30. März 1932.

177 Colley, *More Than a Grain*, S. 162.

mit Vorträgen auf Reisen – ich gehe zu Lloyd George zurück – ich schreibe ein Buch über Hitler – ich schreibe Artikel, also wird es mir gut gehen.«[178]

In seinen letzten Briefen aus den Vereinigten Staaten berichtet er von weiteren Verlusten an den Börsen und dem kommenden schweren Sommer, der voller Firmenpleiten sein wird. Obwohl er immer noch Informationen über die Kriegsschulden sammelt, zweifelt er doch daran, ob sein Chef das geplante Buch schreiben wird. Bislang hat er kein einziges Wort zu Papier gebracht.

Zum Abschied sagt Lee zu Jones, dass er ihn in Zukunft wieder anstellen wolle. Und wie schade es sei, dass der Waliser Amerika nicht in normalen Zeiten gesehen habe, weil er hier viel mehr Möglichkeiten hätte als in England. Zur Erinnerung überreicht er ihm eine Widmung: »Meinem Freund und Mitarbeiter Gareth Jones mit den besten Wünschen und persönlichen Grüßen«[179]. Wie reizend er ist, denkt sich Gareth. Schließlich hat er während seines Arbeitsjahres in New York nie jene Ruppigkeit und Arroganz des Prinzipals erlebt, von der die anderen Mitarbeiter erzählt haben.

Am 28. April sticht Jones mit dem Schiff Columbus nach Europa in See. Den Platz in einer Kajüte erster Klasse kann er sich zum Preis eines gewöhnlichen Economy Tickets organisieren.

Einige Tage später schickt ihm der ehemalige Chef ein ausführliches Arbeitszeugnis, in dem er unter anderem schrieb: »Sie haben Ihre Arbeit phantastisch erledigt und mir kluge Unterstützung gegeben in allem, worum ich Sie gebeten habe.«[180]

Ivy Lee wird im November 1934, ein halbes Jahr nach dem Präsidentschaftskandidaten Melvin Traylor, an einem Hirntumor sterben. Gareth Jones wird nur unwesentlich länger leben als diese beiden.

---

178 Ebd., S. 163.

179 Ebd., S. 169.

180 Ebd., S. 170.

Kapitel 8

Ich sage Stalin, dass ihn ein Kulak besuchen wird

Der lachende David Lloyd George stellt sich dem Auto in den Weg und ruft mit gespieltem amerikanischem Akzent: »Unser amerikanischer Freund ist also zurückgekommen! Wie geht es dir, Gareth?«[181] Sein weißes Haar weht im Wind, da er keinen Hut trägt. Den Mantel hat er über den Arm geworfen. Er ist entspannt. Zur Begrüßung ist er mit seiner Frau Megan herausgekommen.

Direkt nach der Rückkehr aus Amerika verbrachte Jones ein paar Tage mit der Familie in Barry. Den ehemaligen Premierminister besucht er nun in der Residenz in Brynawelon in Nordwales.

Lloyd George geht es trotz seiner 69 Jahre wieder prächtig, er scherzt viel und spricht bei einem Spaziergang auf Walisisch Jungen an, die in einem kleinen Bach Fische zu fangen versuchen. Gareth ist sich bewusst, dass ihm der ehemalige Chef außergewöhnliche Sympathie entgegenbringt. Er soll wieder für ihn arbeiten. Lloyd George überschüttet ihn mit Fragen über die Ereignisse auf der Welt und erzählt selbst von der Situation im Land. Die kürzlich abgehaltene Wahl bezeichnet er als eine Farce und kritisiert die Wirtschaftspolitik Großbritanniens.

Seine Frau fragt ihren Mann, auf welcher Seite er stehen würde, falls eine Revolution ausbrechen würde. Lloyd George hat keine Zweifel, er ist schließlich ein geborener Radikaler. Megan lächelt und

181 Ebd., S. 176.

bohrt nach, wen er in diesem Fall als Ersten töten würde. Der ehemalige Premier zögert einen Moment. Er antwortet, dass er schließlich keinen Anschlag auf »diesen Wurm Ramsey MacDonald« verüben könne, schließlich sei er der amtierende Premierminister. Aber die Ökonomen aus der City, die für die finanziellen Schwierigkeiten des Landes verantwortlich seien, würde er zum Tode verurteilen. Im Grunde könnte er Kommunist werden, gibt er zu, dann beginnt er Stalin zu loben.

»Stalin hat es riskiert. Natürlich ist es ihm nicht gelungen, aber er versteht seine Niederlage. Das ist ein richtiger Mann. Ich verneige mich vor Stalin und Mussolini«[182], erklärt er und fügt hinzu, dass sich schließlich jeder Wissenschaftler irre, bevor er eine große Entdeckung mache.

Nach dem sonntäglichen Tee schlägt Lloyd George Jones eine Reise nach Deutschland vor. Er meint nämlich, Gareth sollte sich so schnell wie möglich mit Hitler treffen. Sogar im Verlauf der nächsten Tage.

Ein Interview lässt sich erst einmal nicht vereinbaren, er beschließt also, am kommenden Wochenende Cambridge und den dort studierenden Jack Heinz zu besuchen. Am Donnerstag, den 2. Juli trifft er sich wieder mit dem Chef. Diesmal in dessen Haus auf der Farm Churt, etwa 100 Kilometer von London. Es ist ein sonniger und warmer Tag, der Sommer beginnt, die Männer setzen sich also nach draußen. Gerade beginnen sie zu diskutieren, als sie das Hausmädchen unterbricht. Jemand vom *Daily Telegraph* ruft an und möchte einen Kommentar zu einem frisch erschienenen Buch über Russland. Lloyd George lässt ihm ausrichten, er habe nichts zu sagen.

»Die meinen, ich sei verantwortlich für den Tod des Zaren«, erklärt er Jones. »Sie beschuldigen mich, weil ich ihm 1917 keinen Unterschlupf in England geboten habe.«

Anschließend besprechen sie die Möglichkeit eines Kriegsausbruchs in Europa und die Frage der Kriegsreparationen.[183]

Zwei Tage darauf ruft Lloyd George Gareth wieder nach Churt, diesmal schickt er ihn eilig nach Italien.

In Rom trifft sich Jones mit dem Direktor des Statistischen Amtes, dem Chef für die Rekultivierung von Grundstücken,

182 Ebd., S. 177.

183 Ebd., S. 180–181.

Korrespondenten der *Times*, von Reuters und der schweizerischen *Le Temps* sowie dem Minister für Korporationen, einem neuen Ressort des faschistischen Italien, das den Arbeitern Streiks verboten hat. Er muss so viele Berichte schreiben, dass er sich in seinem Brief an die Eltern beschwert, er werde in Rom kein Museum zu Gesicht bekommen. Schade, denn Italien übertrifft all seine Erwartungen, und Rom ist die tollste Stadt, die er kennt.

Bei der Gelegenheit zählt er die bisher besuchten Hauptstädte auf: London, Paris, Berlin, Warschau, Stockholm, Moskau, Riga – aber Rom schlägt sie alle. Er lobt Mussolini dafür, dass er in ganz Italien Wege, Brücken, Kanäle und Viadukte baut. Er ist der Meinung, dass sich sein politisches Programm in dieser Hinsicht mit den Ansichten Lloyd Georges deckt. »Welch Ironie, dass der Feind der Demokratie das Programm der britischen Liberalen realisiert«[184], schreibt er im Zimmer des römischen Grand Hotel.

Aus der italienischen Hauptstadt fährt er in den ersten Julitagen nach Lausanne auf eine Konferenz zu den Kriegsreparationen. Er steigt in dem luxuriösen Hotel Beau Rivage ab. Das Abendessen nimmt er in Gesellschaft von Ramsey MacDonald und Neville Chamberlain, dem Premier und Schatzkanzler Großbritanniens, sowie Franz von Papen, dem Kanzler des Deutschen Reichs, ein. Es sind die Tage, in denen die Politiker endgültig vereinbaren, dass die einstige Entente auf die ihr zustehenden Reparationszahlungen verzichtet.

Bei dieser Gelegenheit erhält Gareth von Ernst Hanfstaengl, Hitlers Auslands-Pressechef, ein Einladungsschreiben nach Deutschland. Ende Juli solle er den Führer der NSDAP auf einer Flugreise während des Wahlkampfes begleiten. Im Zusammenhang mit der näher rückenden Präsidentenwahl, der Reichstagswahl (der zweifachen, wie sich zeigen wird) sowie zahlreichen Wahlen zu Landesparlamenten wird Hitler 1932 im Verlauf von vier großen Reisen mit dem Flugzeug fast 50 000 Kilometer zurücklegen und auf rund 200 Kundgebungen sprechen.[185] »Es war ein bemerkenswertes Schaustück im Wahlkampf, das in Deutschland seinesgleichen suchte«[186], schreibt sein Biograf Ian Kershaw. Unter der Parole

184 Ebd., S. 183.

185 Adolf Hitler, *Rozmowy przy stole 1941–1944* [Tischgespräche 1941–1944], [o. O.] 1996, S. 195.

186 Ian Kershaw, *Hitler.* 1889–1936, übers. v. Jürgen Peter Krause und Jörg W. Rademacher, 2. Aufl., Stuttgart 1998, S. 456.

»Der Führer über Deutschland«, »nach amerikanischem Vorbild«[187], wächst in atemberaubendem Tempo die Popularität der Nazis in Deutschland. Hanfstaengl deutet an, es sei am besten, wenn Gareth in Aachen ins Flugzeug zusteigen würde. Letztlich kommt es aufgrund anderer Verpflichtungen Jones' erst 1933 zu dem Flug mit Hitler.

Kurz nach dieser Einladung besucht Gareth seinen Chef erneut auf dem Land. Lloyd George ist wieder bester Laune und macht sich über Jones lustig, indem er ihn einen Kulaken nennt.

»Wenn ich in Russland sein werde, und ich mache mich nächstes Jahr auf den Weg«, scherzt er, »sage ich Stalin, dass ihn ein richtiger Kulak besuchen wird.«[188]

Einen Großteil seiner Ferien verbringt Gareth mit der Familie in Barry, um gegen Ende des Jahres zum quirligen Leben in London zurückzukehren. Der bevorstehende Herbst wird wichtige Entscheidungen in seinem Leben bringen. Jones ist immer noch oft im Landhaus seines Chefs, gewöhnlich sieht er sich »relevante und vertrauliche«[189] Regierungsdokumente zum Weltkrieg an, die Informationen hieraus sollen dem Buch mit Lloyd Georges Kriegsmemoiren zugutekommen. Den Arbeitsplan besprechen die Herren gewöhnlich vor dem Frühstück auf heiteren Spaziergängen durch die blumengeschmückten Gärten von Churt. »Die Arbeit hier ist unheimlich interessant. Ich sehe mir die geheimsten Dokumente aus der Kriegszeit an«[190], berichtet Gareth seinen Eltern.

Im Herbst und Winter absolviert er eine Reihe für sein weiteres Schicksal wichtiger Treffen. Im Haus seines Chefs lernt er Winston Churchill kennen, den künftigen Premierminister Großbritanniens. Er besucht Walter Layton, den Chefredakteur des *Economist.* Er trifft sich mit Wolf von Dewall, einem der besten deutschen Journalisten jener Zeit. Mehrfach sieht er seinen Freund, den Journalisten Paul Scheffer, der ein paar Jahre zuvor aus Russland ausgewiesen wurde. Er unterhält sich auch mit ein paar Autoritäten, die gerade erst von dort zurückgekehrt sind. Eine davon ist Professor Jules Menken von der Londoner School of Economics, der »hungrige Menschen beobachtete, und nur einen einen Moment später im Kreml ein Lunch

187 Ebd.

188 Colley, *More Than a Grain*, S. 185.

189 Ebd., S. 188.

190 Ebd., S. 189.

mit sowjetischen Kommissaren einnahm, die ihn mit dem besten Kaviar, Fisch, Wild und den luxuriösesten Weinen bewirteten«[191].

Ein anderer Forscher, der 1932 mehrere Monate in Russland verbringt, ist Bruce Hooper aus Harvard, ein Fachmann auf dem Gebiet der Sowjetunion und Berater des amerikanischen Office of Strategic Services (Amt für Strategische Dienste), dem Vorgänger des CIA. Nach dem Treffen mit ihm schreibt Gareth einen Brief an Ivy Lee:

»Die Ernte war ein Misserfolg, und wahrscheinlich werden diesen Winter Millionen Menschen hungern. In der Ukraine hat es schon begonnen. Die Kollektivwirtschaften sind ein absoluter Misserfolg; die Menschen laufen aus ihnen davon. Von vielen ist nichts mehr übriggeblieben, und jede Menge von Bauern sowohl aus dem fernen Süden als auch aus Bessarabien marschiert nach Moskau auf der Suche nach Brot.«[192]

191 Ebd., S. 194.

192 Gareth Jones, Brief an Ivy Lee, 15. September 1932, https://www.garethjones.org/soviet_articles/ivy_lee_letter_sept_1932.htm (Zugriff: 28. Januar 2019).

Kapitel 9

Wird es Suppe geben?

5. Oktober 1932: Die *Iswestija* berichtet aus dem Donbass, dass sich vor den Geschäften scharenweise Arbeiterfrauen angestellt hatten in der Hoffnung, Gemüse kaufen zu können. Der Verkäufer versuchte sie zu beruhigen. Aber sie schauten in die leeren Körbe, dachten an den näher rückenden Winter, an Kohl, Kartoffeln und Tomaten und fragten ständig: »Wird es Suppe geben?«[193]

7. Oktober: Die *Iswestija* kritisiert, obwohl sie eine Regierungszeitung ist, von Zeit zu Zeit offen die Fehler des Fünfjahresplans – diesmal beschreibt sie, wie Lebensmittel durch die schlechte Organisation des Transports vergeudet werden. Im Stadtzentrum von Kaluga, im Lenin-Park, liegen Berge von Kohl. Die Pyramiden wachsen jeden Tag, und wenn es regnet, verdirbt der Kohl, sodass er sich nur noch als Schweinefutter eignet. In der Stadt ist die »Kohlpanik«[194] ausgebrochen.

15. Oktober: Direkt nach dem Gespräch mit Professor Menken, der behauptet, dass die Ukrainer hungern, publiziert Gareth Jones in der walisischen *The Western Mail* den ersten von zwei Artikeln, beide unter dem Titel »Wird es Suppe geben?«. Er schreibt, die Russinnen und die Russen würden diese Frage mit immer größerer Beunruhigung wiederholen, da sie an den bevorstehenden Winter

193 Gareth Jones, *Will There Be Soup? Russia Dreads the Coming Winter*, »The Western Mail«, 15. Oktober 1932.

194 Ders., *Will There Be Soup? Russia Famished under the Five-Year Plan*, »The Western Mail«, 17. Oktober 1932.

denken. Jones knüpft an seine Reise ins Landesinnere der Sowjetunion an: »Wie unterschied sich dieses Bild von dem, was mir die Kommunisten in Moskau ausgemalt hatten.«[195]

17. Oktober: In dem zweiten Artikel aus seinem Zyklus berichtet Jones, dass die Getreide- und Gemüseernte weit geringer ausgefallen sind als angenommen.[196]

24. November: Walter Duranty, der diesjährige Träger des Pulitzer Preises, ausgezeichnet für eine Reihe von Korrespondentenberichten aus Russland aus dem vorhergehenden Jahr, schreibt in der *New York Times*, dass der Fünfjahresplan auf unerwartete Hindernisse gestoßen sei – »große und zunehmende Nahrungsmittelknappheit in Städten und auf dem Land«[197]. Er fügt jedoch hinzu, dass es keine Hungersnot gebe und sich nicht ankündige, dass es sie geben werde.

26. November: Im nächsten Text aus der Reihe gibt Duranty zu, dass die schwierige Situation in Russland allgemein bekannt sei.

Jahre später macht Professor Ray Gamache darauf aufmerksam, dass der Korrespondent der *New York Times*, als er diese beiden Artikel schrieb, auf ähnliche Quellen zurückgriff wie Jones, aber nur Letzterer nutzte auch Berichte aus erster Hand.[198] In der Novemberserie seiner Texte gibt Duranty einerseits zu, dass das Land von einer außerordentlich schweren Nahrungsmittelkrise erfasst worden sei, andererseits nennt er die Kollektivierung einen »höchst überraschenden Erfolg«[199]. Gamache zufolge »kehrte Duranty auf diese Weise zu dem Refrain zurück, der seit einem Jahrzehnt für die Sowjets in den Depeschen gesungen wurde, in denen er voll Energie ihre Sache verteidigte […], das war nichts anderes als eine Rezitation der offiziellen sowjetischen Statistiken, was nur von der Blindheit zeugt, mit der die Redakteure lasen und ohne jeden Vorbehalt seine Texte publizierten.«[200]

7. Dezember: Louis Fischer kritisiert in *The Nation* die Getreidepolitik der UdSSR. Er gibt zu, dass das Wetter an den schwachen Ernten schuld sei, aber auch der Getreideverlust, ungenügende

195 Ders., *Will There Be Soup? Russia Dreads.*

196 Ders., *Will There Be Soup? Russia Famished.*

197 Walter Duranty, *The Crisis in the Socialisation of Agriculture*, siehe: https://www.garethjones.org/overview/articles1932.htm (Zugriff: 24. Januar 2019).

198 Gamache, *Gareth Jones. Eyewitness*, S. 110.

199 Ebd.

200 Ebd., S. 111.

Kolchose in der Gegend von Rostow am Don, Anfang der Dreißigerjahre

Vorräte und am allermeisten die Politik der Lieferkonditionen für Getreide, die bewirke, dass sich die Bauern von dem Geld für das verkaufte Korn kein Brot leisten könnten. Er stellt jedoch fest, dass es trotz dieser Schwierigkeiten in der Ukraine keine Hungersnot gebe.

In demselben Monat, als Duranty einen seiner Artikel auf inoffiziellem Wege »in sicheren Händen nach Paris übermittelt, von wo er per Telegramm nach New York geschickt wird«[201], werfen ihm hochgestellte sowjetische Offizielle »Illoyalität« vor. Der Korrespondent erinnert sich an die Ausweisung Paul Scheffers im Jahr 1929, und seit diesem Moment »widerspricht er [Duranty] viel aktiver der Existenz einer Hungersnot«[202] in Russland.

Zwei Artikel finden keine Beachtung der sowjetischen Botschaft in London.[203] Dafür hagelt es bei der *Western Mail* Briefe von konservativen Lesern. Die Artikel des liberalen Jones erweisen sich auf einmal als Waffe der konservativen Tory-Propaganda. Der belustigte Gareth schreibt in einem Brief an die Eltern, dass er sich so gut wie beim Lesen dieser Briefe das letzte Mal zu Schulzeiten amüsiert habe, als er sich an Schneeballschlachten beteiligte. »Man sollte mich eher mit der Abrüstung, freien Gewerkschaften oder dem Völkerbund assoziieren anstatt mit den Ansichten der Leser der *Western Mail*.«[204]

Anfang Dezember lädt die walisische Station von Radio BBC Gareth zur ersten Sendung der Serie »Wales von außen« ein. Jones – der meint, das sei die schwierigste Aufgabe, die ihm bisher anvertraut worden sei – gibt neben vielen fachlichen Meinungen auf Sendung seine Lieblingsanekdote über den Piloten zum Besten, der es bereute, den ertrinkenden Stalin gerettet zu haben. Und damit es gerecht zugeht, zitiert er auch einen Witz, der unter antifaschistischen Lutheranern in Deutschland kursiert: Als ein Nazipfarrer vor Beginn des Gottesdienstes allen Juden befiehlt, die Kirche zu verlassen, steigt Jesus vom Kreuz herab und geht schweigend aus der Kirche. Über Russland erzählt er den Zuhörern auf Walisisch, und nach Ausstrahlung des Programms nimmt die Begeisterung kein Ende: »Das Mikrofon hat jedes Detail seiner Persönlichkeit wiedergegeben, seines Enthusiasmus und seiner Lebendigkeit, die jeden

201 Ebd., S. 112.

202 Ebd.

203 Ebd., S. 117.

204 Colley, *More Than a Grain*, S. 195.

seiner Auftritte kennzeichnen, aber auch der besondere Eindruck der Nähe, als würde er dem einzelnen Zuhörer eine Geschichte am Kamin erzählen ...«[205] Jones Auftritt macht einen so großen Eindruck, dass die BBC ihm eine Stelle anbietet. Das ist ein guter Moment. Die Publikation der Kriegsmemoiren von Lloyd George steht bevor, an denen er gearbeitet hatte, und er muss sich über eine neue Beschäftigung Gedanken machen. Am 21. Dezember schreibt er jedoch seinen Eltern: »Ihr werdet zufrieden sein, dass ich die Arbeit bei der BBC abgelehnt habe. Alle haben mir davon abgeraten. [...] Natürlich ist es möglich, dass sie mich sogar als Kandidaten für die Position des BBC-Chefs in Cardiff im Sinn hatten – aber das wäre eine Arbeit gewesen, die ich nicht gemocht hätte.«[206]

Er schreibt lieber. Im April des darauffolgenden Jahres, gleich nach einem bezahlten Urlaub zum Abschluss des Vertrags bei Lloyd George, soll er eine Arbeit in der *Western Mail* beginnen. Zuvor, in den ersten Monaten des Jahres 1933, plant er jedoch eine intensive Reise durch Europa.

»Hurra!« Am 6. Januar 1933 schickt er den nächsten Brief. »Ich habe das sowjetische Visum bekommen und werde im März dorthin fahren.« Es soll keine besonders fröhliche Reise werden, wenn auch mit Sicherheit eine interessante.[207] In derselben Korrespondenz erzählt er von einem Treffen mit dem sowjetischen Botschafter Iwan Maiski, »einem unterhaltsamen kleinen Typen, dem Aussehen nach halb Tatar, halb Jude, ein ungewöhnlich netter Kerl«[208], der Gareth besorgt rät, warme Kleidung nach Russland mitzunehmen. Maiski garantiert Jones auch, dass alles dafür spreche, dass das Leben in Russland erfreulicher werde. Die Effekte würden in zwei Jahren zu sehen sein, vielleicht schon in einem Jahr. Gareth erinnert sich, dass er genau solche Erklärungen 1930 und 1931 während seiner Aufenthalte in Russland gehört hat.

Seiner Familie schreibt er, er sei bestens auf die Reise vorbereitet. Den Februar wird er in Deutschland verbringen, den März in Russland. Dann werde er ein Buch schreiben mit dem Titel »Russland und der Völkerbund«. Von Bord des Linienschiffes s/s Bremen schickt er auch an Lloyd George einen Brief – obwohl er formell schon nicht

205 Ebd., S. 190.

206 Ebd., S. 191.

207 Ebd., S. 196.

208 Ebd.

mehr für ihn arbeitet, erklärt er, dass er ihn weiterhin darüber informieren wird, was er auf der Welt sieht. In seinem Tagebuch notiert er, dass er sich als Sekretär des ehemaligen Premierministers auf die Reise macht.

In seinen Koffer packt er Kleidungsstücke, die ihm von Maiski empfohlen wurden. Die Pelzmütze beabsichtigt er, in Leningrad zu kaufen.

1933

Kapitel 10
Sturm über dem Korridor

Die Maschine schlingert im Wind, und immer wenn sie versucht, höher zu steigen, gerät sie in die nächsten Turbulenzen. Das Flugzeug ist mit zweistündiger Verspätung gestartet, der Pilot geht aber davon aus, dass das Wetter besser wird und sie bis nach Berlin fliegen können. Gareth versucht nur kurz aufzustehen, um den Mantel abzulegen, und lässt sich sofort wieder auf den Sitz fallen. Es wird immer schwerer, Notizen zu machen, weil die Maschine mal geschüttelt wird, mal abrupt in ein Luftloch fällt. Unten, im Azur der Ostsee, spiegeln sich noch schwache Sonnenstrahlen, doch von Westen ziehen Wolken auf.

Durch das Fenster sieht man Danzig, wie Jones sich notiert[209], eine Stadt so groß wie Cardiff. Ein kleines Dampfschiff fährt gerade in den Hafen ein, um den sich die Diplomaten seit 1919 streiten. Weiter hinten – aus der Höhe erkennt man leicht das Kasino und die Mole – liegt Zoppot, das Gareth »Monte-Carlo des Nordens« nennt. In der Ferne zeichnet sich noch schwach ein Hafen von, wie es Jones scheint, gänzlich unnatürlichem Aussehen ab. Das ist Gdingen, jene Stadt, die die Polen vor Kurzem auf dem Gebiet erbauten, das ihnen im Versailler Vertrag zuerkannt wurde. Dahinter liegen Wälder, Seen und die Eisenbahnlinie, die die Freie Stadt Danzig mit dem deutschen Vaterland verbindet.

---

209 Gareth Jones, *A Welshman Looks at Europe (IX). Storm over the Polish Corridor*, »The Western Mail«, 22. Februar 1933.

Das Flugzeug fliegt über Pommern, aber Jones benutzt diesen Namen nicht. Die deutsche Propaganda bezeichnet in den Zwanzigerjahren die Gebiete, die seit der Unterzeichnung des Versailler Vertrages Ostpreußen vom restlichen Deutschland trennen, als »Polnischen Korridor«, und dieser Name ist auch im Westen üblich geworden. Als das Flugzeug über die Grenze zwischen Polen und der Freien Stadt Danzig fliegt, stellt sich Gareth die Gefühle des deutschen Piloten vor: Es muss brodeln in ihm bei dem Gedanken daran, dass sein Land von diesem unbedeutenden Streifen Land geteilt wird.

Er sieht nach unten. Sie fliegen nicht hoch, höchstens 500 Meter über der Erde, und wie auf einer ausgestreckten Hand sieht man die Bauernhütten, manche mit Stroh gedeckt, andere mit Dachziegeln, eine Ziegelei, die einzige Fabrik weit und breit, und alles umgeben von Feldern, Seen und Kiefernwäldern. In seinem Artikel für *The Western Mail* mit dem Titel »Sturm über dem Polnischen Korridor« bemerkt Jones, dass diese Dörfer, außer von Deutschen und Polen, von einem Volk bewohnt werden, das man die Kaschuben nennt.[210]

An einem gefrorenen See liegen Holzstapel. Man kann sich schwer vorstellen, notiert Gareth, dass dieses Stückchen Erde mit vereinzelten Dörfern, Feldern und Wäldern einer der explosivsten Orte in Europa ist. Und dass Millionen Deutsche bereit sind zu sterben, um es zurückzubekommen. Der blaue Himmel bleibt hinter dem Horizont, das Flugzeug versinkt in der Dunkelheit der Regenwolken und gerät in solche Turbulenzen, dass Jones das Schreiben endgültig sein lässt und sogar bereut, von den köstlichen Koteletts und Pfannkuchen gegessen zu haben, die zu Beginn des Fluges gereicht wurden. Kurz darauf wird die Reise abgebrochen. In Berlin werden die Passagiere am nächsten Tag ankommen, falls das Wetter besser wird. »Ich habe zuvor noch nie von Stolp gehört, jetzt muss ich hier die Nacht verbringen«[211], notiert Gareth. Zum Glück landet der Pilot problemlos in dieser typisch preußischen Stadt, die von den Polen Słupsk genannt wird und die, wie Jones später in seinem Artikel berichtet, als Bollwerk Deutschlands gilt.

Die Aufschrift »Moskau–Berlin« auf dem Flugzeug erinnert Jones schon zuvor daran, dass er sich in Osteuropa befindet und entlang der historischen Linie zwischen den Hauptstädten Russlands und

210 Ebd.

211 Ebd.

Deutschlands fliegt, einer Linie, die Asien mit Europa verbindet, die Welt des Kommunismus mit der Welt des Kapitalismus, das Land der schon gut gefestigten Diktatur des Proletariats mit dem Staat des erwachenden Faschismus.

»Eines Tages«, sagt Jones in dem Artikel vorher, »kann ein viel heftigerer Sturm den Polnischen Korridor zerreißen. Die Namen Danzig, Gdingen, Ostpreußen werden in aller Munde sein.«[212]

Er fügt hinzu, dass sich die dunklen Wolken über diesen Gebieten blitzschnell sammeln. Es ist der 23. Februar 1933. Zuvor hat der Waliser Bremen, Leipzig und den Norden der Tschechoslowakei besucht. Am darauffolgenden Tag soll er Hitler kennenlernen.

*

Als Gareth Jones 1924 das erste Mal nach Polen kommt, ist er 19Jahre alt. Er ist Delegierter auf dem Kongress des Internationalen Studentenbundes in Warschau. Wie an jedem Ort, an den er kommt, sieht er sich das Leben der Menschen an und saugt Informationen aus ihren Erzählungen auf. Der Kongressleiter, der nach dem Programm Studenten durch die Stadt führt und übersetzt, erklärt ihm, dass die konservativen und nationalistischen Überzeugungen der polnischen Studenten auf die viele Jahre andauernde Teilung des Landes zurückzuführen seien. Jones kennt die Berichte seiner Mutter über die angespannten Beziehungen zwischen den Polen und den Russen, er erinnert sich jedoch, dass sie besonders über die Armut, die Behandlung und die Pogrome an den polnischen Juden bekümmert war. Von den Warschauer Straßen hatte sie in Erinnerung behalten: »Das Aussehen der polnischen Juden macht den schlimmsten Eindruck.«[213]

Gareth bemerkt, dass sich seit jener Zeit, obwohl 35 Jahre vergangen waren, nicht viel geändert hatte: Obwohl jetzt die polnischen Behörden das Sagen haben, und nicht die russischen, ist die Situation der Juden kein Stück besser. Bei seinem Spaziergang durch das jüdische Viertel hat Jones sogar den Eindruck, als würde die Stadtverwaltung darin absichtlich Schmutz und Verwahrlosung aufrechterhalten.

---

212 Ebd.

213 Colley, *More Than a Grain*, S. 10.

Als er im August 1930 schließlich Russland ansteuert, das seit Jahren erträumte Reiseziel, besucht er wieder Warschau. Er möchte Frau Skorupka besuchen, die Gastgeberin bei seinem ersten Aufenthalt in der polnischen Hauptstadt. Er trifft die Freundin nicht zu Hause an, aber ihre Mutter und ihr Bruder bieten ihm ein Nachtquartier an, und Gareth verbringt vor seiner Abfahrt nach Moskau einen netten Abend mit ihnen. Der Bruder von Frau Skorupka erklärt, dass sich Józef Piłsudski, der Militärminister und Anführer des in Polen regierenden Lagers, in letzter Zeit in einer so schwierigen Situation befinde, dass er die Beziehung zu den nationalen Minderheiten, hauptsächlich den Ukrainern, entschärfe, um ihre Unterstützung zu gewinnen. In Polen herrsche jetzt, fährt er fort, eine Atmosphäre von Krieg und Angst. Alle ringsum würden als böse dargestellt, nur die Polen allein seien gut. Diese Auffassung, meint der Gastgeber, müsse ein Anzeichen von Schwäche des Volkes sein.

Gareth beobachtet diese Angst. In einem Brief an seine Eltern vom 5. August 1930 erwähnt er den Plan zum Bau des besten Flughafens der Welt in Polen, der 40 großen Militärflugzeugen Platz bieten soll. Er muss wohl den Flughafen Warschau-Okęcie meinen, der bei seiner Gründung ausschließlich als Militärflughafen dienen sollte. Und er fügt hinzu: »Überall sind hier Soldaten, und gleichzeitig ist Polen hoffnungslos arm.«[214]

Die flache Landschaft Polens erscheint ihm monoton, und der hiesige Zoll als ausgesprochen unhöflich und streng gegenüber Juden. Er hört Polen über steigende Steuern klagen. Der Staat erhebt sie, um die Armee aufzubauen. In einem Text für *The Western Mail*, in dem er beschreibt, wie die weltweite Krise die nationalistischen Tendenzen in Europa stärkt, zitiert er die Worte eines jungen Polen: »Die Russen haben einen Flugplatz an der Grenze, und weiß Gott, wie viele Flugzeuge uns jeden Moment bombardieren können. Außerdem gibt es die Deutschen, die Rache fordern. Sie wollen den Polnischen Korridor zurückhaben und können jeden Moment ihre Armee auf uns hetzen.«[215] Der junge Pole fügt hinzu, wenn es nach ihm ginge, würde er alle Deutschen aufhängen.

214 Ebd., S. 79.

215 Gareth Jones, *The Victim of 1930. Familiar in Many Lands. The Enigma of the »Thirties«*, »The Western Mail«, 31. Dezember 1930.

In einem Brief an die Eltern nennt Jones die in Polen herrschende Stimmung »absoluten Wahnsinn«[216]. Und in dem Artikel stellt er die wütende Äußerung des jungen Polen neben den in Deutschland gehörten Satz: »Jeder Deutsche würde gerne sein Leben hingeben für die Zurückgewinnung des Polnischen Korridors.«[217]

In den letzten Tagen des Jahres 1930 gibt Julius Curtius, der Außenminister des Deutschen Reiches, Jones ein Interview. Falls er bei der Konferenz in Genf gegen Polen nur ein Zehntel dessen sagt, was er mir unter vier Augen gesagt hat, kommentiert Gareth in einem Brief nach Hause, wird es einen richtigen Skandal geben. Nach Curtius Meinung kann es in der Frage des Polnischen Korridors keinen Kompromiss geben. Es gebe in ganz Europa keinen Außenminister, beklagt er sich, der um Erlaubnis bitten müsse, um eine Provinzgrenze seines Landes zu überschreiten. Als er vor Weihnachten nach Ostpreußen gefahren sei, habe seine sechzehnjährige Tochter ihm davon abgeraten: »Papa, die Polen verhaften dich, wenn du den Korridor durchquerst.«[218] Es gibt nur eine Lösung, sagt der Minister zu Jones: Die Deutschen müssen diese Gebiete zurückbekommen. Dabei beschuldigt er die polnische Regierung, dass sie während der Konferenz in Versailles Falschinformationen verbreitet habe, und ihre Methoden hält er für »asiatisch«, da die polnische Regierung die Wahllokale kontrolliere, die Opposition ins Gefängnis stecke und skrupellos auf die Wahl Einfluss nehme, die es als demokratisch bezeichne. »Selbst Faschismus wäre besser als die brutalen Methoden, die sie angewendet haben«[219], kommentiert Curtius. Er fügt jedoch hinzu, dass es bisher, trotz der Provokationen von polnischer Seite, an der Grenze zu keinen Zwischenfällen komme.

»Wir bemühen uns immer, in guten Beziehungen zu den Nachbarn zu stehen, aber man kann nicht erwarten, dass unsere Geduld endlos ist. Meine Geduld ist schon erschöpft«[220], erklärt der Minister. Er ist der Meinung, dass eine Revision des Versailler Vertrags notwendig sei – Deutschland könne nicht länger entwaffnet bleiben, während alle ringsum aufrüsteten. »Die Deutschen müssen für ihre

---

216 Colley, *More Than a Grain*, S. 80.

217 Jones, *The Victim of 1930*.

218 Colley, *More Than a Grain*, S. 96.

219 Ebd., S. 97.

220 Ebd.

Sicherheit sorgen, da sie nicht in der Lage sind, sich gegen Polen zu verteidigen, dessen Armee 200 000–300 000 Soldaten zählt. Was wird geschehen, wenn Polen uns plötzlich angreift? Piłsudski hat Wilna überfallen, warum sollte er nicht dasselbe mit Danzig tun? Wir müssen für unsere Sicherheit sorgen«[221], führt Curtius aus.

Nach Gareths Meinung spricht er sehr vernünftig, aber ohne jenen zündenden Funken, den der Waliser bei Lloyd George oder Winston Churchill wahrgenommen hat.

In den folgenden Tagen, nachdem er Deutschland verlassen hat, besucht Gareth Danzig, Warschau und Kattowitz. In Kattowitz beobachtet er, wie wir uns erinnern, aus dem Hotelfenster eine Menschenmenge von demonstrierenden Arbeitslosen, die »Brot! Brot!«[222] fordern.

Als Jones sich ein halbes Jahr später, im August 1931, in Moskau mit Karl Radek unterhält, sagt ihm der Redakteur der *Iswestija* unter anderem: »Wenn sich Polen und Rumänien zu einem Angriff entschließen sollten, würden sie Unterstützung von kapitalistischen Ländern erhalten. Die sich zuspitzende Krise in Polen erhöht das Risiko. Aber auf der anderen Seite wäre ein Krieg mit Sowjetrussland schwierig.«[223] Er fügt hinzu, dass ein Überfall auf Russland sowohl für Polen als auch für Deutschland schlecht ausgehen könnte. Er meint, dass der Verlust Polens und eines starken kapitalistischen Deutschlands als Nachbarländer nicht im Interesse Russlands sei. Die Veränderungen in Deutschland und Russland können, seiner Ansicht nach, auch in Polen zu nichts anderem führen als einer eigenen Revolution. »Warten wir ab, wir werden es sehen«[224], sagt er.

Einen Monat zuvor publiziert Jones in der Zeitschrift *The Contemporary Review* eine Analyse der Situation Polens auf der internationalen Bühne.[225] Darin schreibt er, dass die Geografie die Polen Vorsicht gelehrt habe. Zwischen den Landesgrenzen erstrecke sich eine unermessliche Ebene, zwischen Warschau und dem Ural sei es schwierig, auch nur einen Hügel zu finden, und kein Berg könne

221 Ebd.

222 Ebd., S. 99.

223 https://www.garethjones.org/soviet_articles/karl_radek_interview.htm (Zugriff: 25. Januar 2019).

224 *Experiences in Russia 1931 – A Diary*, Pittsburgh 1932, S. 38.

225 Gareth Jones, *Poland's Foreign Relations*, »The Contemporary Review« 1931, Juli.

als Hindernis für fremde Armeen dienen. Die polnische Wirtschaft brauche den Zugang zum Meer, was die guten Beziehungen zu Deutschland gefährde. Seine Wiedergeburt verdanke das Land dem Versailler Vertrag. Diese Übereinkunft sei die Quelle von Freiheit und Souveränität, deren Bedeutung für Polen der Autor mit der Magna Charta Libertatum, dem Großen Freibrief aus dem 13. Jahrhundert, vergleicht. Jene hatte die Macht des Monarchen in England beschränkt und die Freiheiten der unteren Schichten gestärkt. Deshalb unterstütze Polen, erklärt Jones, so sehr die Idee des französischen Ministerpräsidenten Aristide Briand zu einer Föderalen Europäischen Union, der alle Länder des Kontinents angehören sollten außer Russland.

Zwar haben Polen und Frankreich, worauf er hinweist, einen Pakt geschlossen, der sie zu gegenseitiger Hilfe im Falle eines deutschen Angriffs verpflichtet, aber Frankreich steht den Polen aufgrund des brutalen Wahlkampfs und der Diskriminierung nationaler Minderheiten in der Republik Polen immer distanzierter gegenüber.

Jene Diskriminierung gieße, Jones zufolge, Öl ins Feuer der revisionistischen Agitation gegen Polen und werde zur Hauptwaffe in den Händen der Kräfte, die die Veränderung der polnischen Grenzen fordern. Der Autor erwähnt auch die Politik der Polonisierung, die sich seit Jahren gegen die Deutschen und die Ukrainer in den polnischen Gebieten richtet. Einerseits werden deutsche Schulen geschlossen oder die Eltern diskriminiert und schikaniert, die ihre Kinder dorthin schicken. Andererseits betreffen die Antagonismen im Osten, wie Jones bemerkt, nicht ausschließlich die zwei Völker, sie sind eher eine Auseinandersetzung zweier gesellschaftlicher Klassen: der polnischen Herren und der ukrainischen Untertanen. Man erzählte ihm, dass polnische Soldaten im September 1930 auf von ukrainischen Bauern oder Revolutionären im östlichen Galizien verursachte Brände mit Säuberungen, dem Niederbrennen von Dörfern, brutalen Morden und damit geantwortet hätten, Menschen bei lebendigem Leibe die Haut abzuziehen.[226] Die Unterdrückung der

226 Im Dezember 1930 reichten drei ukrainische Abgeordnete des Sejm der Zweiten Polnischen Republik beim Völkerbund Klage ein wegen der Maßnahmen der polnischen Behörden. Anfang 1932 wies der Völkerbund sie ab und erklärte: »Polen betreibt gegenüber den Ukrainern keine Politik der Verfolgung und Gewalt.« Er hielt die Befriedungsaktionen – Durchsuchungen und Verhaftungen, bei denen nicht selten physische Gewalt angewendet und der Besitz der Ukrainer vernichtet wurde – für provoziert durch vorhergehende ukrainische Anschläge.

Minderheiten, schreibt er in dem Artikel, erreichte ihren Höhepunkt während der Wahlkampfagitation im November 1930: Es wurden nicht mehr nur Nicht-Polen diskriminiert, sondern alle Gegner von Piłsudskis Regierung.

Deshalb sei nach Gareth Jones' Ansicht allein eine Politik der Toleranz gegenüber Minderheiten und politischen Gegnern ein starkes Argument für die Beibehaltung der Grenzen und die Behandlung Polens als einem westlichen Land, das von Relevanz sei für die Zukunft Europas.

Wie Jones zeigt, kann sich das polnische Volk nicht sicher fühlen. Die sowjetischen Machthaber schwärzen die Polen in Karikaturen und Theaterstücken ständig an, verstärken die Feindseligkeit gegenüber Polen angesichts des – wie es in der sowjetischen Propaganda heißt – geplanten polnischen Überfalls auf Russland. In Moskau glauben alle, dass ein Krieg gegen die Kapitalisten unvermeidlich sei, und natürlich werde Polen ein Verbündeter von Frankreich, Amerika und Großbritannien sein, das seit dem Staatsstreich im Mai 1926 hinter den Kulissen von Piłsudski geführt werde, welcher – wie der Autor meint – mit Hilfe einer verdeckten Diktatur regiere. Doch die Polen fürchten sich immer noch mehr vor den Deutschen als vor den Russen. Über Gdingen und Danzig wird die Hälfte des polnischen Handels abgewickelt, also ist der Besitz des Polnischen Korridors eine Frage von Leben und Tod.

Es kommt auch vor, dass Jones mit seinem Arbeitgeber über Polen spricht. Während eines ihrer Treffen auf dem Landsitz von David Lloyd George fragt er ihn, wie der Weltuntergang zu definieren sei. Der ehemalige Premierminister antwortet, obwohl die Titanic immer noch sinke, erwarte er nicht ihren Untergang. Nichtsdestotrotz gibt er zu, dass ein von Russland oder Japan ausgelöster Krieg das Ende der Zivilisation bedeuten könnte. Wahrscheinlich sei seiner Meinung nach hingegen ein Überfall Polens auf Russland. In diesem Fall würde auch Deutschland aufgrund des Konflikts um den Polnischen Korridor umgehend Polen angreifen. Das Land, das gut aus diesem Konflikt hervorgehen würde, so Lloyd George in seinem unerschütterlichen Glauben an Stalin, wäre Russland – der einzige Ort auf der Welt, dessen Situation sich weiterhin verbessere.

Am Morgen des 23. Februar 1933 flaut der Sturm ab, das Flugzeug kann in Stolp starten, der deutschen Stadt unweit der polnischen Grenze, und landet sicher in Berlin-Tempelhof. Wenige Stunden später hat Jones den nächsten Flug, diesmal nach Frankfurt. Kurz darauf stoßen Ernst Hanfstaengl, Joseph Goebbels und andere Nazis zu ihm.

In eben jenen Tagen geht in Erfüllung, was Gareth eineinhalb Jahre früher in einer Analyse für die *Contemporary Review* vorhergesehen hat. »Die uralte Angst vor einem deutsch-russischen Bündnis bewirkt, dass die Polen sich immer stärker an den Korridor binden«[227], schrieb er. Einer der Politiker in Warschau hatte ihm gesagt, dass die Deutschen, wenn sie die Gebiete aus der Vorkriegszeit zurückbekämen, sich über litauischen Boden mit Russland vereinigten und Polen zu einer »Nuss im Nussknacker wird, fast auf allen Seiten von feindlichen Nachbarn umgeben«[228].

227 Jones, *Poland's Foreign Relations*.

228 Ebd.

Kapitel 11

Berauscht vom Nationalismus

Gegen 20.00 Uhr fährt vor der größten Halle in Deutschland, die seit acht Stunden gefüllt ist mit 25 000 Menschen, umjubelt von Menschenmassen mit ausgestrecktem rechtem Arm, das Auto mit dem ersten Redner des Landes vor. Dahinter kommen zwei Cabriolets mit Leibwächtern: ein schwarzes und ein silbernes. Im vierten Auto sitzen Gareth Jones und Sefton Delmer vom *The Daily Express*, die ersten ausländischen Journalisten, die Reichskanzler Adolf Hitler an Bord seines Flugzeuges mitgenommen hat. Sie werden begleitet von Ernst Hanfstaengl, dem Auslands-Pressechef.

Sie steigen aus den Autos, als Erster geht Hitler, direkt hinter ihm Jones, neben ihm das restliche Gefolge. Der Applaus von Tausenden Zuschauern, die Nazimelodie der Militärkapelle und das Rumsen der SA-Stiefel ballen sich in Gareths Ohren zu einem Getöse zusammen, wie er es noch nie zuvor gehört hat. Der Führer betritt die Halle und nimmt seinen Platz auf der Tribüne ein. Auf einem sehr undeutlichen Foto, das Gareth aus Deutschland mitbringt, sieht man sein Profil, daneben steht Jones. »Noch nie habe ich eine solche Masse von Menschen gesehen«, berichtet Gareth später in einem Artikel, »eine solche Ansammlung von Flaggen, bis hinauf an die hohe Decke.«[229] Das, was er sieht, nennt er einen primitiven Massenkult. Gerade marschieren Soldaten in Stahlhelmen mit Reichs- und Regimentsflaggen herein, die die Wiedergeburt des deutschen

229 Ders., *A Welshman Looks at Europe (XII). Primitive Worship of Hitler. Emotion of National Eisteddfod at Political Meeting*, »The Western Mail«, 2. März 1933.

Militarismus symbolisieren sollen. Hitler streckt seine Arme der Menge entgegen, und 25 000 Zuschauer springen auf, reißen ihren rechten Arm nach oben, durch die Halle geht der dröhnende Ruf »Heil Hitler!«. Das Publikum ist erfüllt von Begeisterung, die sich in Hysterie verwandelt – kreischende blonde Mädchen, flatternde Fahnen, ein Wald rechter Arme, berauscht vom Nationalismus. Der Albtraum dauert fünf bis zehn Minuten, notiert Jones. Er steht neben dem Führer, zwischen zweien seiner Leibwächter.

Hitler winkt währenddessen, mit schlaffer Hand, wie Gareth bemerkt, und macht angesichts der vereinten, geradezu verrückten Menschenmenge keinen besonderen Eindruck. Er tut einen Schritt nach vorne, die Adjutanten sind ihm behilflich, den braunen Mantel abzustreifen, in der Halle kehrt Ruhe ein und die Verklärung beginnt.

Die Ansprache beginnt er zunächst ruhig, improvisierend, dann spricht er lauter, lauter, schneller und schneller, mit immer größerer Leidenschaft, und die Menge springt Mal um Mal auf und applaudiert. Das Verknöcherte und Bebende in der Stimme weicht einer Erregung. Anfangs ist er klein, gebeugt, mit angewinkelten Armen, als er die Zuschauer mit seinen Worten mitzureißen beginnt, reckt er ihnen die Hände entgegen, sofort erscheint er größer und größer, und größer …

Gareth legt sein Notizbuch nicht weg, er notiert auf der Stelle: »Seine Argumente sind klüger, als ich dachte.«[230]

Hitler greift diejenigen an, die das Land in den letzten 15 Jahren regiert haben, womit er das Publikum in Erregung versetzt. Er beschuldig sie der Korruption, worauf die Menge mit noch größerem Enthusiasmus reagiert. Die Sozialisten verdächtigt er, die deutsche Kultur schlechtzumachen. Er appelliert, den Klassenkampf zu beenden und den Sozialismus mit dem Nationalismus zu vereinen.

Gareth macht sich pausenlos Notizen: »Absolut keine Kenntnis vom Zustand der Welt. Gibt die Schuld für alles dem alten System.«[231]

Doch die Menge gehört schon Hitler. Als der Führer sagt, die Zukunft sei das gerade entstehende junge Deutschland, springen die

230 *Gareth's Diary Germany 1933. Gareth's Coverage of the Frankfurt Nazi Rally*, transkribiert v. Nigel Linsan Colley und Ray Gamache, https://www.garethjones.org/_2diary2b/p4.htm (Zugriff: 25. Januar 2019).

231 Ebd.

25 000 Zuschauer von ihren Sitzen auf, strecken wieder die rechten Arme aus und die Halle ist wieder erfüllt von dem Ruf »Heil Hitler!«.

Gareth erinnert das an Eisteddfod, ein walisisches Festival für Literatur, Musik und Gesang. Die dortige Energie müsste man jedoch vervielfachen, um an das heranzukommen, was hier in Frankfurt vor sich geht. Jones beginnt aus Spaß, seinen Chef mit Hitler zu vergleichen. Lloyd Georges Worte könnten diese Wirkung nur erzielen, wenn man eine Mischung von Demütigung, Verbitterung über die Niederlage, die Deutschland am Ende des Kriegs erlitten hat, Armut der Mittelschicht, einer galoppierenden Inflation und Ungerechtigkeit des Versailler Vertrags hinzufügen und alles mit wildem politischem Hass würzen würde.

Hitlers Worte klingen, darauf macht Gareth aufmerksam, wie Blechblasinstrumente, gewaltig wie in Wagners Musik, und der Meister wiederholt das Leitmotiv viele Male: »Wir werden unsere Pflicht erfüllen.« Er versichert: »Das republikanische Regime hat euch verraten. Der Tag der Vergeltung ist gekommen!«[232] Die Halle jubelt ihm zu.

Den Vergleich zwischen Hitler und Lloyd George, den er stichpunktartig in seinem Tagebuch notiert, entwickelt Jones später in einem Artikel, den die *Western Mail* druckt: »Stellt euch eine Rede von Lloyd George vor. Zieht den Witz und das intellektuelle Spiel, das Talent zu Ausschmückungen, die literarischen und biblischen Anspielungen ab. Fügt eine kräftigere Stimme hinzu, weniger differenziert im Ton, einen ununterbrochenen Strom von Emotionen, mehr Demagogie – und Hitler ist fertig.«[233] Er fügt hinzu, dass Hitler eindimensionaler ist als Lloyd George. Seine einzige Geste sind Bewegungen mit der zitternden rechten Hand. Es fehlt ihm das Lächeln und der strenge Blick des walisischen Staatsmannes, der plötzliche Überschwang und Rückgang in der Intensität der Stimme. Lloyd George ist Künstler und weiß, dass es im Leben mehr gibt als Emotion und Tragödie. Wie Shakespeare in *Macbeth* flicht er Humor in eine ernste Rede ein. »Hitler ist reine Tragödie oder gesteigertes Melodrama und erinnert an einen der Räuber von Schiller«[234]; Humor erlaubt er sich nur in Form bitterer Ironie. Die Sprache von Lloyd George ist vielfältig, immer wieder ändert sie den Farbton.

232 Jones, *A Welshman Looks at Europe (XII). Primitive Worship of Hitler.*

233 Ebd.

234 Ebd.

Hitler spricht in einer Farbe: »... Feuerrot, was die Menschen verrückt macht.«[235] Lloyd George ist wie eine Sinfonie von Beethoven: Leichtere Passagen mischen sich mit tragischen. Hitler hingegen ist wie eine Wagner-Ouvertüre.

Nun resümiert er seine Rede.

»Ich bringe die Arbeit zu Ende, die ich als unbekannter Soldat vor vierzehn Jahren begonnen habe, die ich als Parteiführer und jetzt als Reichskanzler fortgesetzt habe. Wir werden unsere Pflicht erfüllen«, donnert er, und die Menge jubelt und singt *Deutschland, Deutschland über alles.*

Schweißüberströmt verlässt Hitler die Halle. Gareth und Hanfstaengl laufen hinterher, direkt in die Autos. Sie fahren in einem SA-Spalier davon, die Männer tragen braune Hemden, halten brennende Fackeln in der linken Hand und haben die rechte zum Führergruß erhoben.

Ein paar Stunden zuvor im Hotel, als Ernst Hanfstaengl (der Jones schon den ganzen Tag begleitet) ein bei den Nazis populäres Klavierstück spielt, weint Hitlers Chauffeur vor Rührung. Über Hanfstaengl, einen fast zwei Meter großen amerikanisierten Deutschen, Harvard-Absolventen, Miteigentümer einer Firma, die Publikationen über Kunst herausgibt, und Angehörigen der Münchener Crème de la Crème, schreibt der Autor der Hitlerbiografie Ian Kershaw, er »war fasziniert von dem subalternen, kleinbürgerlichen Hitler in seinem schäbigen blauen Anzug, äußerlich irgendwie zwischen Unteroffizier und Handlungsgehilfen, mit gezierter Unbeholfenheit und zugleich so viel Redegewalt, wenn er vor einem Massenpublikum sprach«.[236] Hanfstaengls Verehrung für Hitler mischte sich mit Verachtung. Er verachtete die unkundigen Ansichten über Kunst, den ungeschickten Gebrauch von Besteck oder das Nachsüßen eines guten Jahrgangs Wein. Er meinte jedoch, Hitler hätte »ihn sogar pfeffern können, denn jeder naive Akt steigerte meinen Glauben an seine hausbackene Ehrlichkeit«.[237] Neben Hanfstaengls Frau Helene und den Cremetörtchen, mit denen ihn das Paar bei allen Besuchen bewirtet, bewundert Hitler auch, wie Ernst auf dem Klavier Wagner spielt. »Die Melodie als Begleitung pfeifend ging Hitler auf und ab, ruderte wie ein Dirigent mit den Armen und entspannte

235 Ebd.

236 Kershaw, *Hitler. 1889–1936*, S. 238.

237 Ebd.

sich unterdessen sichtlich.« Hanfstaengl wurde schnell zu seinem »Gesellschaftssekretär«[238], und mit der Zeit zum Spezialisten für Kontakte mit den ausländischen Medien. Er war es, der den Führer dazu überredete, im Flugzeug auf dem Weg nach Frankfurt die zwei Ausländer mitzunehmen: den Journalisten Delmer und Jones, den Berater Lloyd Georges.

*

»Ohne die Selbsterkenntnis, er könne ›reden‹, hätte Hitler nie erwägen können, als Politiker seinen Lebensunterhalt zu verdienen. Aber ohne das außergewöhnliche politische Klima im Nachkriegsdeutschland und besonders die spezifischen Bedingungen in Bayern hätte Hitler auf keinen Fall ein Publikum gefunden; seine Begabung wäre bedeutungslos und unerkannt verpufft, die Hasstiraden hätten keinen Widerhall gefunden, und diejenigen, die an den Aufgängen zur Macht standen, von denen Hitler abhing, hätten ihm keinen Rückhalt geboten.«[239], ist Kershaw überzeugt. Hitlers Waffe ist die Klarheit seiner Äußerungen und das Wiederholen starker Parolen. Seine Reden baut er um die Motive Nationalisierung der Massen, Wiedergutmachung des »Verrats« von 1918, Vernichtung der Feinde Deutschlands, allen voran der Juden, Kommunisten und Liberalen, aber auch materieller und geistiger Wiederaufbau des Volkes, der Deutschland wieder zu einer Weltmacht machen soll.

Die Zuhörer sind begeistert von den einfachen Diagnosen und Rezepten für die deutschen Probleme und vom Glauben an das, was der Führer sagt. Einmal lehnt er es ab, auf einem Hochzeitsempfang eine Rede zu halten, und erklärt, dass er dafür die Menschenmassen brauche. Nur sie, so meint Kershaw, rufen in ihm diese orgastische Erregung hervor. Im Verlauf von drei Jahren seit seinem Beitritt zur Deutschen Arbeiterpartei 1919, die später in die NSDAP umbenannt wird, erlangt der »Biergartenagitator« aus München in nationalistischen Kreisen den Namen »deutscher Mussolini«, er wird sogar mit Napoleon verglichen. Im vierten Jahr seiner Tätigkeit, nach dem gewaltsamen Versuch, die Macht im Staat zu übernehmen, ist seine politische Karriere nur scheinbar beendet. Doch sein Biograf betont: »Ohne die veränderten Bedingungen, die Folgen eines verlorenen

238 Ebd., S. 239.

239 Ebd., S. 175.

Krieges, der Revolution und dem weitreichenden Gefühl, eine nationale Demütigung erlitten zu haben, wäre Hitler in der Tat der Niemand geblieben.«[240]

*

Im Jahr 1923 sagt Adolf Hitler, der Führer der sich gerade erst entwickelnden NSDAP: »Unsere Aufgabe ist es, dem Diktator, wenn er kommt, ein Volk zu geben, das reif für ihn ist.«[241] In demselben Jahr besucht Jones das erste Mal Deutschland. Er ist gerade ins Elsass gekommen, wo er sein Studium an der Straßburger Universität aufnimmt. Ihn begeistert die internationale Mischung der Studierenden, die er dort antrifft, er liebt die französische Sprache, aber empfindet nicht dasselbe für Frankreich. Mit immer größerem Interesse blickt er auf die andere Seite der Grenze. Der fallende Kurs des Franc erleichtert ihm das Reisen, und während der zwei in Straßburg verbrachten Jahre fährt Jones mehrfach nach Deutschland, er findet dort viele Freunde. Bei den Gesprächen hört er sich die Klagen der jungen Deutschen an, er versucht zu verstehen, eine wie große Demütigung die Akzeptanz des Versailler Vertrages für sie darstellte. Im ersten Jahr von Gareths Studium in Straßburg unternimmt Hitler mit Hilfe der SA seinen misslungenen Putsch, der von den einen als Münchner, von den anderen als Bierkeller-Putsch bezeichnet wird. Die Landesbehörden verbieten die NSDAP, doch der Partei ist es schon gelungen, an Macht zu gewinnen, besonders in Bayern, wo sie sich zur Hauptopposition gegen die Weimarer Demokratie entwickelt hat. Hitler kommt hinter Gitter, »wo er unter Bedingungen inhaftiert war, die eher einem Hotel als einem Gefängnis glichen«[242]. Sogar die Gefängniswärter grüßen ihn heimlich mit den Worten »Heil Hitler!«. Die Zeit in der Haft nutzt er und schreibt *Mein Kampf*. Das Gefängnis verlässt er gegen Ende des Jahres auf Bewährung und als unangefochtener Führer der Nationalisten.

Im Juni 1925, zwei Monate nachdem Hitler auf seine österreichische Staatsbürgerschaft verzichtete (die nächsten sieben Jahre lang wird er staatenlos sein), verlässt Jones das Elsass mit einem *Diplôme*

240 Ebd., S. 176.

241 Ebd., S. 215.

242 Ebd., S. 273.

supérieur d'études françaises, einem Französisch-Diplom. Er geht an das College in Aberystwyth zurück, und im September 1926, einige Tage vor dem Beitritt Deutschlands zum Völkerbund, fährt er mit einer Studentendelegation nach Genf und verfolgt diplomatische Verhandlungen. Dort trifft er unter anderem Albert Einstein, den britischen Außenminister Austen Chamberlain und Robert Cecil, der für seine Beteiligung an der Gründung des Völkerbundes den Friedensnobelpreis bekommen wird.

Auf seinem Rückweg aus Genf macht Gareth bei einem französischen Freund in Straßburg halt. Er schreibt seinen Eltern und bittet um Erlaubnis, länger im Ausland bleiben zu können. Er erklärt, dass Französisch in der Diplomatie doch viel nützlicher sei als Deutsch, außerdem sei es schöner. Und wenn er täglich mit seinem Bekannten Französisch spreche, bereite er sich besser auf die Aufnahmeprüfung in Cambridge vor.

Im Herbst legt er sie ab: Er studiert Französisch, Russisch und Deutsch. In seinen nächsten Ferien plant er eine Reise nach Deutschland. Er möchte Geld verdienen, indem er in Berlin Englisch unterrichtet, und bei einer russischen Familie wohnen, um bei der Gelegenheit neben Deutsch auch sein Russisch zu verbessern, das er immer noch etwas schlechter spricht.

Unterdessen baut Hitler mühselig die Partei auf. »Zwischen der Neugründung der NSDAP im Februar 1925 und den Anfängen der politischen und wirtschaftlichen Unruhen, die der Weltwirtschaftskrise vorausgingen, war die NS-Bewegung in der deutschen Politik nur ein Ärgernis am Rande«[243], schreibt Kershaw.

Gareth ändert jedoch seine Pläne und heuert – wie wir wissen – auf einem Frachter an, der aus seiner Heimatstadt Barry Kohle in das norwegische Stavanger transportiert. Seinen Eltern schreibt er von dort, Norwegen mache den Eindruck eines glücklichen Landes. »Niemand beklagt sich hier wie in Frankreich über die Deutschen, wie in Deutschland über die Besetzung des Rheinlands oder wie in Polen über die Juden.«[244]

Von dort fährt er mit dem Schiff nach Riga, um ein paar Wochen lang weiter Russisch zu üben. Auf dem Rückweg, als er in Berlin haltmacht, fühlt er sich »fast wie zu Hause im Kreise der Familie«[245],

243 Ebd., S. 333.

244 Colley, *More Than a Grain*, S. 25.

245 ebd., S. 32.

obwohl er seinen Eltern später aus Frankreich wieder schreibt, im Vergleich mit dem eleganten Französisch klinge das Deutsche tollpatschig.

Mitte des darauffolgenden Jahres meldet er sich für die Diplomatenprüfung an. Um eine Arbeit im Konsulat möchte er sich im Sommer bei seinem nächsten Besuch in Deutschland bemühen. Diesmal fährt er mit dem studentischen Madrigalchor. Die Sänger treten in Leipzig, Köln, Frankfurt, Karlsruhe und Heidelberg auf, die Tour dauert zwei Wochen. Auf jedem Konzert sagt Gareth die Gruppe auf Deutsch an.

Obwohl er gut ist in Fremdsprachen, macht ihm ein Komplex zu schaffen, der mit der englischen Sprache zu tun hat: Gareth ist überzeugt, dass er nie seinen walisischen Akzent loswerden wird. Im Jahr 1929, dem letzten Jahr des Studiums, wird er zum Vorsitzenden der walisischen Gemeinschaft an der Universität gewählt. Schließlich hat er sein Ziel erreicht: seinen Abschluss mit Auszeichnung in Deutsch und Russisch für die mittelalterliche und moderne Sprache. Die mündliche Prüfung besteht er ausgezeichnet. In Deutsch spricht er fast 20 Minuten lang ohne Pause.

Im August, eine Woche vor seinem 24. Geburtstag, schreibt er an seine Eltern:

> Ihr werdet begeistert sein zu hören, dass ich niemals jahrelang in Südamerika oder Liberia sein und dass ich wahrscheinlich einen Großteil meines Lebens in Großbritannien oder anderswo in Europa verbringen werde, nur wenige Flugstunden von London entfernt. Zugleich werdet ihr enttäuscht sein, wenn ihr hört, dass all die Vorbereitungen auf die Prüfung, die Reise nach Straßburg, alles Geld umsonst waren, weil ich heute früh die Benachrichtigung erhalten habe, dass es im konsularischen Dienst keine Stelle gibt.[246]

Etwas später fügt er jedoch mit seinem angeborenen Optimismus hinzu, dass er darüber glücklich sei, zumindest würde er nicht sein ganzes Leben in Chile, Timbuktu oder dem Kongo verbringen müssen, außerdem sei der diplomatische Dienst gar nicht so angesehen. Am Schluss ergänzt er, offensichtlich aufgeregt, einer seiner Freunde habe gerade ein Stipendium in Deutschland bekommen.

Für alle Fälle lässt sich Jones von seinem Deutschlehrer hervorragende Kenntnisse in Sprache und Landeskunde bestätigen. In Kürze

246 Ebd., S. 44.

werden die Ereignisse eine für ihn unerwartete Wendung nehmen, weil genau zu jener Zeit der ehemalige Premierminister Lloyd George an seinen Analysen zu Deutschland Gefallen findet.

Seit 1923 hält sich Gareth jedes Jahr in Deutschland auf. Obwohl er gegen Ende der 1920er-Jahre Zeuge einer vorübergehenden Sanierung des Staatshaushalts wird, kennt er die Enttäuschung der Bürger und bemüht sich, die Gründe dafür zu verstehen: Versailler Vertrag, Gebietsverluste im Osten und Westen sowie der Kolonien in Übersee – all das führt zu einer großen Verbitterung und dann, als in der Weltwirtschaftskrise sechs Millionen Menschen ihre Arbeit verlieren, zum Zerfall der deutschen Demokratie.

Die Wirtschaftskrise von 1929 hat zur Folge, dass sich die Deutschen den extremen Parteien zuwenden – den Kommunisten und den Nationalsozialisten. Die NSDAP verzeichnet gewaltige Zuwächse dank des Gebrauchs einer Sprache des bitteren Protests und Widerstands gegen das »System«, gegen Bummelanten, Faulpelze, Schmarotzer und Nicht-Deutsche, deren Hauptvertreter die Juden sind. Zu jener Zeit erkennt Hitler, »dass der Hass ein mächtiges Gefühl ist«[247]. Zugleich wirbt der Führer der NSDAP für einen bestimmten Idealismus, eine »Volksgemeinschaft«, verkündet Gleichheit unabhängig von der sozialen Herkunft, ohne Initiative und Kreativität des Einzelnen zu zerstören, die vom marxistischen Egalitarismus bedroht sind. Um diese Ideen in die Tat umzusetzen, muss die verhasste und Konflikte verursachende Demokratie vernichtet werden. Kershaw schreibt: »In der grobschlächtigen und machtvollen Bildersprache, die so viele potentielle NSDAP-Anhänger anzog, waren Nationalismus und Sozialismus keine Gegensätze, sondern Teil desselben utopischen Traums von einer wiedergeborenen, starken und geeinten Nation.«[248]

Jones mag seine Arbeit bei Lloyd George von Anfang an, trotz der schwierigen Aufgaben, mit denen ihn der Chef betraut. Einmal muss blitzschnell eine biografische Notiz über Reinhard Scheer, den Vizeadmiral der deutschen Marine, angefertigt werden, ein anderes Mal müssen Informationen über General Max Hoffmann gesammelt werden, dann muss er wieder einen Bericht über die politische Situation in Österreich erstellen. Als Gareth Informationen über

---

247 Kershaw, *Hitler. 1889–1936*, S. 402.

248 Ebd., S. 403.

die sowjetische Luftfahrt sucht, bittet er deutsche Meteorologen um Hilfe. Auf die Deutschen kann er immer zählen.

Ende August 1930, als er von seiner ersten Reise nach Russland zurückkehrt, macht Jones wieder halt in Berlin und schickt von dort jenen ersten ehrlichen Brief (nach einer Reihe von solchen mit gespielter Begeisterung), in dem er berichtet, was er gesehen hat, und der mit den Worten beginnt: »Hurra! Wie wunderbar, wieder in Deutschland zu sein, absolut wunderbar.«[249] Dieses Land erscheint ihm damals als Land der Freiheit, noch nicht geplagt von der Zensur, offen für die Welt und konstruktive Gedanken. »Deutschland ist ein feiner Ort«[250], schreibt er seinen Eltern. In London hört er wiederum die Tiraden seines Chefs, der bei all seiner Sympathie für Stalin nüchtern bemerkt, dass die Deutschen und nicht Polen das einzige reale Hindernis für den Bolschewismus sind.

Am letzten Tag des Jahres berichtet Jones in der *Western Mail*, dass die Zahl der Arbeitslosen in Deutschland vor Beginn des Winters vier Millionen übersteigt; Studenten, Lehrer und Juristen leben dort ohne Gehälter und Beihilfen, und »die jungen Männer möchten in die Kolonien auswandern, aber Deutschland hat keine mehr. Es verwundert also nicht, dass den Kommunisten zugejubelt wird, die an die Arbeiterklasse appellieren, sich gegen das System aufzulehnen, das sie tatenlos im winterlichen Schnee zurückgelassen hat.«[251]

»Der Protest der Menschen am rechten und linken Rand des politischen Spektrums, die die Demokratie für gescheitert hielten und die Beseitigung ›des Systems‹ forderten, nahmen schärfere Formen an«[252], schreibt Kershaw. Die Reihen der Kommunistischen Partei Deutschlands haben sich bis 1932 mehr als verdoppelt. Um dem noch schnelleren Wachstum der NSDAP etwas entgegenzusetzen, gründen die Kommunisten den Kampfbund gegen den Faschismus. Schon Mitte 1930 erhalten sie bei der Reichstagswahl dreizehn Prozent der Stimmen. Noch mehr bekommen jedoch die Nazis – mehr als 18 Prozent. Die *Frankfurter Zeitung* nennt diese Resultate »Erbitterungs-Wahlen«[253]. Die seit Langem regierende Sozialdemokratische

249 Colley, *More Than a Grain*, S. 85.

250 Ebd., S. 86.

251 Jones, *The Victim of 1930*.

252 Kershaw, *Hitler. 1889–1936*, S. 405.

253 Ebd., S. 424.

Partei Deutschlands ist immer noch am stärksten, aber sie verliert drastisch an Unterstützung.

Als Jones an Silvester die bekannteste und eleganteste Berliner Straße entlangschlendert, vernimmt er plötzlich Tumult. Ein blasser Typ in einem weißen Hemd steht auf der Straße und schreit hysterisch: »Wir wurden verraten! Die Kapitalisten und die Versailles-Mächte haben uns verraten!«[254] Er stößt Verwünschungen aus, den Leuten fehle das Brot, und im nächsten Jahr werde es noch schlimmer. Er prophezeit, dass das schlimmste Jahr seit dem Ende des Krieges bevorstehe. Als die Polizei den Mann mitnimmt, hört Gareth immer noch: »Das wird das Jahr des Hungers, das Jahr des Hungers …«

Unter diesen Umständen trifft sich Jones Ende 1930, Anfang 1931 mit den wichtigsten Personen im Staat. Seinen Besuch verbucht er als Erfolg: Es gelingt ihm, mit Otto Meissner, dem Büroleiter des parteilosen Reichspräsidenten Paul von Hindenburg, zu sprechen, den er einen Tag zuvor bei der feierlichen Begrüßung des Staatsoberhaupts getroffen hat. Am Fenster im ersten Stock des Präsidentenpalastes stehend, erkennt er die Mehrzahl der wichtigsten Minister – nicht nur Curtius, mit dem er gerade ein Interview geführt hat.

Er unterhält sich auch mit gewöhnlichen Bürgern. Der junge Arbeitslose Karl Oehne sagt ihm, dass alle zu den Nazis oder Kommunisten überlaufen. »Es muss zu einer Diktatur kommen, einer linken oder rechten, wahrscheinlich einer rechten«, erklärt der Deutsche und erzählt, wie die deutschen Städte pleitegehen, die Leute bekommen keinen Lohn, sogar manche Offizielle haben nur ein halbes Gehalt, und viele Deutsche begehen Selbstmord. »Krieg wird kommen«[255], erklärt er. Er denkt, dass ihn die Nazis gewinnen.

Im Sommer 1931 in Hamburg, auf der Reise nach Russland, hört Jones in Begleitung von Jack Heinz die Klagen der Deutschen über die Kommunisten. Kurz zuvor hat es in der Stadt eine Schießerei gegeben, in Berlin wurden bei Unruhen 37 Menschen verletzt. Auf den ersten Seiten der Zeitungen war von einer Belohnung in Höhe von 20 000 Mark bei Ergreifung der »Roten« die Rede, die drei Berliner Polizisten ermordet haben. Immer öfter spricht man in Deutschland von Anarchie und Revolution.

---

254 Gareth Jones, *The World in 1931. A Retrospect of the Banking Crisis*, »The Western Mail«, 21. Dezember 1931.

255 Colley, *More Than a Grain*, S. 98.

Die Rückkehr aus Russland über Berlin löst ähnliche Gefühle aus wie 1930: Der Gareth begleitende Jack Heinz notiert, dass sie nach Überschreiten der Grenze ein »gewaltiger Schauder der Freiheit« ergreift. Und doch wird die Freiheit in diesem Land immer weniger geachtet. Der Deutsche, der in der Silvesternacht bebend vor Empörung die kommende Hungersnot ankündigte, hatte recht. Davon, dass 1931 auf der ganzen Welt schon Millionen hungern, schreibt Jones in einem Artikel, den die *Western Mail* gegen Ende Dezember, wie im vorhergehenden Jahr, als Analyse der aktuellen internationalen Situation publiziert. Er behauptet, dass »sich die Führer der Welt erst in der Mitte des Jahres dessen bewusst wurden, dass eine neue Krise gekommen war, viel gefährlicher als jene, die die Welt 1929 und 1930 heimgesucht hatte«[256].

Während für die Franzosen, wie Gareth zeigt, der Versailler Vertrag heilig ist und sie es für ein Sakrileg halten, über eine Vereinigung Österreichs und Deutschlands zu reden, fordern die Deutschen immer lauter und mutiger eine Revision des Vertrags. »Gebt den Polnischen Korridor den Deutschen zurück!«, schreien die Anhänger Hitlers.[257] Jones skizziert wie ein erfahrener Ökonom die Ursachen und Folgen der Wirtschaftskrise, die die Finanzsysteme sowohl großer Mächte als auch kleiner Länder wie Österreichs hinwegfegt. Er überlegt, ob die Welt Deutschland retten wird und damit sich selbst, oder ob eher der Zusammenbruch Deutschlands die Vernichtung der Weltwirtschaft nach sich ziehen wird. »Japan hat die Probleme in Europa ausgenutzt, um seine Armee in die Mandschurei zu schicken. Hitlers Kräfte, die Faschisten, haben sich ihre Position in Deutschland gesichert«[258], schreibt er. Und er bemerkt: »Von diesem Moment an wurde das Grollen der Katastrophe immer unheilvoller.«

*

Hitler gelingt es nicht, einen Pakt mit dem schon 85-jährigen von Hindenburg zu schließen, er entscheidet sich also, in den Präsidentenwahlen gegen ihn anzutreten. »Alter Mann (…) du musst

256 Jones, *The World in 1931.*

257 Ebd.

258 Ebd.

zur Seite treten«[259], appelliert er in Berlin vor einer 25 000-köpfigen Menschenmenge. Es ist ihm jedoch immer noch nicht gelungen, die deutsche Staatsangehörigkeit zu erlangen. Sein Wunsch geht erst dadurch in Erfüllung, dass er zum Regierungsrat im Landeskultur- und Vermessungsamt wird. Sein Biograf Kershaw erklärt: »Am 26. Februar 1932 schwor er seinen Beamteneid auf den deutschen Staat, den zu zerstören er entschlossen war.«[260]

Hitler verliert gegen Hindenburg, aber er bekommt ganze 13 Millionen Stimmen. Noch besser sieht es im April in einer Reihe von Landtagswahlen aus, bei denen die NSDAP im großen Land Preußen, das zwei Drittel des Reichsgebietes umfasst, zum ersten Mal die Mehrheit erringt.

Gareth Jones hat schon im November 1931 keine Zweifel mehr: »Es ist sicher, dass Hitler in Deutschland an die Macht kommt, und wahrscheinlich, dass es einen Bürgerkrieg geben wird«[261], sagt er in einer Rede vor den wichtigsten New Yorker Bankern.

Wenige Monate später sind brutale Straßenkämpfe zwischen den Kommunisten und der SA schon an der Tagesordnung.[262] Im Juli gibt es zum Beispiel 86 Tote, hauptsächlich Nationalsozialisten und Kommunisten, und Hunderte Verwundete. Die Gewalt schreckt die bürgerlichen Anhänger der Nazis nicht ab – die größere Bedrohung sehen sie immer noch in der Linken, und Hitler soll sie in ihren Augen vor dem Bolschewismus verteidigen.

In einem gegen Ende 1931 im *New York American* publizierten Text zeigt Jones, dass »das Leiden Deutschlands kein Bluff ist«[263], dass die fürchterlichen Schulden des Landes auf die gigantischen Kriegsreparationen zurückzuführen sind und dass die steigenden Steuern den Lebensstandard der Bevölkerung drastisch senken. Er macht darauf aufmerksam, dass unter solchen Bedingungen keine Regierung bestehen kann und die Deutschen die Schulden niemals zurückzahlen werden, wenn die Welt ihnen nicht hilft. Ähnlicher Meinung ist David Lloyd George. Einmal erklärt er in einem privaten Gespräch mit Gareth sogar, Hitler solle die Franzosen endlich

---

259 Kershaw, *Hitler. 1889–1936*, S. 455.

260 Ebd.

261 Colley, *More Than a Grain*, S. 151.

262 Kershaw, *Hitler. 1889–1936*, S. 322.

263 Gareth Jones, *Fascist Dictatorship for Germany Now Possibility, Development Seems Inevitable in Spring*, »New York American«, 29. November 1931.

zum Teufel schicken und sagen »es reicht« mit den Reparationszahlungen.[264]

»Was auch immer passieren wird, es besteht die Gefahr, dass es schon zu spät ist«[265], kommentiert Jones im *New York American.*

Er hat recht.

Am letzten Tag im Juli 1932 erringt die NSDAP die Mehrheit bei den Wahlen. Hätte Gareth in jenem Monat Hitlers Einladung an Bord seines Flugzeuges annehmen können, wäre er Zeuge des siegreichen Einzugs der Nazis in den Reichstag geworden.

Doch Präsident Hindenburg möchte von Hitler an der Spitze der Regierung immer noch nichts wissen. Er macht sogar die gehässige Bemerkung, das sei, als würde man aus einem »böhmischen Gefreiten« den Reichskanzler machen.[266]

Nach der unerwarteten Auflösung des Parlaments und der verfrühten Wahl im November, schon der fünften im Jahr 1932 – sowohl die deutschen Wähler als auch die Parteikassen waren davon erschöpft –, verliert die NSDAP zwei Millionen Stimmen. Die deutsche Mittelschicht beginnt, sich von Hitler abzuwenden, seine Position wird schwächer. Es könnte sogar scheinen, als sei der mehrjährige Aufstieg der Nazis an die Macht nur eine zufällige und kurze Episode. An die Stelle des seit Juni regierenden Kanzlers Franz von Papen tritt Kurt von Schleicher. Den Posten des Vizekanzlers und das Amt des Ministerpräsidenten von Preußen bietet der neue Kanzler bei einem geheimen Treffen Gregor Strasser an, nach dem Vorsitzenden hat er sich um die Entwicklung der NSDAP am meisten verdient gemacht, immer öfter wird er von den Deutschen als verantwortungsvollerer Politiker angesehen als Hitler. Das ist der Moment, an dem Hitlers Weg an die Macht noch gebremst werden kann. Das Geheimnis verrät Sefton Delmer, derselbe britische Journalist, der bald mit Hitler und Jones im Flugzeug nach Frankfurt fliegen wird. Hitler reagiert entschlossen, und Strasser verzichtet am 8. Dezember auf alle Funktionen in der Partei und zieht sich aus dem politischen Leben zurück. Er konzentriert sich auf seine verlegerische Tätigkeit. 1934 stirbt er in der »Nacht der langen Messer«.

---

264 Colley, *More Than a Grain*, S. 181.

265 Jones, *Fascist Dictatorship for Germany.*

266 Kershaw, *Hitler. 1889–1936*, S. 465.

Die NSDAP steht am Rande des Zerfalls, aber, wie Kershaw schreibt, erlaubte es Hitlers Autorität, »solche Revolten mit Leichtigkeit abzuwehren«[267], und appellierte wie gewöhnlich, geschlossen zu bleiben. Noch an demselben Donnerstagabend trifft er sich mit Goebbels, Ernst Röhm und Heinrich Himmler. Die ganze Nacht lang beraten sie, wie sie die Krise in der Partei beheben.

Anderntags, am 9. Dezember, ist Gareth Jones am späten Abend wieder in Deutschland. Immer öfter ergreift er als Experte in Sachen dieses Landes das Wort, seine Texte werden von Zeitungen auf beiden Seiten des Atlantiks gedruckt, doch in diesem Jahr hat er das Vaterland Goethes und Beethovens noch nicht besucht. Am 4. Dezember schrieb er an die Eltern:

> Seit 1923 war ich jedes Jahr in Deutschland, und ich will es mit dem 10-Jahres-Rekord nicht bewenden lassen. Das gehört sich nicht für einen sogenannten Experten. Ich sollte mich dort mit so vielen Personen wie möglich treffen, einen Bericht für Ivy Lee schreiben. Das wird meine Kosten decken.[268]

Diesmal besucht Jones nicht die Hauptstadt, »Berlin ist Hunderte und Hunderte Meilen weiter weg als Köln«[269]. Schon am 12. Dezember berichtet er ganz euphorisch, dass sein Wochenendaufenthalt ein großer Erfolg war. Am selben Tag schreibt er sein geheimes Memorandum für Lee zu Ende. »Ich würde mich geehrt fühlen, wenn Sie das Ihren Bekannten zeigen würden, leider baten einige meiner Gesprächspartner darum, nicht öffentlich zitiert zu werden«[270], hebt er hervor. Er gesteht, dass die Reise zu kurz war, um die aktuelle Situation in Deutschland erschöpfend darzustellen und Schlussfolgerungen für die Zukunft daraus zu ziehen, das Memorandum ist lediglich die Zusammenfassung von einem guten Dutzend Gesprächen. Diese führte er jedoch mit wichtigen Politikern, Professoren, Ökonomen, Industriellen, darunter einem Nazi.

In dem geheimen Memorandum teilt Jones mit, der Hauptprogrammpunkt des neuen Kanzlers sei es, den Menschen Arbeit zu garantieren. Nichts anderes mehr interessiert die gewöhnlichen

---

267 Ebd., S. 493.

268 Colley, *More Than a Grain*, S. 196.

269 Ebd.

270 https://www.garethjones.org/german_articles/impressions1932.htm (Zugriff: 25. Januar 2019).

Deutschen, bestimmt keine Verfassungsänderungen, die schließlich keine Mägen füllen würden. Schleicher müsse dabei, so erklärt Gareth seinem ehemaligen Arbeitgeber, auf einem schmalen Grat balancieren, er greife nicht so wie sein Vorgänger die Gewerkschaften an, weil ihm bewusst sei, dass eine übermäßige Abweichung nach rechts Millionen Anhänger der Sozialdemokraten in Richtung des Kommunismus drängen würde. Wilhelm Sollmann, der ehemalige deutsche Innenminister, verrät Jones, dass man im Januar ein Misstrauensvotum erwarten könne. Die Kommunisten werden mit Sicherheit gegen die Regierung sein. Vielleicht schließen sich ihnen auch die Nazis an. Hitler befindet sich in einer kritischen Situation und weiß nicht, was er tun soll: Einerseits drängt es ihn an die Macht, andererseits würde eine Koalition mit der aktuellen Regierung schließlich seine Wähler enttäuschen. Für eine Alleinherrschaft fehlt ihm die Unterstützung, ebenso das Geld für die nächsten Wahlkämpfe. Obwohl auf den Berliner Straßen eineinhalbtausend Anhänger Spenden für die Tätigkeit der Partei sammeln, bringt das täglich höchstens hundert Mark ein. »Für Hitler ist das eine schreckliche Situation, ein Pakt mit Schleicher ist weiterhin realistisch«[271], sagt Sollmann zu Gareth. Der ehemalige Minister hofft, dass weder die Kommunisten noch die Nazis jemals die parlamentarische Mehrheit erlangen.

Weiterhin analysiert Jones in dem Memorandum die Chancen der Kommunisten, Nazis, einer eventuellen Rückkehr der Monarchie und das Szenario nach dem Tod von Reichspräsident Hindenburg. Er verfolgt die Situation der Arbeitslosen, das Thema der Beihilfen, öffentliche Arbeitsprogramme und allerlei wirtschaftliche Indikatoren. Er berichtet von einem Besuch bei einer Essensausgabe, wo manche, die noch vor Kurzem der Mittelschicht angehörten, eine Suppe bekommen. »Kultivierte ältere Personen, die noch klare Gedanken und ihre Würde bewahrt haben, junge Künstler, Lehrer, Professoren, Menschen mit Gesichtern von Intellektuellen kamen zu dieser kostenlosen Speisung. Manche von ihnen waren einst sehr reich, jetzt haben sie kein Geld mehr, aber in ihrem ehrwürdigen Aussehen sieht man noch den deutschen Stolz.«[272]

Obwohl Jones von einer Enttäuschung über Hitler berichtet, abnehmenden Umfragewerten für die Nazis und einem möglichen

271 Ebd.

272 Ebd.

Zuwachs der Unterstützung für die Kommunisten, so bringen die folgenden Wochen doch unerwartete Ereignisse. Strassers plötzlicher Rückzug aus dem politischen Leben macht die Pläne von Kanzler Schleicher zunichte und stärkt paradoxerweise Hitlers Hoffnung, an die Macht zu kommen. Jede mögliche Krise – egal, ob politisch oder wirtschaftlich – kommt ihm zugute.

Im Januar 1933 sind schon sechs Millionen Deutsche arbeitslos. Fast die Hälfte der arbeitsfähigen Bürger arbeitet nicht oder nur eingeschränkt. Die Angestellten sind auch enttäuscht von den bisherigen Regierungen. Jones bemerkt, dass es trotz Hitlers Versprechen, den Bolschewismus in Deutschland zu besiegen und die Anhänger von Marx zu vernichten, »Armut und Hunger waren, nicht die Agitation, die bewirkten, dass 6 000 000 für die kommunistische Partei stimmten. Wenn es Hitler nicht fertigbringt, Armut und Hunger zu beseitigen, werden noch viel mehr Millionen für die kommunistische Partei stimmen, und dann wird das vor Angst gelähmte Deutschland am Rande eines Bürgerkrieges stehen.«[273]

Aber trotzdem hat die entschiedene Mehrheit der Deutschen Angst vor dem Kommunismus. Ian Kershaw schreibt: »Angesichts der bloßen Alternative zwischen Nationalsozialismus und Kommunismus, wie sie Hitler nach seiner Machtübernahme zunehmend darzustellen vermochte, zogen die meisten wohlhabenden und mittelständischen Deutschen und sogar ein Teil der Arbeiterklasse die Nationalsozialisten vor. Die Kommunisten waren Revolutionäre; sie würden das Privateigentum abschaffen, eine Klassendiktatur errichten und im Interesse Moskaus regieren. Die Nationalsozialisten waren vulgär und abstoßend, doch sie standen für die deutschen Interessen; sie würden die deutschen Werte aufrechterhalten, und sie würden das Privateigentum *nicht* abschaffen.«[274]

Die Schuld für alle Misserfolge wälzen die Nazis vor allem auf die jüdische Minderheit ab, die, obwohl sie gerade einmal ein Dreiviertelprozent der Einwohner ausmacht, ihrer Meinung nach in Wirtschaft und Kunst dominiert. 1932 können sich die Juden jedoch in Berlin und anderen deutschen Städten noch ganz sicher fühlen. Bisher haben, nach Ansicht des Hitler-Biografen, wenige »direkte Erfahrungen mit rassistischen Attacken gemacht, das war etwas, was mit Russland,

273 Gareth Jones, *A Welshman Looks at Europe (III). Hitler is There, but Will He Stay?*, »The Western Mail«, 9. Februar 1933.

274 Kershaw, *Hitler. 1889–1936*, S. 507–508.

Polen oder Rumänien, nicht aber mit Deutschland assoziiert wurde. [...] Noch konnte man sich in Deutschland ›zu Hause‹ fühlen.«[275]

*

Gegen Ende Januar 1933 fährt Jones mit dem schnellsten Dampfschiff der Welt, der s/s Bremen, nach Bremen. Bei einem Bummel durch das Zentrum sieht er sich in der Auslage eines Geschäftes das Foto von einer nationalsozialistischen Kundgebung in Danzig an. Unter der Fotografie der Menschenmenge, die Transparente mit dem Hakenkreuz hält, steht: »Danzig bleibt deutsch. Vor dreizehn Jahren wurde Danzig durch den brutalen Versailler Vertrag dem Vaterland weggenommen«.[276] Ein anderes Foto zeigt französische Soldaten, die deutsche Polizisten während der Besetzung des Ruhrgebiets herumzerren. Die Bildunterschrift lautet: »Angriff auf das Ruhrgebiet vor zehn Jahren. Erbärmlicher Schandfleck auf der französischen Ehre. Deutschland erwache«.[277]

Jugendliche, die sich die Fotos ansehen, kommentieren: »Das werden wir nicht länger tolerieren. Hitler gibt uns die Ehre zurück.«[278]

In dem Text »Die Deutschen wollen einen neuen Friedrich den Großen«, den die *Western Mail* am 8. Februar druckt, berichtet Jones: »Umzingelt von den Franzosen, Polen, Tschechoslowaken, mit einer auf 100 000 Mann reduzierten Armee, verlieren die Deutschen ihre Ehre und Selbstachtung. Sie empfinden keinen Groll gegenüber den Briten, aber ihre Gefühle gegenüber Frankreich, Polen und auch Amerika sind oft ungestüm.«[279]

Am 30. Januar, unerwartet, angesichts der sich zuspitzenden, nicht nur finanziellen, sondern auch einer Regierungs- und Parlamentskrise, nach einer Reihe von Verhandlungen hinter den Kulissen, geführt in der Hoffnung, »dass Hitler von verlässlichen und verantwortlichen Konservativen in Schach gehalten werde«[280], gibt Reichspräsident Hindenburg schließlich auf.

275 Ebd., S. 509–510.

276 Colley, *More Than a Grain*, S. 206.

277 Ebd.

278 Gareth Jones, *A Welshman Looks at Europe (II). Germany Wants a New Frederick The Great*, »The Western Mail«, 8. Februar 1933.

279 Ebd.

280 Kershaw, *Hitler. 1889–1936*, S. 519.

Gareth ist gerade in Leipzig, und der Gastgeber, bei dem er untergekommen ist, platzt ins Zimmer mit der Neuigkeit: »Hitler ist Kanzler!«

Hindenburg erklärt sich mit Hitler als Reichskanzler einverstanden unter der Bedingung, dass Papen sein Stellvertreter wird und die Regierung hauptsächlich aus Konservativen besteht.

»Wir rahmen also Hitler ein«, erklärte Alfred Hugenberg, der Vorsitzende der Deutschnationalen Volkspartei. Der rechte Politiker Theodor Duesterberg, vor Kurzem noch Präsidentschaftskandidat, zügelt seine Begeisterung und warnt ihn, »Hugenberg werde eines Nachts noch in Unterhosen durch den Garten des Ministeriums fliehen, um der Verhaftung zu entgehen«[281].

Noch entschiedenere Worte verwendet Erich Ludendorff. Der führende Befehlshaber zur Zeit des Ersten Weltkriegs wendet sich direkt an Reichspräsident Hindenburg: »Ich prophezeie Ihnen feierlich, dass dieser unselige Mann unser Reich in den Abgrund stürzen und unsere Nation in unfassbares Elend bringen wird. Kommende Geschlechter werden Sie wegen dieser Handlung in Ihrem Grab verfluchen.«[282]

Als er von diesem Tag berichtet, schreibt Gareth, dass sogar der in der Ecke sitzende deutsche Schäferhund bei dieser Nachricht vor Aufregung bellt.[283] Auf den Straßen ist es aber ruhig. Jones geht zum Bahnhof. Er möchte eine kommunistische Zeitung kaufen. Man sagt ihm, dass ihr Verkauf gerade verboten wurde.

*

Im Jahr 2016 erscheint auf dem Portal omgfacts.com ein Artikel über »einen unbekannten Journalisten, der so mutig war, Stalins Geheimnis zu verraten«[284]. In dem Text, der Jones in einem positiven Licht darstellt, gibt es auch ein kurzes Kapitel mit dem Titel *Friendly with Nazis* (Nazifreundlich). Die Autorin schreibt, Gareth habe freundschaftliche Beziehungen zu Nazis unterhalten, wodurch er Zugang zu hochrangigen Beamten erhalten habe, ja er sei sogar mit

281 Ebd., S. 521.

282 Ebd., S. 471.

283 Jones, *A Welshman Looks at Europe (III). Hitler is There, but Will He Stay?*

284 https://omgfacts.com/the-unknown-journalist-brave-enough-to-expo-se-stalins-secrets/ (Zugriff: 25. Januar 2019).

Hitler zu einem Wahlkampfauftritt in Frankfurt geflogen, was den Verdacht wecken konnte, er habe Sympathien für die Nazis gehabt.

Sicher ist Jones Verehrung für die Deutschen als Menschen (er hat viele Freunde dieser Nationalität) und für Deutschland als Land. Mindestens einer seiner alten deutschen Bekannten wurde Nationalsozialist. Nach Hitlers Auftritt in Frankfurt sang und spielte Gareth zweieinhalb Stunden lang Klavier mit dem Staatssekretär Otto Meissner, und nach seiner Rückkehr nach London gratulierte ihm der deutsche Botschafter zu dem Text über Hitler in der *Financial Times*, den er für vernünftig und ausgewogen hielt. Es scheint jedoch falsch zu sein, persönliche Sympathie mit einer Bewertung der Politik der kommenden NS-Regierung gleichzusetzen. Zwar lobt Gareth zu Beginn einige Ideen der Nazis, doch er ändert schnell die Meinung über sie.

In einem Text, der am 9. Februar 1933 in der *Western Mail* erscheint, schreibt er:

> Bei einem distanzierten Beobachter weckt Hitlers Persönlichkeit kein Vertrauen. Sein aggressiver Hass auf die Juden ist schwer mit irgendeinem ausgewogenen Urteil zu erklären. Es ist kaum zu glauben, dass ein Telegramm mit Gratulationen an Nationalsozialisten, die vor den Augen der Familie brutal einen Kommunisten ermordet haben, etwas mit Gerechtigkeit zu tun hat. [...] Das neurotische Verhalten Hitlers, der auf einer Versammlung der Nationalsozialisten im Dezember in Tränen ausbrach, erinnerte nicht an das Verhalten Bismarcks.[285]

Am 23. Februar notiert er während des Fluges mit Hitler den bekannten Satz: »Falls dieses Flugzeug abstürzt, hat das Auswirkungen auf die Geschichte ganz Europas.«

*

Nach der Kundgebung in Frankfurt, als Hitler nach München abfliegt, essen Jones und Sefton Delmer Abendbrot mit Goebbels, dem neuen Propagandaminister, jenem kleinen Menschen mit dem südländischen Gesicht, mit dem sie gerade erst aus Berlin mit dem Flugzeug gekommen sind. Das Restaurant befindet sich in einem Fünf-Sterne-Hotel. Die Gäste bestellen ihr Essen und Gareth notiert:

---

285 Jones, *A Welshman Looks at Europe (III). Hitler is There, but Will He Stay?*

»Ein bezaubernder Mann, dunkelbraune Augen. Südländischer Typ aus dem Rheinland; sehr schmaler Kopf; wie ein Bergmann aus Südwales; hohe Stirn. Wundervoller Humor; großer persönlicher Charme; klein; hinkt.«[286]

Einen guten Eindruck hat Goebbels schon beim ersten Treffen auf ihn gemacht, als sie gemeinsam auf dem Berliner Flughafen Tempelhof auf Hitler warteten. Der einzige Film, in dem eine Aufnahme von Gareth Jones erhalten ist, hält gerade diesen Moment fest: Der Waliser steht darin mit Hut neben dem um einen Kopf größeren Ernst Hanfstaengl, lächelt in die Kamera, der Pilot zeigt ihnen eine Karte. Währenddessen isst Goebbels, wie aus Jones Notizen hervorgeht, ein belegtes Brot mit Käse und scheint ein außergewöhnlich sympathischer und freundlicher, zudem immer wieder lachender, Typ zu sein.

Hitler hat, neben seinem gewöhnlichen Aussehen, etwas Jungenhaftes. Am Morgen vor dem Abflug nach Frankfurt, als er das neue braune Auto von Goebbels sieht, leuchten gleich seine Augen. Er möchte unbedingt auf dem verschneiten Flughafen herumfahren, wie ein Junge, der gerade ein Spielzeugauto zu Weihnachten geschenkt bekommen hat. In dem erhaltenen Film sieht man, wie Magda, Goebbels Frau, Hitler, der sich auf dem Beifahrersitz befindet, etwas durch das Fenster des Mercedes erklärt.

»Das ist ein sehr komfortables Auto, Herr Doktor«, macht Hitler Goebbels ein Kompliment.[287]

Während des Abendessens mit Gareth lobt Goebbels wiederum die deutsche Propaganda. Er ist der Meinung, dass es niemand auf der Welt mit Hitler aufnehmen könne, seit er an der Macht sei.

»Das werden Sie in der kommenden Woche sehen«, sagt er, während er den nächsten Bissen zu sich nimmt. »Wir werden Berlin mit Propaganda überfluten.«

»Der Völkerbund ist tot. Hitler hat ihn schon vernichtet«, behauptet er. Anschließend erzählt er von der Wiedergeburt des Militarismus in Deutschland.

Jones kann sich Goebbels mit Leichtigkeit vorstellen, wie er in Südwales Dispute führt. Er überlegt sich, ob man alles, was der Minister sagt, ernst nehmen kann: Ist das seine Art von Expressionismus, ein Effekt der Vorliebe für argumentative Wortgefechte oder vielleicht eher eine blinde Wiedergabe der NS-Ideologie? Es ist

286 https://www.garethjones.org/_2diary2b/goebbels.htm (Zugriff: 25. Januar 2019).

287 *Hitler, Stalin and Mr Jones*, Reg. George Carey, 2012.

nicht bekannt, ob Jones bewusst ist, dass tags zuvor die SA und die paramilitärischen Formationen SS und Stahlhelm zur »Hilfspolizei« erklärt wurden angesichts einer vermeintlichen »wachsenden Zahl kommunistischer ›Terrorakte‹«[288].

Goebbels fragt er nach bekannten Reden aus. Der Deutsche erklärt, dass weder er noch Hitler sich besonders darauf vorbereiten, höchstens zehn Minuten lang: Sie überlegen sich eine Struktur, notieren die wichtigsten Punkte, die Wörter strömen während des Auftritts von ganz allein in ihren Kopf. Gareth hingegen kommen sofort die Reden von Julius Caesar in den Sinn.

Der Minister verrät ihm auch, dass die neue Regierung sich nicht auf den Export zu konzentrieren beabsichtigt, auch wenn sie ihn mit Sicherheit nicht einstellen wird, schließlich muss sie von irgendetwas die Rohstoffe bezahlen. Die Expansion soll nach Osten gehen. Die Menschen aus den Städten müssen dazu bewegt werden, sich in der Provinz anzusiedeln. Der Zugang zur Ostsee ist notwendig. Um das zu erreichen, muss der Polnische Korridor zurückgewonnen werden.

»Wir hoffen, Polen macht sich endlich bewusst, dass es besser für das Land sein wird, ihn uns zurückzugeben«, sagt Goebbels. »Eine Zustimmung zu unserer Expansion nach Osten wäre auch im Interesse Großbritanniens«, fügt er hinzu.

Er bemerkt, dass Europa wie ein Pulverfass sei. Wenn die Probleme des Kontinents nicht gelöst würden, explodiere es. Er erklärt auch, dass der deutsche Kolonialismus ein Fehler gewesen sei, aber das sei schon Vergangenheit. Jetzt stehe das Deutsche Reich vor der Wahl: Land oder Meer, Armee oder Flotte, Ost oder West, Europa oder die Welt. Man könne nicht beides auf einmal haben, darauf habe der Fehler der vorhergehenden Regierungen beruht. Der Ausbau der Flotte sei ein Fehler gewesen, es sei besser, sich auf das Festland zu konzentrieren.

Er beruhigt Jones, dass eine Expansion nach Osten überhaupt keinen Konflikt mit Russland bedeuten müsse.

»Polen wird Schaden nehmen«, verrät er, was sich Gareth sogleich notiert.[289]

Nach dem Abendessen bleibt Delmer im Hotel, Goebbels und Jones fahren zum Bahnhof, von wo sich Gareth zum Schiff nach

---

288 Kershaw, *Hitler. 1889–1936*, S. 557.

289 https://www.garethjones.org/_2diary2b/goebbels.htm (Zugriff: 25. Januar 2019).

England begeben wird. Im Auto vertraut der Minister dem Waliser an, dass die Nazis die Macht nie mehr abgeben werden.

»Von jetzt an wird es nur noch NS-Minister geben«, versichert er entgegen dem, was die deutschen Konservativen erwarten.

Jones notiert in seinem Tagebuch, dass er sich hervorragend mit Goebbels unterhalten und sich mit ihm wohlgefühlt habe.

Goebbels seinerseits, der in seinen Notizen selten andere Menschen lobt, notiert diesmal: »Langes Palaver mit dem Sekretär von Lloyd George. Ist zu Studienzwecken in Deutschland. Ein kluges Köpflein. Erzählt schaurige Dinge von Sowjet-Rußland.«[290]

*

»Die Wahl soll am 5. März stattfinden, und niemand weiß, was geschehen kann. Vielleicht kommt es zu einer nationalen Diktatur«[291], schreibt Jones in einem Korrespondentenbericht. Er ist nicht mehr in Deutschland, als vier Tage nach seinem Treffen mit Hitler und Goebbels, am 27. Februar, der 24-jährige Holländer Marinus van der Lubbe den Reichstag anzündet. Er tut es in der Hoffnung, die Deutschen zum Protest anzuregen und den Nationalsozialismus aufzuhalten. Die Konsequenzen seines Tuns erweisen sich als das Gegenteil.

Am darauffolgenden Tag hebt eine Notverordnung zum Schutz von Volk und Staat unbefristet die bürgerlichen Freiheiten auf: die Rede-, die Vereinigungs- und Pressefreiheit, die Wahrung des Post- und des Fernmeldegeheimnisses. Ein anderer Paragraf schränkt die Autonomie der Länder ein.

Über Deutschland bricht eine bisher ungekannte Welle von Repressionen und Terror herein. Nazibanden fallen über politische Widersacher und Juden her. Mit besonderer Grausamkeit werden Kommunisten behandelt. Sie werden geschlagen, gefoltert und sogar ermordet. In der Hitler-Biografie Kershaws lesen wir: »Bis April belief sich allein in Preußen die Zahl der ›Schutzhäftlinge‹ auf rund 25 000. Die Gewalt- und Repressionsmaßnahmen stießen weitgehend auf Zustimmung. Die ›Notverordnung‹, die den Bürgern alle äußeren Freiheiten nahm und die Grundlage für die Diktatur bildete, wurde von ganzem Herzen begrüßt.«[292]

---

290 https://www.garethjones.org/goebbels2/goebbels.htm (Zugriff: 25. Januar 2019).

291 Jones, *A Welshman Looks at Europe (III). Hitler is There, but Will He Stay?*

292 Kershaw, *Hitler. 1889–1936*, S. 582–583.

Am 5. März erhalten die Nationalsozialisten mehr als 43 Prozent der Stimmen. Es werden nicht mehr nur protestantische Regionen für sie stimmen, sondern auch die Katholiken. Es ist nicht von Bedeutung, dass Hitler, ähnlich wie Stalin, die christliche Religion als Überrest, als heuchlerisches Relikt vergangener Zeiten ansieht, erfunden, um die Leute hinters Licht zu führen. Angeblich behauptet er, der Islam würde viel besser zum modernen Deutschland passen als das schwache und fügsame Christentum.[293] »Sie träumten von einem Gemeinwesen, in dem Leistung, nicht der Status anerkannt werde, wo die Großen und Mächtigen ihrer offenbar gottgegebenen Rechte verlustig gingen, die einfachen, bescheidenen Menschen herumzukommandieren.«[294]

Die Parteien der Linken – die kommunistische KPD und die sozialistische SPD – bekommen zwar ein Drittel der Stimmen, aber Hitler wird sie in Kürze verbieten. Viele ihrer Mitglieder erwartet die Verhaftung. Im März gibt das Ermächtigungsgesetz Hitler praktisch die unumschränkte Macht. »Damit war der Weg zur Diktatur geebnet«[295], schreibt Kershaw.

In den folgenden Tagen nach der Reichstags-Brandstiftung ist Gareth schon in London und bereitet sich eilig auf die nächste Reise vor. Am 3. März, zwei Tage vor der Wahl, kommt er auf der Durchreise durch Berlin, aber er ist schon von russischen Dingen in Anspruch genommen.

»Mit den ›Heil Hitler!‹-Rufen, die mir in den Ohren klingen, bereite ich mich auf die Ausreise aus Deutschland vor, einem Land, in dem gerade eine Diktatur begonnen hat, und auf die Einreise in das Land der Arbeiterdiktatur. Aus dem Land des Faschismus in das Vaterland des Bolschewismus. Schon in wenigen Tagen werde ich auf dem Weg von Berlin über den Polnischen Korridor, Ostpreußen, Litauen, Lettland sein bis auf das Territorium Sowjetrusslands«, schreibt er in der letzten der 12 Korrespondenzen unter dem Titel »Ein Waliser blickt auf Europa«. »Das Europa des Jahres 1933 wurde Zeuge der Entstehung der Hitler-Diktatur in Deutschland. Was werden wir in der Sowjetunion sehen?«[296]

---

293 Albert Speer, *Inside the Third Reich*, London 2003, S. 96.

294 Kershaw, *Hitler. 1889–1936*, S. 402.

295 Ebd., S. 582.

296 Jones, *A Welshman Looks at Europe (XII). Primitive Worship of Hitler.*

Während der Wahlkampf-Kundgebung in Frankfurt in der größten Halle Deutschlands. Jones stand in der Nähe von Hitler, anschließend aß er mit Goebbels zu Abend.

Kapitel 12
Rückkehr von einer großartigen Reise

Die Regierung im Kreml ist außer sich vor Wut, als William Stoneman von der *Chicago Daily News* und Ralph Barnes von der *New York Herald Tribune* für kurze Zeit aus Moskau verschwinden, um im Nordkaukasus die Gerüchte über die Hungersnot zu überprüfen. Die Reaktion erfolgt rasch und entschlossen: Die Journalisten werden verhaftet, in die Hauptstadt zurückgeschickt und am 23. Februar – an dem Tag, als Gareth mit Hitler im Flugzeug fliegt – verbietet die Regierung ausländischen Korrespondenten, durch das Land zu reisen.

Zwei Tage später bittet Botschafter Iwan Maiski jedoch die Presse- und Informationsabteilung des Volkskommissariats für Auswärtige Angelegenheiten, Jones, dem er zuvor in London ein sowjetisches Visum ausgestellt hat, besonders zu behandeln, ihm Schutz zu gewähren und ihm Kontakte zu entsprechenden Personen und Institutionen zu ermöglichen, falls er deren Hilfe benötigt. Seine Eindrücke bezüglich der »kritischen Situation in der UdSSR« können in bedeutendem Maße Einfluss nehmen auf das Verhältnis von Lloyd George, dem großbritannischen Spitzenpolitiker und in Europa bekannten Staatsmann, zu diesem Land.[297]

297 Brief des Botschafters Iwan Maiski an die Presse- und Informationsabteilung des Volkskommissariats für Auswärtige Angelegenheiten, 25. Januar 1933, in: *»Tell Them We Are Starving«, The 1933 Diaries of Gareth Jones*, hg. v. Lubomy Y. Luciuk, Kingston, ON 2016, S. VIII.

Jones' Anstellung bei David Lloyd George geht auf ihr Ende zu, und Gareth finanziert seine Reise schon mit seinem eigenen Ersparten. Er stellt sich jedoch immer noch als Berater für auswärtige Angelegenheiten des ehemaligen Premierministers vor, und mit Sicherheit zählt der Chef auf die nächsten Berichte aus der Weltpolitik. Jones notiert: »Bis Ende März gehöre ich zum Personal Lloyd Georges.«[298] *The Economist* und *The Times* bestellen bei ihm Artikelserien aus Russland. Nach seiner Rückkehr, am 1. April, soll seine Arbeit in der Redaktion der *Western Mail* beginnen. Aber die sowjetischen Behörden wissen nichts davon und behandeln ihn nicht wie einen Journalisten. Gareth ist also der erste und im Grunde genommen der einzige Beobachter aus dem Westen, der nach der Einführung des erwähnten Verbots eine Genehmigung für eine Reise in die Ukraine erhält. Zudem – was sogar im Falle so guter Beziehungen überraschend ist – vollkommen frei und ohne Begleiter.

Am 14. März schreibt er an seine Eltern aus Charkiw, dass er eine hervorragende Zeit verbringt, er wird sich die Oper *Eugen Onegin*, die auf Puschkins Versroman beruht, ansehen und plant, mit einem komfortablen Zug zu reisen.

Später aus Moskau teilt er mit, dass er von einer großartigen Reise zurückgekehrt sei. In der Ukraine habe er ungemein interessante Momente erlebt und nur lehrreiche Begegnungen gehabt, alle Russen hätten ihn mit der größten Freundlichkeit empfangen, und die Presseabteilung habe keine Mühe gescheut, um seinen Besuch in Russland in einen Erfolg zu verwandeln. In demselben Brief kündigt er an, dass er am 29. in Berlin erscheinen und am darauffolgenden Tag einen Vortrag im Londoner Königlichen Institut für Internationale Angelegenheiten halten wird. Nichts weist darauf hin, was dessen Leitthema sein wird.

Erst am Tag von Gareth Jones' Ankunft in Berlin alarmiert Stefan Bratman-Brodowski, der Bevollmächtigte des Volkskommissariats für Auswärtige Angelegenheiten der UdSSR beim Rat der Volkskommissare der Ukrainischen Sozialistischen Sowjetrepublik, Konstantin Umanski, den Leiter der Presse- und Informationsabteilung des Volkskommissariats für Auswärtige Angelegenheiten der UdSSR, dass Jones überhaupt nicht mit dem Zug nach Charkiw gefahren ist, er ist viel früher ausgestiegen und Dutzende Kilometer des Weges zu Fuß gelaufen. »Eine Nacht auf seiner Wanderung hat

298 *Hitler, Stalin and Mr. Jones*, Reg. George Carey, 2012.

er beim Vorsitzenden eines Dorfrats verbracht, eine andere in der Hütte eines Bauern.«[299] Brodowski hat davon erst durch den Attaché des deutschen Konsulats in Charkiw erfahren. Botschafter Maiski fordert umgehend Erklärungen von Lloyd Georges Büro.

Unterdessen schreibt Gareth, sofort nachdem er Russland verlassen hat, an seine Eltern, dass »die Situation der Russen schrecklich ist, Hungersnot fast überall, Millionen sterben vor Hunger«[300].

Die Pressekonferenz in Berlin organisiert der Journalist Paul Scheffer vom *Berliner Tageblatt*, ein Russlandkenner, der ein paar Jahre zuvor als erster ausländischer Korrespondent von der UdSSR ausgewiesen wurde. Anwesend sind der Pulitzer-Preisträger Hubert Renfro Knickerbocker und Edgar Ansel Mowrer, der diesen Preis in einigen Wochen verliehen bekommen wird. Der erste druckt eine Schilderung von Jones' Reise noch an demselben Abend in der *New York Evening Post*, der zweite schreibt einen Text für die *Chicago Daily News*. Nach ihnen druckt die britische Presse die Sensationen, selbst der den Sowjets freundlich gesinnte *The Manchester Guardian*.

»Herr Jones, der fließend Russisch spricht, war der erste Ausländer in der russischen Provinz, seit Moskau den Auslandskorrespondenten verboten hat, die Städte zu verlassen. Eine große Hungersnot, der Hungertod von Millionen, mörderischer Terror und Anfänge einer ernstzunehmenden Arbeitslosigkeit an einem Ort, der sich bisher rühmen konnte, dass alle Arbeit haben«[301], erfahren die Leser der *Evening Post*.

Mehr Einzelheiten offenbart Jones am darauffolgenden Tag bei seiner Rede im Königlichen Institut für Internationale Angelegenheiten in London.

Und das kam so …

299 *»Tell Them We Are Starving«*, S. XV.

300 Colley, *More Than a Grain*, S. 225.

301 Ebd., S. 227.

Kapitel 13

Potschemu golod?[302]

Am Samstag, dem 4. März 1933 – an demselben Tag, an dem in den Vereinigten Staaten der neue Präsident Franklin Delano Roosevelt vereidigt wird – überquert Gareth Jones die Grenze zur UdSSR. Einen Tag später – als in Deutschland die letzten demokratischen Wahlen vor dem Krieg abgehalten werden, in denen Hitlers Partei die Konkurrenten besiegt – kommt er in Moskau an und steigt im Hotel Metropol ab.

Seine gute Bekanntschaft und Zusammenarbeit mit Lloyd George führen die Sowjets tatsächlich in die Irre. Die Spezialbehandlung des Gastes aus Wales, im Einklang mit Maiskis Ratschlag, soll zu noch größerem Wohlwollen bei der Ikone der britischen Liberalen gegenüber der Sowjetunion führen. Ein Beweis für das außergewöhnliche Privileg ist der Stempel »*Besplatno*« (kostenlos) auf Jones' Visum.

Alexei Neiman, der stellvertretende Leiter der Presse- und Informationsabteilung des Volkskommissariats für Auswärtige Angelegenheiten der UdSSR, antwortet Maiski in einem Schreiben, er werde alles tun, um seinen Wunsch zu erfüllen.[303] Auch – und das hätte Maiski zumindest beunruhigen können – in Anbetracht von Jones' journalistischen Beziehungen, insbesondere mit der Tageszeitung *The Times*. Obwohl Gareth seine Berichte aus Russland, sowohl die von 1930 als auch die von 1931, dort nicht unter seinem eigenen Namen abgedruckt hat, haben die Russen offensichtlich

302 Russisch: Warum herrscht Hunger? (Anm. d. Übers.)

303 »*Tell Them We Are Starving*«, S. VIII.

herausgefunden, wer der Autor war. Überdies zeigen Jones' letzte Artikel im *The Manchester Guardian*, teilt Neiman Maiski mit, dass der Waliser seit 1930/1931 seine Ansichten geändert habe und man sich besser in Acht nehmen solle. »Selbstverständlich liegt es an uns, ihm diese Ansichten auszureden, aber ich kenne Jones ein wenig und fürchte, es wird schwierig sein, auf seine Meinung Einfluss zu nehmen«[304], betont Neiman.

Doch offensichtlich nimmt niemand von der Führung des sowjetischen Staates, allen voran der Autor dieses Briefes, diese Argumente ausreichend ernst, und trotz des Verbots wird Jones kurz darauf zu einer Traktorenfabrik in Charkiw reisen sowie mit einer diplomatischen Mission zum dortigen deutschen Konsulat. Die Reiseerlaubnis bestätigt Konstantin Umanski selbst bei einem Treffen in Moskau.

Die ersten Tage in der Hauptstadt der Sowjetunion verbringt Gareth mit Gesprächen mit Offiziellen, Schriftstellern, in Russland lebenden Ausländern und gewöhnlichen Menschen, meist wenn sie in der Schlange stehen, um Brot zu kaufen. Seine besorgten Eltern beruhigt er in einem Brief, dass er gegen Typhus geimpft sei, einen warmen Pelzmantel mitgenommen habe und es in den Zügen gar nicht so kalt sei. Die ersten Seiten seines kleinen Notizbuches füllen sich umgehend mit Einträgen von immer neuen Begegnungen.

Nach fast zwei Jahren trifft er Karl Radek wieder, den Redakteur der *Iswestija*, der – Lloyd Georges Wohlwollen gegenüber Russland zu schätzen wissend – höflich bemerkt, dieser sei das letzte Genie, das die Welt der Bourgeoisie hervorgebracht habe. Er versichert, dass die Sowjetunion, selbst falls sich die Krise im Westen noch länger hinziehe, schon genug Maschinen besitze, um sich weiterzuentwickeln und den Lebensstandard der Einwohner anzuheben. Bei den Konflikten zwischen Deutschland und Frankreich sowie zwischen Japan und China, erklärt er, ziehe Russland es vor, neutral zu bleiben. Doch wer weiß, ob es nicht nötig sein werde, die Japaner aus dem Nordosten Chinas zu vertreiben. Ein Jahr zuvor haben sie dort einen Marionettenstaat mit dem Namen Mandschuko geschaffen. Gareth hört aufmerksam zu, doch noch deutet nichts darauf hin, dass er sich irgendwann einmal an diesen exotischen Ort begeben wird.[305]

---

304 Ebd.

305 Ebd., S. 114–115.

An demselben Tag, dem 8. März, trifft er sich mit einer Person, die er in seinem Notizbuch als »L« vorstellt. Mit annähernder Sicherheit ist das Wladimir Lidin, der seine schriftstellerische Tätigkeit in den letzten Jahren dem Fernen Osten gewidmet hat.

Auf Seite achtundvierzig seines Notizbuches betitelt Jones die Aufzeichnungen aus diesem Gespräch mit dem Stichwort: »Künstlerischer Realismus«. Es geht um eine Strömung in der Kunst, die später Sozialistischer Realismus genannt werden wird. »L« versichert ihm, dass man in Russland über alles schreiben könne. Die Menschen empfinden einen bisher ungekannten Hunger nach Büchern und stehen Schlange nach ihnen. Es würden Bücher für die neuen Leser benötigt, sagt er, richtige Bücher über das richtige Leben. Und würden Sie in einem solchen Buch, fragt ihn Jones, den Hunger auf dem russischen Land beschreiben? Hm, schließlich herrsche kein Hunger, wundert sich »L«. Er fügt hinzu, dass man bei einem solchen Urteil leicht übertreiben könne. Man müsse das aus einer größeren Perspektive betrachten, rät er, schließlich sei die Lebensmittelknappheit nur vorübergehend. Und zum Schreiben von Büchern brauche man eine Perspektive, wiederholt er. Ohne Perspektive sei es schwierig, den Hunger zu beschreiben. Er meint außerdem, das große Manko der kapitalistischen Literatur sei deren Nutzlosigkeit. Die neue kommunistische Literatur soll die Verhältnisse zwischen den Leuten verändern, eine neue Generation von Menschen erschaffen. Ein Schriftsteller, der über die Liebe schreibt, ist altmodisch. Ein guter Schriftsteller ist, wer von der Liebe erzählt als einem Phänomen, das der Gestaltung der Gesellschaft dient.

Jones notiert die Äußerungen des sowjetischen Schriftstellers, darunter ergänzt er den Kommentar: »Siehe: Hamlet«[306]. Es ist nicht klar, was er meint. *Hamlet* ist in der Sowjetunion kein empfohlenes Drama – Stalin selbst duldet es nicht, setzt es mit der verhassten Intelligenzija gleich. Shakespeare und alle seine Dramen – sagt Jones später ein anderer Schriftsteller, Walentin Petrowitsch Katajew – sind nur christliche Propaganda.

Vor dem Hotel trifft Gareth auf eine kleine Menschenmenge. Alle kaufen Lose für einen Rubel. Bei der Lotterie kann man ein Auto oder ein Grammofon gewinnen – die Errungenschaften der sowjetischen Mechanisierung. Jones fällt auf, dass die Menschen im

306 Ebd., S. 118.

Zentrum von Moskau nicht armselig aussehen: Alle tragen Schuhe, die meisten sogar Galoschen. Auf den Straßen fahren mehr Autos als zwei Jahre zuvor, darunter einige ganz schön teure. Im Theater sind die Menschen angemessen gekleidet, und im Devisen-Geschäft Torgsin sehen sich die Kunden nach der Pariser Mode um. »Unmengen von allem«[307], notiert Jones. Bei der Gelegenheit versorgt er sich mit Lebensmitteln für die nächsten Tage.

Doch vor dem Geschäft voller Waren bettelt eine Frau um Brot für ihre Kinder. Einen Moment später taucht ein armer Mann mit seinem Sohn auf und fleht um ein Almosen. Er ist aus der Ukraine nach Moskau gekommen in der Hoffnung, Brot zu finden. Er sagt, dass die Menschen in seiner Gegend sterben wie die Fliegen.

Jones beobachtet auch, wie die Polizei einen Bauern mit drei Kindern wegen Bettelei verhaftet. Ein Mädchen, das Frühlingsblumen auf der Straße verkauft, ist von der Krim gekommen. Dort ist es wärmer, vertraut sie sich Gareth an, aber es gibt nichts zu essen. Ein Junge wiederum erzählt ihm von einer fünfzehnjährigen Bekannten, die sie für Kritik an Stalin ins Gefängnis gesteckt haben.

Zugleich entwickelt die Regierung das Land, beseitigt den Analphabetismus und schafft einen neuen Menschentyp, der sich, anstatt um sich selbst, um das Wohlergehen der Allgemeinheit kümmert. In der sowjetischen Familie arbeiten alle, Frauen und Männer haben gleiche Rechte. Es werden Wettbewerbe für Flugzeugmodelle ausgeschrieben, Segelflugschulen und Aeroklubs gegründet, in der Produktion von Segelflugzeugen soll die UdSSR Deutschland einholen. Die Entwicklung der Rüstungsindustrie ist unzweifelhaft eine sowjetische Errungenschaft. Eine neue populäre Parole lautet: »Die Fabrik ist unsere Festung.« Alle Mitarbeiter von Fertigungsbetrieben treten obligatorisch Hilfsgesellschaften zur Unterstützung der Verteidigung und des Luftfahrt- und Chemiebauwesens bei. »Natürlich glaube ich nicht an Gott, das tun nur schwächliche Alte«, sagt Gareth eine Jugendliche. Sie ist stolz darauf, dass man ihr dort beibringt, wie man schießt und die Gasmaske aufgesetzt wird.

Ein 103-jähriger Kriegsheld, geboren 1830, dem Jones begegnet, erklärt ihm jedoch, dass er Nikolaus I. Romanow gedient und unter Alexander II. und Nikolaus II. gelebt hat – und die ganze

307 Ebd., S. 103.

Zeit hatten die Menschen Kraft zu leben, erst jetzt laufen sie hungrig und schwach herum.

Andere erzählen: Eier sind Luxus geworden, Fleisch und Butter gibt es eigentlich schon nicht mehr, in den Geschäften hängen die Preise für Speck und Zucker, aber diese Waren hat lange niemand mehr gesehen; Schweinefleisch, Fisch und Milch findest du auch nicht – und die Preise von dem, was es noch gibt, sind gigantisch.

Eine Bäuerin hat auf der Straße Milch für drei Rubel verkauft. Dafür wollte sie Essen mit ins Dorf bringen. Diesmal kehrt sie jedoch mit leeren Händen zurück. »Sie haben mir das Brot, die Kartoffeln weggenommen«[308], beklagt sie sich bei Jones. Sie erlebt nun Zeiten, in denen Moskau das Land ernährt statt umgekehrt; wenn es die Hauptstadt nicht gäbe, würden alle sterben.

Viele Gesprächspartner wiederholen, dass es immer mehr Korruption, immer mehr Verhaftungen gibt. Ein Gehalt reicht nicht aus, um sich ein Paar Schuhe zu kaufen. In Moskau grassiert der Typhus, jeden Tag kommen 150 Personen ins Krankenhaus. Das Umtauschen von Devisen wurde verboten – auf den Verkauf von Rubel stehen viele Jahre Gulag. Diebstahl wird mit dem Tode bestraft. Wer seine Arbeit verliert, dem werden die Lebensmittelmarken für Brot abgenommen, und in manchen Betrieben wurde schon die Hälfte der Belegschaft entlassen.

Die politische Polizei meint, sie habe diejenigen gefunden, die schuldig seien am Lebensmittelmangel, und veröffentlicht dazu eine Erklärung in den Zeitungen *Prawda* und *Iswestija*. In der Verlautbarung heißt es, dass es hauptsächlich in der Ukraine und dem Nordkaukasus zu Verhaftungen gekommen sei. Die Mehrzahl der Verhafteten habe sich schuldig bekannt. Ihre Sabotageaktionen hätten zum Ziel gehabt, Traktoren zu zerstören, Leinenfabriken in Brand zu setzen, Getreidereserven zu stehlen, die Aussaat zu behindern oder das Vieh zu töten. Die gesammelten Beweise sollen davon zeugen, dass es den Verhafteten darum ging, die sowjetische Landwirtschaft zu ruinieren oder eine Hungersnot im Land auszulösen.

Auf der Straße hört Jones Witze:

Der erste. Der Dresseur im Zirkus sagt: »Alle, die nicht Parteimitglieder sind, müssen nun raus«, woraufhin alle Tiere außer dem Esel gehen.

308 Ebd., S. 112.

Der zweite. Ein Bauer fragt Michail Kalinin: »Warum haben wir so wenig Kleidung, so wenig Essen?« Kalinin: »Das ist noch gar nichts. In Afrika laufen die Leute ganz ohne Kleidung herum.« Der Bauer darauf: »Also muss es den Sozialismus dort schon sehr lange geben.«

Der dritte. Wenn es auf dem Land Brot gibt, aber keines in der Stadt, dann haben wir es mit einer rechten Abweichung zu tun. Wenn es in der Stadt Brot gibt, aber keines auf dem Land, ist es eine linke Abweichung. Wenn es weder auf dem Land noch in der Stadt Brot gibt, heißt das, die Parteilinie wurde verwirklicht.[309]

Hier in Moskau ist es tatsächlich nicht so schlecht, versichern die Menschen Gareth, aber fahr hin, sieh dir an, was in der Provinz passiert.

Mit Malcolm Muggeridge hat ihn einst ein gemeinsamer Kollege aus der Redaktion des *Manchester Guardian* bekannt gemacht. Erzogen in linkem Geiste, fasziniert von Russland und Stalin, war der junge Journalist ein Jahr zuvor mit seiner Frau hierhergezogen. Anfang Februar – noch vor der Einführung des Reiseverbots für Journalisten – hatte sich Muggeridge mit einem von den Behörden bestimmten Chauffeur und einem Reiseführer das Leben in Rostow und Kyjiw angesehen. Er ändert gerade endgültig seine Meinung über den Kommunismus.

Der Bolschewismus geht zugrunde, erklärt er Jones in Moskau am Abend vor dessen Abfahrt in die Ukraine. Das Ende der Partei ist unausweichlich. Ihre Mitglieder hassen Stalin, 95 Prozent sind mit seinen Entscheidungen nicht einverstanden, aber sie haben nichts zu sagen. Jede Opposition wird umgehend beseitigt. Im Süden hat Muggeridge verfallende Dörfer gesehen. Es gab kein Korn für die Aussaht. Die Katastrophe stand kurz bevor.

An demselben Tag, dem 6. März, warnt William Strang, der Erste Sekretär der britischen Botschaft in Moskau, Jones vor dem Besuch ukrainischer Dörfer. Jemand in der Botschaft fügt hinzu: »Die Bauern hungern und stehlen, was ihnen in die Finger fällt.«[310]

*

»Diese Warnung ignorierend, füllte ich meinen Rucksack mit vielen Laiben Weißbrot, Butter, Käse, Fleisch und Schokolade, die ich für

309 Anekdoten nach: Ebd., S. 107–108.

310 Colley, *More Than a Grain*, S. 232.

harte Währung in den Torgsin-Geschäften gekauft hatte«[311], schreibt Jones später in seinem Artikel für *The Daily Express*, die meistgelesene Zeitung der Welt, die zu jener Zeit in einer Auflage von mehr als zwei Millionen Exemplaren verkauft wurde.[312] Auf dem Bahnhof kämpft er sich durch eine Menge am Boden liegender, dreckiger und verwahrloster Bauern. Einen Moment später ist er schon in einem Abteil mit harten Sitzbänken des langsamsten Zuges, der von Moskau nach Charkiw fährt. »Um Russland zu sehen, muss man mit der ›harten Klasse‹ reisen und mit einem langsamen Zug fahren«[313], meint Jones. In den Waggon steigen auch Bauern mit Säcken voller Brot. Gegenüber von Gareth setzt sich ein Mann, der sich von den anderen unterscheidet: In seiner Ledermütze und -jacke sieht er wohlgenährt aus. »Eure Kommunisten werden in die Gefängnisse gesteckt«[314], beginnt er das Gespräch, als er erfährt, dass er mit einem Briten reist. Gareth hört wieder einmal, dass in seinem Heimatland alle in den Tower of London geworfen würden, Scotland Yard die britische Arbeiterklasse vernichte und die Ansichten der Menschen streng kontrolliere. Aber den Ausbruch der Revolution werde Scotland Yard trotzdem nicht aufhalten können. Die Revolution nahe. Ihr solltet eine Tscheka schaffen, eine ähnlich rücksichtslose Polizei wie unsere, meint der Mann. Die Freiheit in Großbritannien beruhe, seiner Ansicht nach, ausschließlich auf der Meinungsfreiheit. Lässt sich denn zum Beispiel eine Armee zum Kampf gegen den König organisieren? Bestimmt nicht. Das sei der Beweis, dass in England keine Freiheit herrsche.

Die abgemagerten Passagiere hören dem Monolog des Kommunisten zu, niemand hat den Mut, sich in eine Diskussion mit dem ihm einzulassen. Dieser erklärt voller Überzeugung, dass kein Hunger herrsche und die Ernte dieses Jahr mit Sicherheit gut ausfallen werde.

Während er dem Kommunisten zuhört, zieht Gareth ein Brot aus seinem Rucksack. Er bricht ein Stück ab, scheinbar zufällig lässt er es auf den Boden fallen, anschließend wirft er es in den Spucknapf. Sofort springt einer der Bauern auf, nimmt die dreckigen Brocken

---

311 Gareth Jones, *Soviet Confiscate Part of Workers' Wages*, »The Daily Express«, 5. April 1933.

312 Colley, *More Than a Grain*, S. 232.

313 Gareth Jones, *Soviet Confiscate Part of Workers' Wages.*

314 *»Tell Them We Are Starving«*, S. 133.

und isst sie. Kurz darauf zieht Jones auch eine Orange hervor, schält sie, und als er die Schale in den Spucknapf wirft, holt der Bauer sie wieder heraus und isst sie gierig auf. Etwas später geschieht dasselbe mit einem Apfelgriebsch.

Nicht weit entfernt sitzt ein anderer Mann, den glasigen Blick auf den Boden gerichtet, wiederholt er ständig: »Sie haben mir das Brot weggenommen, sie haben mir das Brot weggenommen.« Er ist nach Moskau gekommen, um Brot zu besorgen, und hatte welches gekauft. Bevor er in den Zug stieg, wurde es beschlagnahmt, nun kehrt er mit nur ein paar Kartoffeln zu seiner Familie zurück. Andere sagen Jones: »Viele sterben. Wir sind hungrig. Uns ist nicht mehr viel Vieh geblieben. Sie haben uns alles Getreide weggenommen.«[315]

Auf dem Flur gelingt es Gareth, unter vier Augen mit dem jungen Kommunisten zu sprechen. Viele wie er, sagt der Russe, seien immer enttäuschter von Stalin, weil sie kein Brot haben. Er selbst hat seit einer Woche keines gegessen. Er verdient sechzig Rubel im Monat, aber in letzter Zeit werden ihm nur vierzig bis fünfzig ausgezahlt. Der Rest wird zur Subventionierung des Fünfjahresplans abgezogen. Als er vor ein paar Tagen von zu Hause fortgegangen ist, hat er seine Mutter mit zwei Gläsern Mehl zurückgelassen. Sein Bruder ist verhungert.

Ein Straßenhändler aus Armenien wiederum erzählt, dass ihn die Behörden aus Leningrad geworfen haben, er hat dort keinen Inlandspass erhalten, und nun, wenn er in der Ukraine ankommt, werden sie ihn bestimmt auch aus Charkiw hinauswerfen. Sie nennen ihn Abschaum und berauben ihn seiner Rechte, weil er auf der Straße handelt.

Ein Rotarmist geht durch die Waggons und verkauft Lose für eine Lotterie – man kann ein Auto gewinnen – und jeder Passagier findet einen Rubel dafür, obwohl die meisten kein Brot haben. Gareth fragt den jungen Kommunisten, warum er für das Los bezahle, wenn er nur sechzig Rubel verdiene. »Was soll's«, zuckt jener mit den Schultern, »ich nehme an, das ist obligatorisch.«

Der nächste Passagier – ein Mann in einem kakifarbenen Mantel – sieht rücksichtslos und grausam aus. Er ballt die Faust, während er sagt: »Wir vernichten den Kulaken, wir vernichten jede Opposition.«[316] Er ist Mitglied der politischen Abteilung, einer von

315 Ebd.

316 Ebd., S. 134.

Tausenden Aktivisten – der besten, stärksten, paramilitärischen –, die aus Moskau aufs Land geschickt werden, um die Bauern brutal zur Arbeit zu zwingen. »Wir sind alle Arbeiter, hauptsächlich aus Fabriken, sie suchen die Stärksten von uns aus. Wir werden den Bauern zeigen, was strenge Kontrolle bedeutet. Wir legen sie in Schutt und Asche«, erklärt er. Gareth läuft ein Schauer über den Rücken, denn dieser zu allem entschlossene Mensch fährt von Moskau aufs Land in einen heiligen Krieg und wird sicherlich nicht zögern zu schießen, wenn er das für notwendig erachtet.

Der langsame Zug mit den harten Sitzbänken hält an jeder kleinen Station. An einer davon tritt ein Mann an Gareth heran und flüstert auf Deutsch: »Sag denen in England, dass wir nichts zu essen haben und aufquellen vor Hunger.«[317] Ein paar Stationen weiter, als sich der Zug der Ukraine nähert, etwa 70 Kilometer von Charkiw entfernt – vermutlich in der Gegend von Belgorod, einem damals etwa 30 000 Einwohner zählenden Städtchen –, greift Gareth nach seinem Rucksack und steigt jählings aus dem Zug.

»Sei vorsichtig, die Ukrainer sind verzweifelt«[318], hört er die nächste Warnung, diesmal zum Abschied von dem jungen Kommunisten. Falls die Leute erfahren, dass Jones Brot in seinem Rucksack hat, werden sie ihm diesen sofort stehlen.

Der langsame Zug rattert in Richtung Charkiw davon, Gareth bleibt allein auf dem verschneiten Bahnsteig zurück. Für seine Wanderung wählt er »die Schwarzerde-Region, weil sie einst die fruchtbarste Gegend Russlands war, aber auch aus dem Grund, weil den Journalisten verboten wurde, dorthin zu reisen« und er sich »mit eigenen Augen überzeugen [möchte], was dort los ist«[319]. So weit das Auge reicht, erstreckt sich eine mit weißem Pulver bedeckte Ebene vor ihm. Am Freitag dem 10. März beginnt er seine Wanderung von Russland in die Ukraine. Er sieht sich die Folgen der nächsten europäischen Diktatur aus der Nähe an.

*

317 Jones, *Soviet Confiscate Part of Workers' Wages.*

318 Ebd.

319 Gareth Jones, Press Release, zit. nach: *Famine Grips Russia Dying. Idle on Rise, Says Briton*, »Evening Post Foreign Service«, 29. März 1933.

Die erste Person, auf die er trifft, ist eine Frau, sie läuft die Bahngleise entlang und sagt ihm: »Es gibt kein Brot. Seit zwei Monaten hatten wir keins, viele sterben.«[320] Vom Bahnhof geht Gareth in Richtung einiger ländlicher Hütten. Beladen mit seinem Rucksack voller Essen, stapft er schwer durch den Schnee.

Die Menschen sagen: »Das Vieh stirbt, *netschewo kormit* [es gibt nichts zum Füttern].«[321] »Wir hungern.« In der Region, die die fruchtbarste Erde der ganzen UdSSR hat, wird Gareth das von allen Bauern hören. Üblicherweise fügen sie hinzu: »*Wsi opuchli* [alle sind aufgebläht].«[322]

Er befragt sie, was sie essen. Sie antworten ihm, dass sie sich von Kartoffeln ernährt hätten, als es kein Brot mehr gab, aber auch die seien alle. Es gebe noch Futterrüben und Viehfutter.

Wie lange kann das dauern? Die Menschen sagen, vielleicht noch einen Monat, manche sterben jedoch jetzt schon. In keinem der Dörfer, durch die er kommt, wurde seit zwei Monaten Brot gesehen.

Ein bärtiger Alter hat anstelle von Schuhen die Füße mit Säcken umwickelt. Er hält Gareth auf, mit der Hand deutet er auf die Felder und sagt in einem ukrainischen Dialekt: »Vor dem Krieg war hier alles Gold, es ist nichts als Unkraut geblieben. Wir waren das getreidereichste Land der Welt. Früher haben wir die Welt ernährt, jetzt haben sie uns alles genommen und wir haben nichts.«[323] Er lädt Jones zu sich nach Hause ein, sofort beginnt er sich zu rechtfertigen: »Früher hätte ich dich als meinen Gast mit Hühnchen, Eiern, Milch, herrlichem Weißbrot begrüßt. Jetzt haben wir nicht einmal Brot im Haus. [...] Sie töten uns«, erklärt er. Vor vier Tagen wurde ihm das Pferd gestohlen. Jones gibt ihm etwas Brot und Käse. Die Reaktion des Alten: »Nicht mal für 20 Rubel könntest du das kaufen. Es gibt einfach nichts zu essen.«

In der Hütte des bärtigen Bauern hausen neun Personen in einem Raum, seine Enkel haben vor Hunger aufgeblähte Bäuche. »Todesangst hing über dem Haus«, wird Jones später schreiben. Die einzige Nahrung der Familie ist eine wässrige Brühe mit ein oder zwei Scheiben einer Kartoffel, die alle mit Holzlöffeln aus einer gemeinsamen

---

320 Ders., *Nine to a Room in the Slums of Russia*, »*The Daily Express*«, 6. April 1933.

321 »*Tell Them We Are Starving*«, S. 136.

322 Ebd., S. 138.

323 Ebd., S. 137. Die folgende Beschreibung des Besuchs im Haus des alten Mannes: ebd., S. 137–138 sowie Jones, *Nine to a Room in the Slums of Russia*.

Schüssel essen. Die Kartoffeln gehen zur Neige, der Tod klopft an die Tür. Gareth zieht Brot, Butter und Käse aus dem Rucksack und bewirtet die Hausbewohner, woraufhin eine der Frauen sagt: »Ich habe so köstliche Dinge gegessen, ich kann glücklich sterben.«

Die Mehrzahl der Menschen hier ist religiös, aber sie hätten die Kirchen geschlossen, beklagt sich ein Alter, in einem Dorf haben sie einen Speicher daraus gemacht, in einem anderen ein Kulturhaus. Wenn man die Kinder nach Gott fragt, antworten sie gewöhnlich: »Natürlich gibt es ihn nicht.«[324] Sie sagen auch: »Kein Brot, kein Gott.«[325] »Früher haben wir alle an Gott geglaubt, wir waren glücklich und haben gut gelebt. Als sie uns Gott weggenommen haben, begannen wir zu hungern«[326], wird Jones einige Tage später von jemandem berichtet.

Gareth geht in eine Dorfschule. Er liest: »Die sowjetische Schule ist die wichtigste von allen Schulen auf der Welt.« An der Wandzeitung, die von den Kindern geführt wird, hängt ein Artikel, der über die vorübergehenden Schwierigkeiten in den Kolchosen informiert: »Kulaken und Opportunisten versuchen, den Plan für die Aussaat in Frühling zunichte zu machen, aber die stählernen Muskeln der Kolchosbauern müssen auf diese destruktiven Taten Antwort geben.«[327] Außerdem macht der Text auf vor Hunger und durch fehlende Hygiene sterbende Pferde aufmerksam, die gehalten werden müssten, bis die Mechanisierung der Landwirtschaft abgeschlossen sei.

In der nächsten Kolchose, die Gareth besucht, gibt es keine Pferde mehr. Sie sind alle aufgegessen. Das ist eine wichtige Information, notiert sich Jones, weil die Russen noch nie Pferde gegessen haben, sie verachteten die Pferdefleisch essenden Tataren geradezu. Als ein paar Jahre zuvor das Gerücht die Runde machte, es werde Pferdefleisch auf den Märkten verkauft, fürchteten sich die Menschen, Fleisch zu kaufen.

In der Dämmerung trifft Jones Russen, die ihn warnen, besser nicht weiterzugehen: Die Ukrainer dort hinten würden ihm mit Sicherheit Mantel, Essen und alles wegnehmen, was er habe. Die Männer laden ihn in den Sitz des Dorfsowjets ein. Der Raum ist voll von Bauern, unter ihnen ein Kind mit aufgedunsenem Bauch. Als sie

---

324 *»Tell Them We Are Starving«*, S. 137.

325 Ebd., S. 194.

326 Ebd., S. 192.

327 Ebd., S. 136.

Ein totes Pferd in der Nähe einer Kolchose in Bjelhorod. Daneben ein zweites, das am Sterben ist.

von dem Ausländer hören, kommen andere hinzu. Ihre Kenntnisse von der Welt und ihre Belesenheit sind beeindruckend, sie fragen ihn sogar nach Japan, Amerika und China aus, und Jones vermutet, dass alle eine gute Bildung erhalten haben müssen.

In der Menge gibt es nur einen Kommunisten, die restlichen antworten offen:

»Wir hatten 200 Ochsen, sechs sind uns geblieben.«

»Unsere Pferde und Kühe sind gestorben, ein Drittel davon gibt es noch.«

»Wenn doch nur Lenin noch leben würde, dann würde es uns hervorragend gehen. Dann könnten wir vorhersehen, was passiert. Denn jetzt ändern sie ständig die Politik, und wir wissen nicht, was in Zukunft sein wird. Lenin wäre nicht so gewaltsam vorgegangen, um sich dann von uns abzuwenden, wenn sich erwiesen hätte, dass er einen Fehler gemacht hat.«[328]

Der Leiter der Nachbarkolchose erklärt Jones jedoch, dass dies nur vorübergehende Schwierigkeiten seien, die in Kürze überwunden werden könnten.

Am Abend kommen zwei Soldaten. Sie suchen einen Bauern, der sich in die Hütte seines Nachbarn geschlichen hat, um Kartoffeln zu stehlen, und als dieser ihn auf frischer Tat ertappte, stach der Bösewicht dem Hausherrn ins Herz. Solche Fälle sind immer häufiger, sagen die Rotarmisten. Bei der Gelegenheit stellen sie viele Fragen zu England, wo – wie sie gehört hätten – das Arbeitervolk verfolgt und auf Demonstranten geschossen werde, Kommunisten ins Gefängnis gesteckt würden und die Regierung Russland den Krieg erklären wolle.

»Reise nicht nachts!«[329], warnt ihn wieder einer der Soldaten und behauptet, die Gegend sei voll von wilden und ausgehungerten Menschen, die für Nahrung zu allem bereit seien.

Jones jedoch geht hartnäckig weiter entlang der Gleise Richtung Süden. Die endlose weiße Ebene ist erfüllt von schwarzen Punkten – Raben und Krähen, wie sich aus der Nähe zeigt; manchmal saust der Schnellzug Moskau–Sewastopol vorbei, dessen Schlafwagen sicherlich von Parteileuten besetzt sind. Gareth wandert von Dorf zu Dorf, er lässt keine Gelegenheit für ein Gespräch aus. In einem guten Dutzend Kolchosen ist er zu Gast und hört überall

328 Ebd.

329 Ebd., S. 138.

ähnliche Geschichten. Die Bewohner sagen ihm, alles Vieh sei verendet, also würden jetzt die Menschen wie Vieh behandelt. Als Glückliche gelten diejenigen, die zu harter Arbeit nach Sibirien deportiert wurden – sie haben wenigstens etwas zu essen.

In Krasnyi Chutor, dem letzten Dorf auf der russischen Seite, isst Jones mit dem dortigen Lehrer zu Abend, einem Marxisten, dem Besitzer einer der letzten Kühe im Dorf. Seine Frau, die Kartoffeln mit ein wenig Buchweizen reicht, erklärt stolz, dass schon fast kein Kind im Ort mehr an Gott glaube.

An diesem Tag gelangt Gareth entlang der Gleise an sein Ziel: die Grenze Großrusslands. In seinem Tagebuch notiert er: »Waggons, Öl, Holz in Richtung S. [Slatyne]. Die wichtigste Bahnstrecke in Russland. Ich bin in der Ukraine.«[330]

In den nächsten Dörfern – insgesamt kommt er in 20 –, Kolchosen und Sowchosen unterhält er sich mit den Einwohnern. Manche erinnern sich an die herrliche alte Zeit: Süßigkeiten, Fleisch, Karussells, Freude, Gelächter, Scherze, Wodka und Freiheit. Andere erzählen von gigantischen Lebensmittelpreisen und davon, wie die Regierung ihnen die Ernten weggenommen und nichts dafür gegeben hat. Der Vater eines Jungen wurde gerade ins Gefängnis nach Kursk gebracht, weil er in die Stadt gegangen war, ohne dass er einen Inlandspass besaß.

Andere sprechen vom Leben in der Stadt. In letzter Zeit nimmt die Arbeitslosigkeit zu, in den Fabriken werden Tausende Arbeiter entlassen, die Lebensmittelkarten für Brot werden ihnen abgenommen. Die Arbeiter in Charkiw bekommen zugeteilt: 600 Gramm Brot am Tag, Arbeiterinnen nur 200. Außerdem monatlich: ein Kilo Hirse, einen Viertelliter Sonnenblumenöl, ein halbes Kilo Zucker, etwas Fett und 800 Gramm meist verdorbenen Fisch. Von Fleisch oder Milch für Kinder kann schon lange keine Rede mehr sein. Hinzu kommt eine Mahlzeit in der Fabrik: üblicherweise verdorbener Kohl mit einem Löffel Buchweizen.

Ein Jahr zuvor hatte die Regierung gesagt, man werde den Produktionsüberschuss auf dem freien Markt verkaufen können, aber sie nahmen den Bauern alles weg. Jetzt erklärte sie, sie werde nur 15 Pud Getreide pro Hektar nehmen, aber bestimmt bleibt wieder nichts anderes als Futterrüben. Im Frühling wird niemand Kraft haben zu arbeiten.

330 Ebd., S. 191.

Überall sagen die Menschen Jones: »Wir warten auf den Tod.«[331] Sie erklären auch: »Hier ist es schrecklich und viele sterben, aber weiter im Süden ist es viel schlimmer. Fahr in die Region Poltawa, du wirst Hunderte leer stehende Häuser sehen. Dort, wo es 300 Hütten gibt, sind nur noch in 100 Menschen, die restlichen sind gestorben oder geflohen, aber die meisten sind gestorben.«[332]

Jemand behauptet, im Süden sei schon 30 Prozent der Bevölkerung verhungert, es gebe Dörfer, wo in kurzer Zeit die Hälfte der Einwohner gestorben sei.

*

In der Zeit, als Gareth durch die Ukraine wandert, weiß außer den Ukrainern und den Regierenden in Moskau fast noch niemand, dass brutale Hausdurchsuchungen auf der Suche nach verstecktem Getreide an der Tagesordnung sind. Schon im Frühling weigern sich viele Bauern, die Felder zu bestellen, denn wenn sie die letzten Körner verwenden würden, hätten sie nichts mehr zu essen.

Hochstehende ukrainische Kommunisten und sogar Molotow wollen Stalin zur Rettung der Ukraine überreden. Erstere berichten von Zehntausenden Unterernährten und Todesfällen durch Hunger. Molotow spricht sich für die Beschränkung des Getreideexports aus. Niemand wagt aber, die Logik des Parteiführers in Frage zu stellen. Niemand traut sich zu sagen, dass das Korn, mit dem man der Ukraine helfen solle, ihr zuvor weggenommen wurde. Stalin wiederum will nicht an eine Hungersnot glauben. Er meint, die Ukraine bekomme sogar zu viel Hilfe.[333] Die Wahrheit ist, dass er den Verlust der Ukraine fürchtet. Jeder, der die Getreidebeschlagnahmungen nicht lobt, erinnert ihn an den ukrainischen Nationalismus. Nicht der Staat bedrohe die hungernden Bauern, sondern die Bauern seien eine Bedrohung für den Staat, behauptet er. Alle Kulaken seien Diebe. Wer auch nur ein kleines bisschen Getreide klaut, soll von nun an mit zehn Jahren Gefängnis bestraft werden oder mit dem

331 Jones, *Nine to a Room in the Slums of Russia.*

332 Ebd.

333 RGASPI 81/3/99 (1932), S. 62–63, in: *Golod w SSSR: 1929–1934*, Hg. v. Wiktor W. Kondraschyn (u. a.), Bd. 1, Moskwa 2011, S. 244, zit. nach: Applebaum, *Roter Hunger*, S. 227.

Tode. Bis Ende 1932 werden 4500 Menschen zum Tode verurteilt, und 100 000 werden in Arbeitslager deportiert.

Im November 1932, zwei Tage nachdem der 15. Jahrestag der Revolution feierlich begangen wurde, nimmt sich Stalins Frau das Leben. In den Totenschein wird »schwere Blinddarmentzündung« eingetragen. Aber Eingeweihte sind sich sicher, der Tod Nadeschda Sergejewna Allilujewas ist ein Protest gegen die um sich greifende Hungersnot. Im November und Dezember zieht Stalin die Schraube jedoch noch mehr an, wie Anne Applebaum betont, »schuf [Stalin] bewusst eine noch größere Krise«[334]. Er befiehlt, den Lebensmittelexport zu erhöhen, Fleisch, Milchprodukte und Eier, Obst, Eingewecktes und Konserven gehen ins Ausland. Es entstehen schwarze Listen mit Bauernhöfen und Dörfern. Dorthin dürfen keine Lebensmittel und industriellen Erzeugnisse geliefert werden. Auch Petroleum und Streichhölzer sind verboten, man kann also nicht kochen. Das nächste Verbot betrifft den Handel und das Mahlen von Korn. Selbst wenn es jemandem gelingt, etwas zu ergattern, kann er es nicht zu Mehl verarbeiten, um Brot zu backen.

In den Berichten der Überlebenden von Anfang 1933 ist schon die Rede von Bettlern, die keine Kraft mehr haben, die Hand auszustrecken und Hilfe zu erbitten, von auf Bürgersteigen und in Gräben liegenden Leichen, von überfüllten Waisenhäusern und durch Charkiw fahrenden Lastwagen, auf die Männer mit unbewegten Gesichtern Leichen laden. Bisher ruhige und ehrlich arbeitende Menschen verwandeln sich in Diebe und Vandalen. Sie überfallen Bäckereien und Geschäfte. Alles, um wenigsten ein bisschen Mehl zu ergattern. Im Januar verbietet Stalin den Einwohnern, die Grenzen der Ukraine zu verlassen. Das System der Inlandspässe wiederum verhindert den Umzug der Bevölkerung aus den ausgehungerten Dörfern in die etwas besser mit Nahrungsmitteln versorgten Städte. Die Bauern, die es vorher geschafft haben, dorthin zu gelangen, werden fortgeschafft. Offiziell heißt es, sie würden nach Hause gebracht. Inoffiziell, dass Lebende wie Tote auf Lastwagen geladen, an eine Schlucht gefahren und hinuntergeworfen würden.[335]

---

334 Applebaum, *Roter Hunger*, S. 244.

335 Ebd., S. 260.

Im Frühling 1934 finden zwei Jungen Kartoffeln, die von einer nach Sibirien deportierten Frau versteckt wurden.

Die Sowjets fürchten sich auch vor einer kulakisch-petljuristischen Verschwörung[336]. Erfundene Anschuldigungen und die angebliche Enthüllung einer internationalen Verschwörung sollen die Missernten und die Unterernährung der Menschen erklären. Ebenso sollen sie die neu getroffenen todbringenden Entscheidungen rechtfertigen.

In den Dörfern tauchen wieder Aktivisten auf. Sie suchen kein Getreide mehr, denn das gibt es hier lange nicht mehr. Ihre neue Aufgabe ist es, jedwede Art von Lebensmitteln zu finden. Sie schauen in die Öfen, in Truhen und unter Betten. Sie durchsuchen Dachböden und Keller. Sie klopfen Wände und Decken ab. Sie klettern auf Schornsteine. Sie überprüfen Scheunen und Hundehütten. Wenn sie frisch aufgebrochene Erde sehen, graben sie sofort an diesem Ort. Nicht einmal Friedhöfe lassen sie aus. Alles, was sich ihrer Meinung nach zum Essen eignet, nehmen sie mit. Es kommt vor, dass sie den Frauen die Ketten vom Hals nehmen. Wenn sie jemanden beim Essen ertappen, schnappen sie es ihm vor der Nase weg. Aus der Ferne beobachten sie die Schornsteine und inspizieren jene Häuser, aus denen Rauch aufsteigt.[337] Um Geständnisse zu erzwingen, dass Lebensmittel versteckt werden, foltern, fesseln, vergewaltigen sie. Gleichzeitig informiert die offizielle Propaganda darüber, Schuld am Lebensmittelmangel seien die habgierigen Bauern, die alles für sich behalten wollten.

Selbst die, die Lebensmittel beschlagnahmen, sterben manchmal vor Hunger. Mit der Zeit übernimmt der Hunger vollkommen die Kontrolle über das Verhalten der Menschen. Die Abfolge der Stadien beschreibt Applebaum ausführlich in dem Buch *Roter Hunger*. Zuerst verbrennt der Körper die Vorräte an Glukose (was ein Hungergefühl verursacht), dann Fette (das kann bis zu mehreren Wochen dauern, in denen der Mensch schnell schwächer wird), anschließend Eiweiße (und der Organismus isst sich selbst auf). Der Körper lagert Wasser ein und beginnt, sich zu deformieren: Der Bauch schwillt an, die Augen vergrößern sich, die Haut wird durchsichtig. Dann reißt sie auf und von innen treten übel riechende Flüssigkeiten aus.

336 Ebd., S. 269. Der sozialdemokratische Politiker Symon Wasyljowytsch Petljura setzte sich für die ukrainische Souveränität ein, war Mitglied des Direktoriums der Ukrainischen Volksrepublik und von 1919–1920 Regierungschef derselben. Im Russischen Bürgerkrieg kämpfte er gegen die Bolschewiki und gegen die Weiße Armee.

337 Ebd., S. 283–286.

Später verfällt der Mensch in einen Halbschlaf, bis ihm schließlich vor Erschöpfung das Herz stehen bleibt.

Die nächsten Stadien des Hungers ereilen die Bauern in der Ukraine nach dem Winter 1932/1933. Der körperliche Verfall wird begleitet von psychischen Problemen. Die Hungerpsychose lenkt die Gedanken auf das Essen. Es kann keine Rede mehr sein von gesundem Menschenverstand oder brüderlichen Gefühlen, ganz zu schweigen von gewöhnlicher Freundlichkeit gegenüber Nachbarn. Der Hunger, der anfangs Diebe aus den Ukrainern gemacht hat, lässt sie jetzt verrückt werden. Eine hungrige Frau wirft ihre Mutter aus dem Haus. Ein Junge macht sich nichts aus dem Tod seines Vaters. Eine Mutter gibt ihrer Tochter kein Brot, weil diese sowieso gleich stirbt. Eine Familie schließt einen Fünfjährigen, der nach Brot sucht, im Keller ein, damit er nicht zufällig das Essen wegnimmt.[338] Ein Vater, wütend über das Weinen der ausgehungerten Kinder, erstickt einen Säugling in der Wiege, zwei ältere tötet er, indem er sie gegen die Wand stößt. Ein anderer kann seit längerer Zeit nichts zu essen auftreiben, er zündet schließlich den Ofen an, verstopft den Schornstein und erstickt all seine Kinder.[339]

Eine Überlebende erklärt Jahre später: »Glauben Sie mir, Hunger macht aus netten, ehrlichen Leuten völlig abgestumpfte Tiere. Ohne Verstand und Mitgefühl, ohne Bedauern und Gewissen.«[340]

Nach der Etappe von Diebstahl und Wahnsinn kommen Halluzinationen und extreme Psychosen. Applebaum führt die Geschichte einer Mutter an, der es endlich gelingt, ein Brot zu bekommen. Als sie es anschneidet, sieht sie, dass es mit einem Papiersack gefüllt ist. Daraufhin sticht sie im Wahn ihrem Sohn das Brotmesser in den Rücken.[341]

Schließlich lassen alle natürlichen Instinkte nach, was bleibt, ist Apathie. Im Frühling 1933 hatten sich Ruhe und Gleichgültigkeit über die Ukraine gelegt. Die Menschen haben keine Kraft mehr zu klagen, nicht einmal zu stöhnen. Es gibt niemanden, der die Toten begräbt. Ihre Körper liegen am Bahnhof, an den Gleisen und Straßen. In den Städten sammelt die Geheimpolizei nachts die Leichen von den Straßen und setzt sie heimlich in Massengräbern bei. Allein

338 Ebd., S. 310–311.

339 Ebd., S. 315–316.

340 Ebd., S. 311.

341 Ebd., S. 317.

in Charkiw werden zwischen Februar und Juni fast 3000 solcher Fälle verzeichnet. Es kommt vor, dass die Totengräber Schwerkranke zu den Toten zählen. Wenn sie an einem Tag eine bestimmte Straße »aufräumen«, wissen sie, dass sie anderntags dorthin nicht mehr zurückkehren werden. Daher werden kranke Menschen zusammenmit den Toten mitgenommen und in die Massengräber geworfen. Sie werden nicht einmal erschossen – die Kugeln sind zu wertvoll.[342]

Diejenigen, die noch leben, ernähren sich von allem, was ihnen in die Hände fällt: verdorbene Lebensmittel, Pferde, Hunde, Katzen, Ratten, Ameisen, Eichhörnchen, Igel, Krähen, Spatzen, Frösche und Kröten. Sie essen Blätter, Unkraut, Baumrinde und die unteren Teile vom Schilf. In Mauselöcher gießen sie Wasser, um die Körner herauszuspülen, die dort von den Feldmäusen versteckt wurden. Die letzten Kühe füttern sie mit dem Stroh von den Dächern, kleingeschnitten und mit siedendem Wasser übergossen.

Gegen Ende des Frühlings bringt sie der Hunger zu extremen Lösungen. Anfangs verschwinden Kinder, dann Frauen, anschließend auch Männer. Kannibalismus breitet sich aus: Selten wird jemand getötet, um ihn zu essen, meist werden die Körper Verstorbener gegessen. Nach dem Tod seiner Frau isst ein Mann, wahnsinnig geworden vor Hunger, seine Tochter, dann seinen Sohn. »Ich habe meine Kinder gegessen«, sagt er seinem Nachbarn, »und wenn du zu viel redest, esse ich auch dich.«[343] Eine verzweifelte Kulakin schneidet am Weg einem Zwölfjährigen die Kehle durch, seine Innereien gibt sie der ahnungslosen Familie, die sie aufgenommen hat, zum Kochen. Einer anderen Frau ist es nicht einmal bewusst, als sie ihren Sohn in die Schüssel legt. Der italienische Konsul berichtet, dass in Charkiw die Eltern ihre Kinder zur Schule bringen, weil sie Angst haben, dass sie von Hungernden entführt werden. »Kinder von Parteiführern und OGPU-Leuten sind besonders gefährdet, weil sie besser angezogen sind als die anderen. Der Handel mit Menschenfleisch nimmt zu.«[344]

Vom 9. Januar bis zum 12. März registrieren die Behörden allein in Kyjiw 69 Fälle von Kannibalismus.[345] Sie haben keinen Zweifel

---

342 Ebd., S. 322–323.

343 Anatoli W. Karass, *Swidschennja otschewydziw pro holod 1930–40ch rr. na Siwerschtschyni*, Hluchiw 2008, S. 9, zit. nach: Applebaum, *Roter Hunger*, S. 325.

344 Applebaum, *Roter Hunger*, S. 326.

345 Ebd., S. 328.

daran, dass es in Wirklichkeit viel mehr sein müssen. Im März, als Gareth Jones nach Charkiw wandert, werden in der Oblast Charkiw offiziell neun solche Vorfälle festgestellt, im April 58, im Mai 132.[346] Die Behörden in Charkiw bitten Moskau um Empfehlungen, wie damit umzugehen sei. Moskau schweigt.[347]

Sowohl die ukrainischen als auch die Zentralbehörden, die Bewohner der ukrainischen Provinz um so mehr, kennen die Berichte von Kannibalismus. Es ist nicht bekannt, warum Jones in seinem Tagebuch, seinen Berichten und Artikeln den Kannibalismus kein einziges Mal erwähnt. Sicher ist, dass er nach seiner Rückkehr aus Russland durch die Briefe deutscher Siedler, die im Frühjahr in Deutschland eintreffen, davon erfährt:

> Die letzten zwei Wochen haben wir uns von Gras ernährt. Ich bin zu einem kleinen Hügel gelangt, wo ein totes Pferd lag, und habe etwas davon gegessen […]. Ganze Familien lagen unbeerdigt auf Pfaden und in den Steppen. Niemand störte sich daran. Man aß Katzen und Hunde. […] Man ernährte sich von gefährlichen Substanzen und verendetem Vieh, es gab auch authentische Berichte von Kannibalismus …[348]

*

Am 13. März, dem dritten Tag seiner Wanderung, kommt es zu einer Situation, die Jones weder in seinem Tagebuch noch in einem seiner Briefe beschreibt. Ray Gamache, der sich wissenschaftlich mit Jones journalistischer Arbeit befasst hat, erklärt die Nichterwähnung dieses Ereignisses damit, dass die Enthüllung der Hungersnot das Hauptziel des Walisers ist. Würde der Zwischenfall ans Licht kommen, könnte das das Vertrauen von Maiski, Umanski, Litwinow und selbst von Lloyd George in ihn erschüttern.

Die Episode vom 13. März beschreibt Jones erst später in zwei Artikeln für *The Western Mail* sowie den amerikanischen *New York American* und den *Los Angeles Examiner*, die dem Medienimperium William Randolph Hearsts angehören.

---

346 Ebd.

347 Ebd., S. 330.

348 *Written Evidence of Starvation Acquired by Gareth from Berlin on a Trip to Danzig in May 1933*, https://www.garethjones.org/overview/article03-2.htm (Zugriff: 26. Januar 2019).

An jenem Tag stapft er mit Mühe über den Bahndamm, rutscht auf dem vereisten Kies aus. Seine Schuhsohlen sind inzwischen dünn und abgenutzt, jeder Stein, auf den er tritt, verursacht ihm Schmerzen. Das Verlangen, die Wahrheit zu erfahren und in die Welt hinauszuschreien, was er sieht, machen ihm jedoch Mut. Während er geht, denkt er darüber nach, wie es möglich ist, dass die größte Hungersnot der Welt in der weizenreichsten Region des Planeten herrscht.

»*Potschemu golod?* [Warum herrscht Hunger?]«, fragt er jeden Bauern, den er trifft.

»Die Natur ist nicht schuld, die Kommunisten sind schuld«, antworten sie.[349]

An einem der kleinen Bahnhöfe befragt er eine Gruppe von Bauern, und sie flüstern:

»Warum sollten wir arbeiten, wenn sie uns den Boden weggenommen haben? Warum sollten wir arbeiten, wenn sie uns die Kühe weggenommen haben? Warum sollten wir arbeiten, wenn wir wissen, dass sie uns sowieso den Weizen wegnehmen? Die Kommunisten haben uns zu Sklaven gemacht.«

Alle sagen immer wieder: »Es gibt kein Brot, es gibt kein Brot.«

Plötzlich taucht ein uniformierter, wohlgenährter Polizist mit rotem Gesicht auf, hört einen Moment lang zu und lässt dann eine Reihe von Flüchen los.

»Hört auf vom Hunger zu reden! Seht ihr denn nicht, dass er Ausländer ist?«, schreit er die Bauern an und befiehlt ihnen, auseinanderzugehen. Jones bittet er um seine Dokumente.

Er blickt auf den Diplomatenpass und ruft einen der Männer aus der Menge herbei. Obwohl er aussieht wie ein gewöhnlicher Passagier, erweist er sich als Geheimpolizist. Im Wechsel werfen sie Jones eine Reihe von Fragen an den Kopf, und Gareth schüttelt es beim Gedanken an das sowjetische Gefängnis. Anstatt ihn zu verhaften, erklärt der Geheimpolizist höflich, er werde ihn auf der weiteren Reise nach Charkiw begleiten. Der Stempel »*Besplatno*« auf Jones Visum macht Eindruck auf ihn. Sie steigen in einen Zug, und Gareth erzählt während der ganzen Fahrt von seinen sowjetischen Bekanntschaften, von dem Treffen mit der Witwe von Genosse Lenin, mit weiteren Kommissaren und Würdenträgern des sowjetischen

349 Gareth Jones, *Reds Let Peasants Starve*, »Los Angeles Examiner«, 14. Januar 1935; unter demselben Titel auch in: »New York American«, 14. Januar 1935.

Regimes, von den Beziehungen zwischen Litwinow und Lloyd George, dessen guten Bekannten. Als sie in Charkiw ankommen, ist der begeisterte Geheimpolizist sicherlich davon überzeugt, dass die Verhaftung dieses Walisers die Sowjetunion, Großbritannien und die Vereinigten Staaten in einen Weltkrieg stürzen könnte. In Charkiw bringt er Jones nur bis zur Tür des deutschen Konsulats, wo er sich freundlich verabschiedet.[350]

*

Im Jahr 1930 erblickte Jones Charkiw, die Hauptstadt der Ukraine, aus dem Flugzeug, und er sah eine Baustelle, aus der imponierende Wolkenkratzer emporwachsen sollten, alle waren auf den Beinen, Russland wurde errichtet.

Im Jahr 1931, als er das erste Mal in diese Stadt kam, machten die neuen Häuser und Straßen einen guten Eindruck auf ihn. Junge Menschen voller Optimismus strebten voran. »Wir besiegen Amerika!«, riefen sie.[351]

Im Jahr 1933 war der Kampfgeist verflogen, niemand spricht mehr davon, Amerika zu besiegen. Arbeitslose und Bauern flehen um Brot.

Ohnehin ist Charkiw für die Einwohner der umliegenden Dörfer ein schwer zu erreichendes Ziel. Trotz des Verbots versuchen sie, dorthin zu gelangen, um Brot zu kaufen, Arbeit oder Nahrungsabfälle zu finden oder einfach zu betteln.

In den ukrainischen Städten lebt man dank der Rationierung von Lebensmittelerzeugnissen besser. Die Arbeiter aus dem staatlichen Sektor und die Beamten bekommen, anders als die Lebensmittel produzierenden Bauern, dafür Bezugsscheine. Die Höhe der Zuteilung hängt von der Bedeutung des Arbeiters und dem Ort ab, an dem er arbeitet. Für die Entwicklung der Sowjetunion strategisch wichtige Regionen, zu denen in der Ukraine nur der Donbass zählt, werden besser behandelt. In der Folge gehen 80 Prozent der Lebensmittellieferungen an gerade mal 40 Prozent der Einwohner in der Ukraine. Die anderen, dazu zählen die Einwohner von Charkiw, darben. Arbeiterinnen der »dritten Kategorie« haben ein Anrecht

---

350 Gamache, *Gareth Jones. Eyewitness*, S. 130–131.

351 Gareth Jones, *15 Hours to Wait for the Shops to Open*, »The Daily Express«, 7. April 1933, S. 11.

auf vier Scheiben Brot am Tag. Als Jones in Charkiw erscheint, muss die Stadt seit zwei Monaten einen ernsthaften Mangel an Backwaren bewältigen. Doch den Einwohnern gelingt es von Zeit zu Zeit, welche zu ergattern. In den Dörfern gibt es gar keine.

Das Tauwetter hat frühzeitig begonnen, und Gareth watet durch die Charkiwer Straßen. Das Wasser des gestrigen Schnees strömt durch die Straßen und bildet darauf große Tümpel. Die Häuser sind verwahrlost, die Baustellen verwaist. Gegenüber den nicht gebauten Hochhäusern wurde eine Kirche gesprengt, aber der Turm ließ sich nicht abreißen. Die Arbeiter weigern sich, die Trümmer von dem Schlachtfeld zu räumen, weil sie meinen, das sei ein Zeichen Gottes. Verzweifelte Christen schreiben an die Behörden und behaupten, die Briefe kämen direkt aus dem Himmel: »Ich, Gott, sage euch, dass die Kolchose des Satans ist«[352], heißt es da.

»Onkel, gib uns ein paar Kopeken oder Brot«, rufen Kinder Gareth zu.

Der Ankömmling spaziert mit dem deutschen Vizekonsul durch die Stadt. Vor einer mit Brettern vernagelten Bäckerei rufen Hunderte zerlumpter Menschen: »Wir wollen Brot!« Zwei sowjetische Polizisten versuchen sie zu überzeugen, dass es keine Backwaren gibt und erstmal nicht geben wird. »Bürger, das ist nicht unsere Schuld«, versuchen sie zu erklären, als die Menge wütend wird. Gareth fragt einen der Männer, wie lange er hier stehe. Er antwortet: »Zwei Tage.«[353] Niemand aus der Menge hat die Absicht aufzugeben, jeder hofft darauf, dass gleich ein Auto mit einer Lieferung vorfährt oder das Brot vom Himmel fällt.

An einem anderen Ort, der immer noch mit Brot beliefert wird, stehen Jones zufolge 7000 Personen Schlange. Sie kommen gegen drei oder vier Uhr nachmittags, um am nächsten Morgen Brot zu kaufen. In Charkiw warten mancherorts Schlangen von mehreren Tausend Menschen nächtelang bei einigen Grad minus auf eine Lieferung. In einer davon, die für Backwaren zu exorbitanten Preisen ansteht, knurrt eine Frau: »Du siehst, wie gut es hier ist.«[354]

Jemand erzählt ihm einen Witz: Eine Laus und ein Schwein treffen sich an der Grenze der Sowjetunion, die Laus kommt ins Land,

352 *»Tell Them We Are Starving«*, S. 208.

353 Jones, *15 Hours to Wait for the Shops to Open.*

354 Die Beschreibung von Jones Spaziergang durch die Stadt nach: *»Tell Them We Are Starving«. The 1933 Diaries of Gareth Jones*, S. 194–200.

In Charkiw bewunderte Gareth das höchste Gebäude der ganzen Sowjetunion. Er hatte auch Freude an dem den amerikanischen Wolkenkratzern nachempfundenen Haus der Staatlichen Industrie.

das Schwein verlässt es. »Warum kommst du nach Russland?«, fragt das Schwein. »Weil die Menschen in Deutschland«, antwortet die Laus, »so sauber sind, dass ich nirgendwo einen Platz für mich finden kann. Also suche ich in der UdSSR mein Glück. Und warum gehst du fort?«, fragt sie. »Weil die Russen jetzt«, antwortet das Schwein, »das Gleiche essen wie die Schweine und nichts mehr für mich übrig bleibt.«

Jones macht sich wie üblich Notizen. Über die Rationen für die Arbeiter zweiter Kategorie schreibt er:

> *Brot*
> Arbeiter 800 g am Tag
> Kind 300 g am Tag
> Frau 300 g am Tag
> Aber schon der Schwiegermutter steht nichts zu.[355]

Andere, so auch einer seiner Gesprächspartner, bekommen nur 100 Gramm am Tag für sich selbst und seine Frau.

»Was bauen Sie an?«, fragt er einen Bauern, den er trifft.

Der antwortet:

»Ich habe herrliche Unkrautkulturen.«[356]

Am 16. März besucht Jones als Gast des deutschen Konsulats schließlich das offizielle Ziel seiner Reise nach Charkiw. Die dortige Fabrik verlassen 80 Traktoren am Tag. Er hört, dass diese bisher 1000, 1500 Stunden funktioniert haben, während amerikanische Ackerschlepper gewöhnlich vier Mal so lange halten. Doch jetzt setzten die Sowjets, wie ihm der Direktor versichert, auf Qualität: Sie produzierten weniger und besser, die Traktoren sollen ohne Reparatur sogar 2000 Stunden funktionieren. Sie sind der Stolz des Volkskommissars für Schwerindustrie. In vier sowjetischen Fabriken sollen in diesem Jahr zusammen 60 000 Traktoren produziert werden, und die Behörden wollen, dass die Jahresproduktion in Kürze 160 000 erreicht. Zwar mussten vor einiger Zeit 4000 Arbeiter der Fabrik entlassen werden, die Vorgesetzten sind streng geworden, für einen Fehltag droht der Verlust der Arbeit, des Bezugsscheins für Brot und der Möglichkeit, sich einen Pass ausstellen lassen zu können. Aber der Betrieb wird wieder einstellen, man hat dort auch die Produktion von Panzern aufgenommen.

355 Ebd., S. 195.
356 Ebd., S. 204.

Derweil hat die Stadt nicht genug elektrische Energie, kürzlich gab es für ein paar Wochen kein Licht und keine Kohle, und selbst die Schauspieler in der Oper sind ins Publikum gegangen, um sich etwas aufzuwärmen. »Unter den Zuschauern: viel Schminke, wenig Brot«[357], bemerkt Gareth.

Die Funktionäre der Geheimpolizei werden mehr – in Charkiw sind es schon 30 000. Die Russifizierung der Ukraine hält an.

»Überall Verfolgungen, überall Terror«, erzählen die Charkiwer Jones.

Den größten Eindruck auf Gareth machen aber die *besprisornye*, Straßenkinder, die vielleicht bis zu zwölf Jahre alt sind. Oft haben sie keinerlei Rechte, sind Waisen, Obdachlose, Flüchtlinge aus Familien vom Land, wo es kein Brot gibt, die von Straftaten und vom Betteln leben und die nach der Oktoberrevolution auf den russischen Straßen aufgetaucht sind. Die Machthaber versuchten dieses Phänomen zu bekämpfen, und 1930 sah Jones auf den sowjetischen Straßen nur wenige von ihnen, aber jetzt, im Jahr 1933, wimmelt es in Charkiw wieder von traurigen Kindergesichtern, eingemummt in dreckige Lumpen.

Im Wartesaal am Bahnhof werden 300 von ihnen zusammengetrieben, dort warten sie auf ihren Abtransport. Einer von ihnen liegt am Boden, er hat ein gerötetes Gesicht, der Mund steht ihm offen. Typhus, kommentiert jemand von der Seite.

Gareth hat keine Kraft mehr, sich das noch länger anzusehen. Er wendet den Blick ab und steigt in den Zug nach Moskau. Auf dem Gang steht ein gut angezogenes Mädchen, sie hat rosige Wangen, in ihrer kleinen Hand hält sie ein Spielzeug, in der anderen ein Stück Kuchen. Bestimmt ist sie das Kind eines Parteimitglieds oder eines Ingenieurs, denkt sich Gareth. Von der Gleichheit, von der ihm die Kommunisten erzählt hatten, kann keine Rede sein.

*

357 Ebd., S. 200.

In Moskau trifft er am 17. März ein.

Die Tage, die er hier am Anfang des Monats verbrachte, machten einen guten Eindruck auf ihn: Die Menschen im Zentrum waren warm angezogen, es sah so aus, als würde für die Gesundheit der Kinder und ihre Ernährung in der Schule Sorge getragen, über die Straßen fuhren tolle Autos, das Theater war voll von eleganten Menschen und manche Geschäfte hatten gar kein schlechtes Sortiment, auch wenn Gareth schon damals bemerkte, dass nur Privilegierte Zutritt zu ihnen hatten. Beim Tanzabend im Hotel Metropol sah er bunte Lichter, Springbrunnen, weiß gekleidete Kellner, Wein, ein vierzehnköpfiges Orchester und Ingenieure, Journalisten und Parteimitglieder beim Tanz. Die Moskauer hatten es immer noch eilig, und da dachte er sich, Hungrige würden nicht so laufen.

Diesmal dringt er in abseits gelegene Arbeiterbezirke vor. An einem Hof, auf dem Müll herumliegt, steht ein Holzhaus.

»Ich möchte gerne sehen, wie Arbeiter leben«, sagt Jones an der Schwelle.

Sie wohnen hier zu dritt, in einem so kleinen Zimmer, dass es fast ganz von dem Bett eingenommen wird. In den nächsten Zimmern hausen sechs-, ja sogar achtköpfige Familien.

Sie erzählen, dass aus Zentralasien und dem Nordkaukasus der Schwarze Tod heranzieht – die Pest. Tausende sterben schon an Typhus. Sie erzählen, was ihnen ein Bekannter berichtet hat: »Mein Bruder ist gestorben, aber er liegt immer noch da und wir wissen nicht, wann er beerdigt werden kann, weil man Schlange steht für Beerdigungen.« Es gebe keine Hoffnung für die Zukunft, erklärt er.[358]

»Und die Kulaken!«, ruft eine der Bewohnerinnen aus. »Achte darauf, wen sie Kulak nennen. Einen gewöhnlichen Bauern, der eine Kuh hat oder zwei. Sie ermorden die Bauern, bringen sie weg. Unterdrückung, Unterdrückung, Unterdrückung.«[359]

»Wann wird es endlich Krieg geben?«, fordert ein Mann. »Alle wollen Krieg. Alle werden sich gegen die Teufel erheben.«[360]

Am folgenden Tag wird ein Kommunist Jones stolz erzählen, dass es dank dem neuen System der Inlandspässe endlich gelinge, den Arbeiterüberschuss aus den Städten fortzuschaffen. Allein Moskau

358 Ebd., S. 211.

359 Ebd., S. 265.

360 Ebd., S. 266.

Obdachloses Mädchen, dessen Eltern verhungert sind.

sollen 700 000 Personen verlassen. Wie der Kommunist versichert, werden das ausschließlich Betrüger, Spekulanten, Kulaken, Privathändler und vorrevolutionäre Offiziere sein.

Anderntags erkundigt sich Jones bei einem bekannten Kommunisten:

»Woher kommt plötzlich so eine große Arbeitslosigkeit?«

»Das läuft alles nach Plan«, hört er. »Wir erzeugen gezielt Arbeitslosigkeit, damit die Menschen besser arbeiten. Wenn alles planmäßig getan wird, hat das keinen Einfluss auf das Leben der Menschen.«[361]

Außerdem versage, wie Jones von überallher hört, der Transport auf ganzer Linie. Der Transport von Schuhen aus einer Fabrik in ein 50 Kilometer entferntes Dorf dauert ganze 50 Tage, ans Ziel gelangen zudem nur 25–40 Prozent der Ware: Ein Teil erweist sich als von schlechter Qualität, ein Teil verschwindet oder wird geklaut. In die andere Richtung benötigen die Kartoffeln gewöhnlich zwei Monate für die Reise. Manchmal verschwindet unterwegs der Großteil der Ladung.

Im Moskau trifft sich Gareth auch mit den wichtigsten westlichen Korrespondenten: erst mit Eugene Lyons, dann mit Walter Duranty. Es ist nicht viel bekannt, worüber sie gesprochen haben. Sicherlich aber über die Hungersnot, da Lyons Jahre später feststellt – bestimmt etwas neidisch –, Jones' Berichte aus der Sowjetunion hätten nicht viel mehr enthalten, als ihm die amerikanischen Korrespondenten gesagt hätten. Vielleicht habe Jones in seinen Artikeln, wird sich Lyons fragen, um seine Gesprächspartner zu schützen, vielleicht aber auch, um die Authentizität seiner Berichte zu erhöhen, die eigenen Beobachtungen hervorgehoben und nicht die Schlussfolgerungen aus diesen Gesprächen.[362]

In seinem Notizbuch schreibt Gareth nach dem Gespräch mit dem Korrespondenten der *New York Times* nur: »Ich traue Duranty nicht. Er glaubt immer noch an die Kollektivierung.«[363]

Am 23. März empfängt der Volkskommissar für Auswärtige Angelegenheiten, Maxim Litwinow, Jones als den Berater des ehemaligen Premierministers von Großbritannien mit Ehren und antwortet gerne auf Fragen. Er vertraut Jones so sehr, dass er

---

361 Gareth Jones, *Pitiful Lives of Soviet Factory Slaves*, »The Daily Express«, 8. April 1933.

362 Eugene Lyons, *Assignment in Utopia*, New York 1937, S. 572.

363 *»Tell Them We Are Starving«*, S. 211.

vertrauliche Fragen erörtert wie die Verhaftung von sechs britischen Ingenieuren, was Gareth nur seinem Chef mitteilen darf. Wieder fällt der Name Mandschuko. Nach Ansicht des sowjetischen Politikers sei das im Moment die einzige Region auf der Welt, die ernstlich einen Krieg verursachen könne. Japan wolle, meint der Kommissar, weiter expandieren und könne die Vereinigten Staaten oder die UdSSR bedrohen. Alles deutet darauf hin, dass sich dieser Ort neben Deutschland und Russland zur nächsten Bühne der wichtigsten Ereignisse in den 1930er-Jahren entwickeln werde. Es sei denn, Hitler beschließe, Polen anzugreifen.

Bei dem Gespräch kann der sowjetische Kommissar Lloyd George nicht genug loben. Er versichert, dass er die Treffen mit ihm sehr schätze, eifrig seine Reden studiere und seinen Mut bewundere. Er bittet, ihm herzliche Grüße auszurichten.[364]

Gareth fragt Litwinow nicht nach der Hungersnot in der Ukraine. Und was ist, wenn der Kommissar schon weiß, dass sein Gast zu Fuß nach Charkiw unterwegs war? Jones kann es sich nicht erlauben, weiter Verdacht zu erregen. Vielleicht will er auch nicht, dass der Politiker Fragen nach der Hungersnot als persönlichen Affront betrachtet. Es wird am besten sein, so denkt er, sich still und leise aus der Sowjetunion zu stehlen.

Im Zug nach Berlin trifft er Amerikaner.

»Terror, Hunger«, klagen sie. »Sie haben uns die Pässe weggenommen, und wir haben zweieinhalb Jahre lang versucht, aus Russland rauszukommen. Wir haben zwei Mitarbeiter in Dörfer geschickt, wo es ein halbes Jahr lang kein Brot gab. Alle Statistiken sind Lüge. Die Produktion nimmt ab, nicht zu. Die jungen Komsomolzen haben mehr Macht und bessere Löhne als alte, qualifizierte Arbeiter. Viele Arbeiter sind verschwunden, nachdem sie den Mut hatten, das Regime zu kritisieren. Alle Fachleute wandern aus. Weiß Gott, was mit den Maschinen geschehen wird. Die Arbeiter haben keine Kraft mehr. Alle können den Krieg kaum erwarten.[365]

---

364 Ebd., S. 271.

365 Ebd., S. 274–275.

Kapitel 14
Ein Brite enthüllt

»Überall hörte man es rufen: ›Es gibt kein Brot. Wir sterben.‹ Dieser Schrei drang aus jeder Ecke Russlands, aus der Wolgaregion, Sibirien, Weißrussland, dem Kaukasusvorland, Zentralasien«[366], donnert Jones auf einer Pressekonferenz in Berlin am 29. März.

Er sagt, dass in der Ukraine alle auf den Tod warteten. Und in Kasachstan seien, wie er gehört habe, sogar schon 5 Millionen Menschen vor Hunger gestorben.

Hubert Renfro Knickerbocker und Edgar Ansel Mowrer, die Stars des amerikanischen Journalismus, hören ihm wie versteinert zu.

»Die Verhaftung der britischen Ingenieure [vom Konzern Metropolitan-Vickers] in Moskau sind ein Anzeichen von Panik im Zusammenhang mit einer Situation, die tragischer ist als 1921«, fährt Jones fort. »Der am Samstag beginnende Prozess gegen sie ist nur eine Fortsetzung der kürzlich erfolgten Erschießung von 35 prominenten Arbeitern aus dem landwirtschaftlichen Sektor, darunter der Vizekommissar im Ministerium für Landwirtschaft.«[367]

Die Politik der Kollektivierung und der Widerstand der Bauern, behauptet Jones, habe zu der größten Katastrophe seit der Hungersnot von 1921 geführt. Hinzugekommen seien Terror, der Zusammenbruch des Transport- und Finanzwesens, der Ruin des Devisen- und

---

366 Hubert Renfro Knickerbocker, *Famine Grips Russia Millions Dying. Idle on Rise, Says Briton*, »Evening Post Foreign Service«, 29. März 1933.

367 Ebd. Es geht um Mowsej Wolf, den Stellvertreter des Volkskommissars für die Sowchosen.

Kreditsystems, was viele Fabriken zur Schließung oder Massenentlassungen von Arbeitern geführt habe. Millionen Menschen, erklärt er beunruhigt, würden vor Hunger sterben.

Die Zuhörer wissen nicht so richtig, wer Gareth Jones in Wirklichkeit ist. Er stellt sich nicht als Journalist vor. Knickerbocker beschreibt ihn in seinem Korrespondentenbericht als Berater Lloyd Georges in auswärtigen Angelegenheiten, und Mowrer als dessen Privatsekretär.

Knickerbockers Text, der noch an demselben Tag unter dem Titel »Ein Brite enthüllt: Russland im Griff des Hungers, Millionen Opfer, immer mehr Brachland« in der *New York Evening Post* erscheint, hebt die große Bedeutung von Jones Bericht hervor in Anbetracht von dessen Reputation, Glaubwürdigkeit und Unvoreingenommenheit und insbesondere, weil er der erste und einzige Beobachter war, der die Region besucht hatte, seit es Ausländern verboten war, dorthin zu reisen. Aus diesem Grund sei es geboten, diese Informationen weithin bekannt zu machen, suggeriert der Autor.

Genau das geschieht von Anfang an. Außer den Artikeln von Knickerbocker und Mowrer in der *Chicago Daily News* druckt *The Sun* aus Baltimore den Korrespondentenbericht aus Berlin auch an diesem Tag. Anderntags tun das auf der Grundlage einer Pressemitteilung der Agentur Reuters auch die britischen Zeitungen: *The Morning Post, The Daily Express, The Yorkshire Post* und *The Manchester Guardian.* In den folgenden Tagen berichten auch das deutsche *Berliner Tageblatt* und die amerikanische *The Time* darüber.

Am Tag nach der Berliner Konferenz tritt Jones im Königlichen Institut für Internationale Angelegenheiten in London auf. »Die Schlinge um den Hals des russischen Bauern zieht sich zusammen, rings um ihn herrschen Hunger und Verbannung«[368], erzählt er.

Unterdessen wird den Sowjets – wie wir wissen – am Tag von Jones' Ankunft in Berlin bewusst, dass Jones einen Teil des Weges nach Charkiw zu Fuß zurückgelegt hat, und Botschafter Maiski fordert eine Erklärung dafür in Lloyd Georges Büro.

Der Sekretär des ehemaligen Premierministers äußert im Namen des Chefs sein Missfallen über die Tatsache, dass Jones den Eindruck erweckt habe, er würde im Namen von Lloyd George nach Russland reisen, und kündigt an, dieser werde eine Erklärung einfordern.

368 Colley, *More Than a Grain*, S. 229.

Friday, March 31, 1933 THE EVENING

FAMINE RULES RUSSIA

The 5-year Plan Has Killed the Bread Supply

By GARETH JONES

Mr. Jones is one of Mr. Lloyd George's private secretaries. He has just returned from an extensive tour on foot in Soviet Russia. He speaks Russian fluently—and here is the terrible story the peasants told him.

MR. GARETH JONES.

A FEW days ago I stood in a worker's cottage outside Moscow. A father and a son, the father a Russian skilled worker in a Moscow factory, and the son a member of the Young Communist League, stood glaring at one another.

The father, trembling with excitement, lost control of himself and shouted at his Communist son: "It's terrible now. We workers are starving. Look at Chelyabinsk, where I once worked. Disease there is carrying away numbers of us workers and the little food there is is uneatable. That is what you have done to our Mother Russia."

The son cried back: "But look at the giants of industry which we have built. Look at the new tractor works. Look at the Dnieprostroy. That construction has been worth suffering for."

"Construction indeed!" was the father's reply. "What's the use of construction when

"*The cattle have nearly all died. How can we feed the cattle when we have only fodder to eat ourselves?*"

"And your horses?" was the question I asked in every village I visited. The horse is now a question of life and death, for without a horse how can one plough? And if one cannot plough, how can one sow for the next harvest? And if one cannot sow for the next harvest, then death is the only prospect in the future.

The reply spelled doom for most of the villages. The peasants said: "Most of our horses have died and we have so little fodder that the remaining ones are scraggy and ill."

If it is grave now and if millions are dying in the villages, as they are, for I did not visit a single village where many had not died, what will it be like in a month's time? The potatoes left are being counted one by one, but in so many homes the potatoes have long run out. The beet, once used as cattle fodder, may run out in many huts before the new food comes in June, July and August, and many have not even beet.

The situation is graver than in 1921, as all peasants stated emphatically. In that year

Auszug aus einem Artikel im London Evening Standard *vom 31. März 1933, in dem Gareth Jones die große Hungersnot in der Ukraine enthüllt.*

Doch Lloyd George nimmt keine Verbindung mehr mit Jones auf und bricht – von Höflichkeitsgesten abgesehen – jeden Kontakt mit ihm ab.

Er antwortet nicht einmal auf einen am 27. März aus Berlin geschickten Brief, in dem Gareth schreibt: »Die Situation ist viel schlimmer als 1921, mich erstaunt Ihre Bewunderung für Stalin.«[369] Jones ergänzt, dass er für seinen ehemaligen Chef jede Menge »erstklassiger Informationen«[370] habe, die ihn interessieren sollten. Er erwähnt auch eine ganze Liste von Gesprächspartnern, die er in den letzten zwei Monaten befragt hat, allen voran führende Kommunisten und Nazis.

Zwei Tage nach der Pressekonferenz, am 31. März, lesen die Briten im *London Evening Standard* einen ausführlichen Text, der namentlich gezeichnet ist: »Gareth Jones«. Er ist illustriert mit einem Foto des Autors im Profil und einem Foto von jugendlichen Bettlern in Moskau. Der erste Satz des Artikels stellt Jones als einen der Privatsekretäre David Lloyd Georges vor, was den ehemaligen Premierminister noch wütender macht.

Aber in einem Brief an seine Kommilitonin Margaret Stewart schreibt Jones: »Ich bin Journalist geworden.«[371]

---

369 Ebd., S. 226.

370 Ebd.

371 Gamache, *Gareth Jones. Eyewitness*, S. 214

Kapitel 15

Mein Vater ist Kommunist und ich bin Komsomolzin

Diesmal ist der Schnee nur bis hinter Kyjiw gekommen, im Osten der Ukraine erwartete mich nur frühwinterlicher Frost. Im November 2018 stieg ich, im Rucksack die Notizen von Gareth Jones – entsprechend seiner Empfehlung von vor 85 Jahren –, in ein Abteil mit harten Sitzbänken des langsamsten Zuges von Charkiw in Richtung der russischen Grenze. Der Zug fuhr nach Kosatscha Lopan, dem vorletzten Dorf in der Ukraine. Die Bänke waren hart wie früher, aber bezogen mit braun-weinrotem Kunstleder und hintereinander aufgestellt, jeweils zwei Bänke mit drei Sitzplätzen nebeneinander und einem Durchgang dazwischen. In dem Waggon saßen fast nur Frauen und Alte. An jeder Station war die Aufschrift: »*Piwdenna Salisnyzja*«, darunter auf Englisch »*South Railway*«, also »Südbahn«.

Überall hohe Zäune, überall spürt man das Misstrauen, überall Furcht. Ich dachte mir, dass Argwohn im Kriegszustand eine natürliche Schutzreaktion ist. Ein paar Hundert Kilometer von hier wird gekämpft, sterben Menschen, und der Karte der Separatisten zufolge soll die Gegend von Charkiw, genau wie der Donbass, zur »Republik Neurussland«[372] gehören. Oder auch nicht? Vielleicht verstärkt die-

372 Neurussland ist eine historische Landschaft im Südosten der Ukraine nördlich des Schwarzen Meeres, die sich vom Donbass über Moldau bis nach Rumänien erstreckt. Der Begriff entstand im 18. Jahrhundert im Russischen Kaiserreich als Bezeichnung der in den Kriegen mit dem Osmanischen Reich eroberten Gebiete des ehemaligen Wilden Feldes. Seit dem Krieg im Donbass hat diese Idee eine Renaissance erfahren.

ser Krieg nur die Charakterzüge der Leute, die Eigenschaften, die während des Stalinismus und jenen tragischen Ereignissen im Jahr 1933 entstanden?

Der einzige Taxifahrer vor dem Bahnhof in Kosatscha Lopan will uns nicht in das an der Grenze gelegene Dorf fahren.

»Warum dort hinfahren? Da ist nichts. Was sucht ihr da?«, stellt er ein Verhör an.

Der stattliche Mann in einem gelb-blauen Trainingsanzug mit der Aufschrift »Україна« (»Ukraine«) lässt sich lange nicht überreden, aber schließlich ist er einverstanden. Am Dorfeingang von Hraniw sollen wir aussteigen, er kassiert 50 Hrywnja, weiter beabsichtigt er nicht zu fahren. Eine Alte, geboren 1933 – in dem Jahr, als Jones hier vorbeilief –, schüttet gerade Abwaschwasser aus einem Metalleimer in den Graben, vom Holodomor weiß sie nichts und sie möchte nicht sprechen.

»Es herrschte Hunger, das ist alles. Und geht nicht weiter, weil sie euch erschießen«, sagt sie knapp.

Wer erschießt uns?

»Sowohl der Russe als auch die Ukrainer.«

Die Grenzer tauchen plötzlich und unerwartet auf. Sie kommen mit schnellen Schritten auf uns zu, bestimmt wurden sie von dem misstrauischen Taxifahrer benachrichtigt. Sie fragen, was wir hier trieben, wer dieser Gareth Jones in Wirklichkeit sei und warum wir uns für ihn interessierten. Sie versichern sich, dass ich keine Fotos mache, und wollen die Adresse des polnischen Znak-Verlags haben. Der mich begleitende Roman Romantsov, ein Historiker, der aus der Gegend von Charkiw stammt, kommentiert später, dass die Leute hier immer noch stalinistische Angewohnheiten haben. Jeder kontrolliert jeden, die Leute denunzieren einander.

All das spielt sich auf der Michail-Kalinin-Straße ab. Als Kalinin Mitglied des Politbüros war, wurde seine Frau ins Lager gesteckt. Stalin wusste von Zeit zu Zeit seine Meinung zu schätzen, und Kalinin revanchierte sich mit absoluter Ergebenheit. Er war mitverantwortlich für Massenverbrechen, unter anderem für die Ermordung der polnischen Offiziere in Katyn.

Die Grenzer lassen endlich von uns ab, und wir gehen die Kalinin-Straße entlang und fragen die argwöhnischen Einwohner nach der großen Hungersnot. Ein paar brechen das Schweigen.

Tatiana, eine 67-Jährige, erzählt, dass ihr Vater damals sieben Jahre alt war. Den Großvater hatten Aktivisten zu Beginn der

Kollektivierung erschossen. Der Großmutter waren zwei Kinder und eine Ziege geblieben. Die Ziege nahmen sie ihr nicht weg, weil sie in der Kolchose nicht gebraucht wurde. Dank ihr hat die Familie überlebt. Hier war der Hunger nicht am schlimmsten, erscheint es Tatiana, hier ist Schwarzerde, zwar wurde den Menschen das Getreide weggenommen, aber man konnte irgendwie überleben. An mehr aus den Erzählungen ihrer Mutter kann sie sich nicht erinnern.

Ein paar Häuser weiter erinnert sich Hanna, geboren 1939, was die Leute darüber sagten: Die Ernten waren gut, die Hungersnot künstlich herbeigeführt. Die Eltern gaben den Kindern Kartoffelschalen zu essen, sie kochten daraus Suppe, machten Puffer aus Futterpflanzen, was einem so in den Kopf kam. Eine Reise in die Stadt konnte die Rettung sein, aber sie hatten kein Geld für die Fahrkarten. Die Menschen sprangen auf Güterwaggons, hielten sich krampfhaft an deren Seitenwänden fest, um nicht herunterzufallen, spürten 40 Kilometer lang ihre Hände nicht mehr, um in Charkiw etwas zu essen zu ergattern. Wer Gold hatte, tauscht es gegen ein Stück Brot.

Aus Hraniw, dem ersten ukrainischen Dorf auf der Strecke von Moskau nach Charkiw, laufe ich zu Fuß die Gleise entlang – den Weg, den Gareth Jones vor 85 Jahren gegangen ist. Hinter uns, auf der russischen Seite, liegt Krasnyi Chutor, über das er in sein Tagebuch schreibt, dass 180 Kinder aus der dortigen Schule den Erwachsenen in der Kolchose helfen mussten. Er erwähnt auch in die Ukraine führende Gleise, in Richtung »S«. Wir vermuten, dass es um das Dorf Slatyne ging, am Abend wollen wir dort sein.

Jones notierte, das sei die »wichtigste Bahnstrecke in ganz Russland«[373] gewesen. Auf ihr wurden die Ernten aus der Ukraine nach Russland gebracht. Heute fahren die Züge nicht mehr über die Grenze, die Strecke von Charkiw endet in Kosatscha Lopan. Auf der rechten Seite ziehen sich flache Felder dahin, man sieht die letzten Häuser des Dorfes Hraniw. Der uns entgegenkommende Mann schreit zornig:

»Lauf nicht auf meinem Weg, geht am Rand. Der Weg gehört mir, ich habe ihn gebaut. Habt ihr denn eine Genehmigung?«

Schwer zu sagen, ob er das ernst meint, scherzt oder verrückt ist. Er heißt Wladimir, ist geschätzt 50 Jahre alt und stellt sich als Russe aus der Ukraine vor.

---

373 *»Tell Them We Are Starving«*, S. 191.

Vom Holodomor weiß er so viel, dass hungern musste, wer nicht arbeiten wollte. »Die Fleißigen hatten keinen leeren Magen. Da gibt's nichts zu fragen, der Hunger war da und ging vorüber, niemand erinnert sich daran.«

»Seid ihr Bandera-Anhänger?!«, fragt er irritiert, als Roman ihn auf Ukrainisch anspricht. »Die Bandera-Typen mag ich nicht. Die haben bei Dubno auf Vater geschossen. Mutter hat immer gesagt, wir sollen nicht die Sprache der Feinde lernen. Und jetzt regt es meinen Sohn auf, dass ich mir die Iwans im Fernsehen angucke. Wer ist dann also mein Sohn?!«

Im Weggehen wird er auf meine Mütze aufmerksam: bunt, peruanisch, aus Alpakawolle.

»Lauf lieber nicht mit der hier rum, man sieht sofort, dass du nicht von hier bist.«

Ich setze die Mütze nicht ab, weil es unter null Grad ist. Wir laufen die leere Straße entlang, überall ist die Erde verkohlt, die Leute brennen das Unkraut nieder, wer hat schon Lust, es zu mähen. Außerdem arbeitet hier kaum mehr jemand, es gibt immer weniger Menschen, die jungen Leute fahren lieber nach Charkiw und noch lieber nach Polen oder, wenn jemand das Glück hat, ein Visum zu bekommen, auf die Britischen Inseln.

Nach eineinhalb Stunden kommen wir in ein großes Dorf am Fluss – Kosatscha Lopan, wo wir zuvor aus dem Zug gestiegen sind. Vor langer, langer Zeit, als diese damals unbevölkerten Gebiete »Wilde Felder« genannt wurden und man Menschen aus der Zentralukraine hierherbrachte, wurde es von den Kosaken gegründet. Lopan ist der Fluss, dessen Name so viel wie Brunnen im Schlamm bedeutet.

Vor einer der ersten Hütten stehen zwei Frauen, bei dem Wort »Holodomor« beginnt die eine zu weinen.

»Mama hat erzählt, dass sie auf den Acker gingen, gefrorene Kartoffeln suchen. Und wenn es ihnen gelang, ein Stückchen Brot zu bekommen, wickelten sie es in Gaze und saugten es aus, leckten es ab, um es nicht zu schnell zu essen.«

Die Frau in der Bar am Wegesrand, wo wir zu Mittag essen, warnt uns, dass uns wahrscheinlich niemand ins Haus lässt: Es sei gefährlich hier, und auch wir könnten uns als Mörder oder so entpuppen.

Zum Glück lässt man uns in die Schule. Die Kinder nehmen einen Film mit Versen anlässlich des bevorstehenden Gedenktages für die Opfer der Großen Hungersnot und der Politischen Repressionen in der Ukraine 1932–1933 auf, der auf den vierten Samstag im November fällt. Wir hören zu:

Не стануть свідки із могил
Вони ж тоді не говорили
Бо голод їх позбавив сил
А за селом росли могили

Auferstehen werden sie nie wieder,
Die Zeugen, die damals schon schwiegen,
Der Hunger nahm die Kraft, warf sie nieder,
In Gräbern beim Dorfe sie liegen.

Хто відповість за ту біду
Що голодом людей косила
Що в Україні не одну убила гордість пісню силу

Wer Antwort hat auf diese Not,
Die die Menschen durch Hunger dahingerafft,
Die der Ukraine Stolz, Lied und Kraft mehr als einmal brachte den Tod.

In Kosatscha Lopan ist niemand mehr, der sich an den Holodomor erinnern könnte, aber in der Schule gibt es Berichte, die vor einigen Jahren zusammengetragen wurden.

Maria Wasyljewna Fedorenko war damals neun Jahre alt. Zu Beginn der Hungersnot aßen sie, ihre Schwestern (Tania, Hala, Ola, Wira und Daria) und ihre Brüder (Grigorij, Maksym und Pawel) Kartoffeln, dann Zuckerrüben, und als die Aktivisten alles Essbare aus den Häusern geholt hatten, was sie fanden, gruben sie vor dem Haus faulige, stinkende Kartoffeln aus, die sie ein Jahr zuvor für schlechte Zeiten vergraben hatten. Die Mutter machte daraus Puffer. Aufgeschwollene Menschen schleppten sich durchs Dorf, bis ihre Seele zu Gott ging. Die Toten lagen vor den Häusern. Sie wurden zu mehreren begraben, jeweils ein gutes Dutzend, die Gräber wurden nicht beschriftet. Bis heute weiß niemand, wer wo liegt.

Stepan Iwanowytsch Dychalo hat sich diese Ereignisse, auch wenn er damals gerade mal fünf Jahre alt war, für immer gemerkt. Es lässt sich schwer vergessen, wenn einen der Hunger und der schmerzende Magen Tag und Nacht quälten. Täglich starben Menschen. Und seine Nachbarin, Tante Fekla, fuhr mit ihren Söhnen – Petr und Iwan – nach Charkiw und kehrte allein zurück. Sie hatte sie am Bahnhof ausgesetzt in der Hoffnung, dass sie jemand ernährt. Sie hatte ihnen seit vielen Tagen keinen Krümel Brot und keine Kartoffelschale geben können. Später klagte sie lange und suchte ihre Söhne in den Dörfern, aber sie fand sie nicht. »Es ist schrecklich, sich heute daran zu erinnern, und schwierig, darüber zu sprechen«, berichtete Stepan, der, weil er wusste, was seine Tante getan hatte, sich lange vor Furcht schüttelte bei dem Gedanken, dass auch seine Eltern ihn aussetzen könnten. »Viele Menschen sind nicht zurückgekommen – sie starben mit unter Schnee begrabener Hoffnung auf Rettung.« Vor seinen Augen riss ein bolschewistischer Aktivist der Mutter das letzte Stück Brot aus der Hand, warf es auf den Boden, zertrat es. »Das war die bolschewistische Gnade für die armen Kinder der Ukraine.«

Polina Iwaniwna Chartschenko wiederum erinnerte sich, dass ganze Familien starben, fünf, sieben Personen, und es niemanden gab, der sie begrub. Aus Kosatscha Lopan verschwanden auch die Katzen und Hunde – alle aufgegessen von den Menschen. Dann ernährten sie sich von Raben, Spatzen, und aus Eichen- und Apfelbaumblättern kochten sie Suppe.

Die Familie von M. S. Denysenko zog 1925 hierher. Ihr Wohlstand beruhte auf dem Besitz von einer Kuh und einem Vierfünftelhektar Boden. Bei der Entkulakisierung wurde ihr alles weggenommen. Schon im Winter 1932 gingen die Kinder hier nicht mehr in die Schule. Barfuß, halbnackt und hungrig streunten sie durchs Dorf. An die Existenz von Brot erinnerte man sich nicht mehr. Aus den Körnern von irgendwo gefundenen Ähren machte die Mutter Puffer. Damit sie nach etwas schmeckten, gab sie das Wasser von Sauren Gurken hinzu. Als das alle war, ernährten sich die Familienmitglieder von Mais- und Sonnenblumenstängeln. Sie wurden gespalten, zerhackt und gekocht. Im Frühling aßen sie Puffer aus Gras und Brennnesseln. Allein bis Ende 1932 verhungerten im Dorf mehr als 100 Personen, darunter 59 Kinder. Dann wurde es immer schlimmer. Im Februar 1933, einen Monat, bevor Gareth Jones in das Dorf kam, wurden die Jüngsten, Hanusia und Daryna, krank und starben an Unterernährung. Die Mutter von Frau Denysenko weinte lange, sie fragte Gott, warum er nicht sie geholt habe, sondern die Kinder.[374]

374 Die Berichte wurden von Schülern und Lehrern der Schule niedergeschrieben und werden im Schularchiv aufbewahrt.

Wir gehen durch Kosatscha Lopan, eine schwarze Aufschrift vor gelb-blauem Hintergrund auf einer der Mauern verkündet: »Das Kosakengeschlecht lässt sich nicht vernichten«. Hinter dem Dorf führt der Weg links von den Gleisen, dahinter erstreckt sich eine Ebene von schwarzen Feldern bis zum Horizont. Wir kommen an weiteren Dörfern vorbei: Nowa Kosatscha, Zupiwka, Prudjanka. Vielleicht ist Jones von hier nach Osten gegangen, in das Dorf Tokariwka, denn im Tagebuch schrieb er: »Von T. lief ich eine Stunde. Ich sprach mit allen. Überall dieselben Geschichten …«[375]

Antonina erzählte uns, wie ihre Großeltern, die damals in einem Dorf südöstlich von Charkiw lebten, sich dazu entschieden, auf Kosten des Jüngsten – ihres Vaters – die älteren vier zu verschonen. Sie gaben den anderen Kindern Kartoffelreste und Unkraut, der zweijährige Oleksij bekam nichts und schwoll immer mehr an. Er schlief tagelang vor Erschöpfung und verlor das Bewusstsein. Wie durch ein Wunder überlebte er bis zum Frühling. Er lebte recht lange, bis 1979. Und seine Mutter weinte jeden Tag – die Erinnerung an das zum Tode verurteilte Kind ließen sie nicht in Ruhe sterben. Als sie zu Beginn der Hungersnot von einem Feld fünf Ähren Korn mitnahm, je eine für jedes Kind, und ein Aktivist das entdeckte, flehte sie auf den Knien um Gnade. Die Ähren beschlagnahmte er, zum Glück bestrafte er sie nicht. Vor ihrem Tod sprach sie im Fiebertraum: »Gib mir die Ähren zurück, meine Kinder sterben.«

In der Konditorei in Slatyne hängt ein Plakat mit dem Spielplan der Oper in Charkiw: Ein den Opfern des Holodomor gewidmetes Konzert wird angekündigt; und Radio Swoboda berichtet, in einem Archiv in Kyjiw seien Brocken einer dunklen Masse gefunden worden, die an Brot erinnerte. Sie sei in Papier gewickelt gewesen, auf das eine Botschaft an kommende Generationen geschrieben war:

> Hier ist ein Beispiel von Brot, das die Bauern auf dem Land im Frühjahr 1932 aßen. Wir, die Einwohner von Kyjiw, haben noch Brot und schwellen noch nicht auf vom Hunger, auch wenn wir nicht satt werden. Was für ein fürchterlicher Hunger! Ich füge ein Beispiel des Brots der Bauern bei, seine Zusammensetzung ist unbekannt. Geschrieben von: Oleksi Sorokin, Einwohner Kyjiws.[376]

---

375 *»Tell Them We Are Starving«*, S. 137.

376 https://www.radiosvoboda.org/a/holodomor-xlib-znaxidka/29608903. html (Zugriff: 26. Januar 2019).

Von der Konditorei gehen wir zum Gemeindeamt, um nach den ältesten Einwohnern des Dorfes zu fragen. Wir hören, wie eine Alte um Sozialhilfe bittet: Sie hat nur 1600 Hrywnja (das sind knapp 50 Euro) Rente, aber die Beamtin erklärt ihr, das sei zu viel, um Beihilfe zu erhalten.

Der stattliche und wortkarge Gemeindevorsteher wundert sich, dass sich schon zum dritten Mal an diesem Tag jemand nach dem Holodomor erkundigt. Wir erklären, dass die Einwohner des Nachbardorfes in unserem Namen die Fragen gestellt haben, sie riefen aus der dortigen Schule an. Einen Moment später erscheint eine junge Lehrerin, und der Gemeindevorsteher erklärt, dass es der Zufall so wolle, dass auch sie Informationen über die Hungersnot sammeln werde. Was für ein Zufall, meint Roman später, denn noch am Morgen hatte er im Amt gehört, dass niemand von Zeugen etwas wisse und niemand helfen könne. Mit der Lehrerin verabreden wir uns in der Früh.

Die Nacht dürfen wir bei Natalia und Oleksi verbringen, die wir zufällig treffen und die vor vier Jahren hierhergezogen sind, auf der Flucht vor dem Krieg im Donbass. Beide sind Geologen. Sie stammt aus der Gegend von Charkiw, er aus Russland, aber er sieht sich als Ukrainer und es kommt vor, dass ihn seine Verwandten boshaft Bandera-Anhänger nennen. Er ist bei dem wissenschaftlichen staatlichen Institut »Charkiwer Geologische Expedition« angestellt, wo gerade die Heizung abgestellt wurde und man mit Jacke arbeiten muss. Sie kümmert sich um die beiden Töchter und bekommt als Arbeitslose 400 Hrywnja (gut zehn Euro) Arbeitslosengeld. Sie wohnen in einem ungestrichenen Häuschen am Rande des Dorfes, in das man über eine beschädigte Brücke über den Lopan gelangt, inmitten von hohem Schilf und versengtem Gras. Anfangs hausten sie in einer Kammer, aber vor Kurzem hat Oleksi ein Schlafzimmer angebaut. Wenn sie müssen, gehen sie immer noch auf den Donnerbalken. Zum Abendbrot, zu viert an einen kleinen Küchentisch gezwängt, essen wir *harbusowa kascha*: Grütze aus Hirse mit Kürbis, Milch und Rosinen. Natalia erzählt, dass während der großen Hungersnot sechs von neun Kindern ihrer Uroma Wira und ihres Uropas Iwan starben. Damit die anderen überlebten, gaben die Eltern ihnen Mäuse-, Katzen- und Hundefleisch zu essen. Im Garten hatten sie eine Dose mit Bohnen vergraben, ab und an nahmen sie eine Handvoll davon. Die Diät ergänzten sie mit Gras. Natalias Oma versteckte bis zu ihrem Lebensende Kartoffeln – für den Fall, dass wieder jemand versuchen sollte, sie verhungern zu lassen.

Am Morgen verspätet sich die Lehrerin, mit der wir die Zeugen des Holodomor besuchen sollen, um eineinhalb Stunden, schließlich geht sie ans Telefon und erklärt, dass sie doch keine Berichte sammeln wird – so hat es die Schuldirektorin entschieden. Zum Glück haben wir die Adressen, wir gehen allein. Die Menschen sind misstrauisch, und bevor sie uns ins Haus lassen, falls sie das überhaupt tun, muss man ihnen lange versichern, dass man keine bösen Absichten hat.

Mychailo Iwanowitsch ist gestern 92 Jahre alt geworden, er hatte Gäste und entschuldigt sich, dass er nicht ganz »frisch« ist. Er hat kein Problem damit, seine Erinnerungen mit uns zu teilen – an die Ereignisse von früher erinnert er sich fast genauso gut wie an die gestrige Feier. Er setzt sich bequem in den Sessel. Die Wohnung ist gepflegt, im Zimmer ist alles – die Wände, die Lampen, die Dekoration – in Zartgrün gehalten.

Er ist in einer Familie von Kolchosbauern in dem Dorf Stasiw auf die Welt gekommen, 70 Kilometer von Kyjiw. Fast alle wurden dort Kolchosbauern, weil »Einzelzähler«, also private Landwirte immer schlechter behandelt wurden: »Dies ist nicht in Ordnung, jenes ist nicht in Ordnung«, es wurde ständig an ihnen herumgemäkelt. Als das Jahr 1933 kam, war Mychailo sieben Jahre alt, und der Hunger war, so erinnert er sich, allumfassend: »weder Kartoffeln noch Roggen«. Weizen wurde dort nicht angebaut, weil es überall sandig war. Und dann mussten noch für wer weiß was Steuern gezahlt werden. Die Eltern hatten vergessen, welche Farben die Banknoten hatten. In den Kolchosen wurde nicht viel bezahlt, die Arbeiter hielt man für *Duraki* (Dummköpfe). Außerdem war die Kolchose besonders arm, sie zahlten 10 Kopeken für einen »*trudoden*«, also für die Arbeit von Sonnenauf- bis Sonnenuntergang. Im Winter kürzer, aber im Sommer von fünf Uhr früh bis spät am Abend. Eine Uhr hatte niemand, die Sonne war das Maß der Arbeitszeit. »Heller Tag«, so nannte man in Russland die auf dem Feld verbrachten Stunden. Mychailos Vater fuhr die Gespanne. Seine Mutter erledigte in der Kolchose verschiedene Tätigkeiten. Sie verschwanden morgens und kamen vor der Nacht zurück, der siebenjährige Mychailo kümmerte sich um seine jüngeren Brüder, fütterte die Hühner und das Ferkel, bis es die Aktivisten mitnahmen. Er musste seinen Brüdern zu essen geben, aber als der Hunger kam, gab es schließlich nichts.

Die Jungen gingen also Eicheln sammeln, schälten und stampften sie, und die Mutter backte nachts Piroschki. Sie waren so ungenießbar, dass man sich übergeben wollte. Mychailo aß, und die Piroschki kamen ihm wieder hoch. Einmal ging er mit seiner Mutter in einen Kiefernwald Pilze suchen, noch vor jenem tragischen Winter. Unterwegs auf dem Feld pflückten sie ungefähr 20 Roggenähren. Die Mutter wollte die Körner herauspulen und eine Suppe kochen. Die Bezirksvorsteher hielten sie jedoch an: Sie nahmen eine Kontrolle vor, für Diebstahl von Getreide drohte Erschießung. Mychailo weinte, sie hatten Mitleid mit ihm, bestraften sie nicht, nahmen ihnen nur den Beutel mit den Ähren weg. Das Dorf war jedoch abgelegen, und die Aktivisten kamen nicht oft hierher. Der Vater brannte in aller Ruhe Holzkohle. Manchmal fuhr er damit nach Charkiw, ging die Straßen entlang: »Wer braucht Kohle, wer?« Einen Sack verkaufte er für fünf Rubel, er brachte etwas Essen ins Dorf. Lange hatten sie auch eine Kuh, und diese Kuh rettete sie. Alle überlebten: Ein Bruder starb vor einem Monat, sagt Mychailo, der andere lebt immer noch. Doch in anderen Häusern starben ganze Familien, und die Fenster dieser Hütten wurden später mit Brettern über Kreuz zugenagelt. Die zugenagelten Fenster bedeuteten, dass alle Hausbewohner gestorben waren. Man lief das Dorf entlang, und alle hundert Meter lag eine Leiche, manche lebten noch, stöhnten, dass man ihnen etwas zu essen geben soll. In der Agonie waren sie mit allem zufrieden. »Wenn daneben eine Kuh ihren Fladen gemacht hatte, Entschuldigung, dass ich mich so ausdrücke«, fährt Mychailo fort, »dann aßen sie die Kuhscheiße. Jeder rettete sich, wie er konnte. Doch das brachte nichts – sie starben kurze Zeit später.« Mychailos Vater ging einmal zum Bahnhof, am Wegesrand lag sein Bekannter, und daneben erleichterte sich jemand …« »Oje, darüber soll man nicht sprechen, das soll man nicht«, ermahnt ihn seine Frau und weist mich an, das nicht zu notieren. Mychailo fährt aber fort, schließlich denkt er sich das nicht aus, so war die Geschichte. Also fleht der im Sterben liegende Bekannte: »Schieb das her, bitte, ich komme nicht an das Häufchen ran, damit ich noch etwas essen kann.« So war der Hunger.

»In den nächsten Jahren war es etwas leichter, aber sie haben uns immer noch viel weggenommen«, erinnert sich Mychailo. »Kartoffeln und Roggen und alles als Abgaben, wir haben das Jeschowschtschina genannt, nach Nikolai Jeschow, dem Chef des NKWD. Gott sei Dank habe ich nie von diesen Ereignissen geträumt. Damals hatte ich davon keine Ahnung, aber jetzt weiß ich, das war Völkermord.«

Wir sitzen bei Mychailo, er erzählt, auf einmal klingelt es an der Tür. Seine Frau Lubow geht hinaus, kehrt zurück und sagt, dass die Polizei uns holen gekommen ist. Wir gehen vor das Haus. Es sind zwei Polizisten, mit ihnen ist ein pickliger Beamter gekommen, so etwa dreißig Jahre alt, ganz in Schwarz und mit einer Ledertasche über der Schulter. Er ist extra aus Derhatschi ein gutes Dutzend Kilometer gekommen, weil das Gerücht umgeht, dass sich hier Fremde rumtreiben und die Leute nach der Hungersnot ausfragen.

»Wozu? Warum? Pässe her …«

Wir fragen den Pickligen, wer er sei. Er: »Wlad« – er nennt nur seinen Vornamen. Wir siezen ihn, er duzt uns und befiehlt, einen Bericht zu schreiben. Aber in welcher Sprache? »Ich kann nicht auf Ukrainisch schreiben. Vielleicht schreiben Sie das?« Er ruft seinen Vorgesetzten in Derhatschi an, der rät ihm, selbst zu schreiben. Wlad hat ein neues Problem: Er hat weder Papier noch einen Kugelschreiber. Zum Glück leihen die Polizisten ihm das. Er schreibt in kleiner enger Schrift eineinhalb A4-Seiten voll. Eine halbe Stunde stehen wir im Frost und warten.

Vor dem Haus des zweiten Mychailo, in einer anderen Ecke des Dorfes, ist eine ähnliche Situation. Vorhin hatte die Frau Angst, uns hereinzulassen, hier ist es die Tochter. Wir versuchen sie lange zu überreden; sie meint, dass ihr Vater sich an nichts erinnere, schließlich bittet sie uns herein.

Mychailo Timofiowitsch war zur Zeit von Jones' Wanderung sechs Jahre alt und lebte sieben Kilometer von Slatyne entfernt. »Das war die Zeit der Entkulakisierung«, sagt er. »Wer noch Kraft hatte, fuhr nach der Entkulakisierung nach Sibirien, auf die Solowki, nach Omsk. Alles nahmen sie den Leuten weg. Die Kuh, das Essen, alles, alles, alles … Sie nahmen alles weg, entkulakisierten und ab nach Sibirien. Was kann ich euch da erzählen«, fragt er. »Jeder versuchte zu überleben, wie er konnte. Meine Eltern arbeiteten in Charkiw. Der Vater als Schmied in einer Waagenfabrik, die Mutter in einer Bonbonfabrik. Eine Bonbonfabrik während des Holodomor? Nicht für uns, wir aßen Speiserüben«, erzählt Mychailo. »Wir haben uns gerettet, wie es ging.«

Es ist Zeit für uns. Vor der Dämmerung wollen wir in Derhatschi sein. Am Ende des Dorfes steht ein Mann mit einem Beil vor dem Haus, seine rechte Hand ist blutig.

»Das Wegnehmen des Essens haben die Leute ›roter Besen‹ genannt«, antwortet er, als wir ihn nach dem Holodomor fragen. »Großvater hat einen kleinen Rest von Mehl im Dach versteckt, da, genau in dem Haus hier.«

Wir verlassen schon das Dorf, als wir eine Kindergruppe treffen. Bei ihnen ist die Lehrerin, die mit uns die Berichte sammeln sollte, aber der die Direktorin das verboten hat. Sie erklärt, dass sie die Schüler schließlich nur zu einer Person mitgenommen hat. Alle hören aufmerksam einer Alten zu, die vor das Tor gekommen ist. Barbara Grigorowna, Jahrgang 1927, spricht von den alten Zeiten. An den Holodomor erinnert sie sich nicht. Die Leute hätten da was erzählt, es sei damals zu trocken gewesen, sie hätten sich in Gruppen zusammengefunden und Gott um Regen gebeten.

Und die Kommunisten haben kein Essen weggenommen?

»Das weiß man nicht«, antwortet die Frau.

Und wie hat Ihre Familie überlebt?

»Weil alles billig war. Nicht so wie heute. Ich mag Makrelen, aber ich kaufe keine, weil ich es mir nicht leisten kann, 2200 Hrywnja (gut 60 Euro) Rente. Den wahren Holodomor haben wir hier und jetzt – so würde ich das Poroschenko sagen, wenn ich ihn treffen würde.«

Und was hat Ihr Vater gearbeitet?

»Er ist nicht selten nachts heimgekommen. ›Was hast du gemacht, Papa?‹ – ›Ich habe ein Problem gelöst, habe etwas geklärt‹, antwortete er. Zum Beispiel hat er geklärt, warum jemandem das Gehalt erhöht wurde. Vater war in der Partei, Kommunist. Und ich war Komsomolzin.«

Wir gehen weiter – durch die von der Wintersonne beschienene und frostige Schwarzerderegion, entlang der Gleise und des Flusses Lopan, durch die Dörfer Besruky, Jemzi, Bilaschi, vorbei an heruntergekommenen Hütten und unverputzten Häusern, wir treffen nicht viele Menschen. Andrea Chalupa, die Autorin des Drehbuchs für den Film über Jones, schickt mir eine Nachricht aus New York: »Beim Laufen solltest Du vor Dich hinsingen. Das lieben die Waliser. Gareth sang sogar mit seinen Entführern am Lagerfeuer.«

Irgendwo in dieser Gegend hier wurde Jones gesagt: »Viele sterben. Es sind nur noch Rüben da. Wir haben keine Kraft für die Aussaat im Frühling.«[377] Ein Rotarmist warnte ihn vor den wilden, ausgehungerten Ukrainern.

377 »*Tell Them We Are Starving*«, S. 193.

Der Onkel eines der von uns getroffenen Männer ist Polizist, er interessiert sich privat für Geschichte, auch für die große Hungersnot, aber er will nicht mit uns sprechen. Näher an Derhatschi tauchen auf der rechten Seite am Horizont die einzigen Hügel während unserer Wanderung durch das ukrainische Flachland auf. Die Stadt wurde nach dem Kosaken Derkatsch benannt. Sie hat heute 20 000 Einwohner. Ich denke mir, dass es bestimmt hier war, wo der Geheimpolizist Jones nach seinen Papieren fragte, in den Zug setzte und nach Charkiw brachte.

In jener Zeit ernährte sich Anastasja Iwanowna Lukianowa[378], genau wie Gareth im Jahr 1905 geboren, von Gras und verdorbenen Kartoffeln. Puffer briet sie, woraus sie konnte. Auch wenn sie nicht lecker waren, sagte ihr Mann mit Dankbarkeit: »Danke, wir haben etwas gegessen.« Wer einen Garten am Haus hatte, der schwoll nicht auf vor Hunger. Manchmal ging sie mit den Eltern nach Russland – in die Gegend von Belgorod, wo Jones aus dem Zug gestiegen ist –, um Kleidung gegen Lebensmittel zu tauschen. Zu Beginn der Hungersnot gab er seinen Mantel und seine wattierte Hose im Tausch für drei Pud Roggen. Später trennten sich die Familienmitglieder von anderen Kleidungsstücken. Auf der Suche nach Essen liefen sie viel und weit, sie kamen abends zurück, mit wundgelaufenen Füßen. Unterwegs stießen sie auf immer mehr Leichen: Die Bauern starben gewöhnlich bei der Arbeit auf dem Feld.

Anastasja Iwanowna Gawriuschtschenko, ein Jahr jünger als Jones, erinnerte sich, wie hungrige Menschen durch Derhatschi liefen, erschöpft und immer ratloser. Einmal, es ist nicht bekannt, ob das vor oder nach dem Winter war, hatte die Mutter Puffer aus grob gemahlenem Mehl zubereitet und sie auf den Tisch im Garten gestellt. Der Essensgeruch lockte einen Jungen vom Land an. Er aß von den Puffern und starb nach einer Stunde.

Roschtschislaw Giorgiewitsch Sachno, ein späterer Einwohner von Derhatschi, lebte während der Hungersnot als Siebenjähriger in Charkiw. Solange es Gold und Wertgegenstände im Haus gab, ging er mit der Mutter in das Devisengeschäft Torgsin. Als es ringsum nichts zu essen gab, bogen sich die Bretter dort unter der Last der

378 *Nazionalna knyha pamjati schertw Holodomoru 1932–1933 rokiw w Ukrajini. Charkiwska oblast*, hg. v. W. Bilozerkiwskyi, O. Kyrytschenko, O. Korniew u. a., Charkiw 2008, S. 966. Ebenfalls dort die Berichte von Anastasja Gawriuschtschenko i Roschtschislaw Sachno.

exportierten Waren. Brot holten sie auf der Gubernatorska-Straße. Man bekam 200 Gramm pro Person. Später kam es vor, dass keins da war, und Oma Tamara starb am 18. April vor Hunger, einen Monat nach Jones Ausreise. Auf den Straßen sah Sachno die Menschenleichen, meist von Bauern, die auf der Suche nach Brot nach Charkiw kamen. Die Leichen auf der Straße wurden mit Pferdewagen eingesammelt.

Die Historikerin Ljudmila Kudlai sagt mir, dass ihr die Zeitzeugen noch vor zehn Jahren, als sie Interviews führte, nicht erlaubten, das Diktiergerät einzuschalten – mehr als 70 Jahre nach dem Holodomor fürchteten sie sich immer noch vor Rache. Sie erzählt, dass alle aus der Gegend nach Charkiw gingen, die Stadt war der einzige Ort, an dem man überleben konnte. Ihre Familie kam auch vom Land hierher und rettete sich so. Aber nicht die ganze. Das erste Kind der Großmutter starb durch den Hunger. Die ausgehungerten Kinder wurden in die überfüllten Kinderheime gebracht, an Bahnhöfen oder bei großen Menschenansammlungen ausgesetzt in der Hoffnung, dass sie jemand aufnimmt und ihnen zu essen gibt. Nicht nur Säuglinge. Auch größeren Kindern erklärten die Eltern: »Setz dich hier einen Moment hin, warte, ich komme gleich wieder.« Sie kamen nicht wieder. Später quälte sie das schlechte Gewissen – wie bei der Großmutter von Antonina. Für die Frauen, so meint Ljudmila Kudlai, sei das Weinen der eigenen Kinder und die Unmöglichkeit, sie zu stillen, die größte Strafe gewesen. Es ist nicht bekannt, wie viele gestorben sind, niemand hat die Sterblichkeitsrate bei Babys ermittelt, sagt die Historikerin. Und sie verweist auf Erinnerungen von Iwan Mitrofanowytsch Bondarzow, der 1933 vierzehn Jahre alt war:

In Charkiw wurden von den Straßen die Toten, Sterbenden und Waisen auf Fuhrwerke und Autos geladen. Ihn nahmen sie auch mit, brachten ihn aus der Stadt, packten ihn an Händen und Füßen und warfen ihn zusammen mit den Toten in ein dafür ausgehobenes Loch. Die Kinder, denen es gelang, da herauszukommen, brachten sie ins Waisenhaus. Den Rest begruben sie zusammen mit den Toten bei lebendigem Leibe. Iwan schaffte es heraus. Er irrte später zwischen Kolchosen und Waisenhäusern umher, fünf Mal entging er wie durch ein Wunder dem Sensenmann, auf Schritt und Tritt wurde er Zeuge vom Tod anderer.

Von Derhatschi kommen wir in die Vororte von Charkiw. Als Wiktor Juschtschenko Präsident war, wurde hier eine Gedenkstätte für die Opfer des Holodomor gebaut. Das hohe Monument besteht aus einer vierköpfigen Familie. Die Mutter streckt die Hände nach Kyjiw aus und fleht um Hilfe. Der Vater blickt nach Moskau und ballt die rechte Faust vor seiner Brust über einem traditionellen ukrainischen Hemd, seine linke Hand liegt auf dem Kopf seines barfüßigen Sohns. Der hält sich krampfhaft am Rock der Mutter fest. Die Tochter schmiegt sich an die Beine der Eltern.

Die bisher einzige Ausstellung über den Holodomor in der Gegend befand sich in der Schule im Dorf Wolochiw Jar, einige Dutzend Kilometer südöstlich von Charkiw. Während des Zweiten Weltkriegs starben dort 230 Personen, während der großen Hungersnot waren es 2000. Viele sind geflohen. Die Einwohnerzahl von Wolochiw Jar verringerte sich von 10 000 auf 5000. Das Denkmal zu Ehren der Opfer liegt neben dem zerstörten Grab des für ihren Tod mitverantwortlichen Kommunisten Kostjutschenko. Er war zu jener Zeit Vorsitzender des Stadtrats und wurde von Bauern getötet. Der Spalt in dem Denkmal symbolisiert den Riss in der Geschichte der Nation. Bevor es errichtet wurde, stellten Schüler zunächst ein Holzkreuz auf, direkt neben einem Schneeballstrauch – einem Symbol der Ukraine. Es wurde sofort zerstört – der Schuldirektor vermutet, von Kommunisten aus dem Ort. Illia Mykolaiowitsch Olefir, der mich durch das Museum führt, gesteht, dass er die Bücher und Exponate von seinem eigenen Geld gekauft hat.

Eine neue, nicht viel größere Ausstellung am Holodomor-Denkmal bei Charkiw soll am kommenden Samstag eröffnet werden, aber die Arbeiter lassen uns schon jetzt für einen Moment hinein. Drinnen ist eine Ausstellung traditioneller ukrainischer Kleidung, landwirtschaftlicher Geräte, einer roten Flagge mit der Aufschrift »Es lebe die Weltrevolution«, Fotos, die die große Hungersnot dokumentieren, die Darstellung einiger wichtiger Persönlichkeiten, darunter auch »Ґарет Джоунс«, also Gareth Jones. Und die Bildunterschrift: »Britischer Journalist, der nach einer Reise in die Ukraine im März 1933 als Erster in der westlichen Presse über den Holodomor berichtete.« Vor dem Museum steht auf einer großen schwarzen Tafel die Zahl der Hungertoten in der Ukraine im Jahr 1933: 17 in einer Minute, 1000 in einer Stunde, 25 000 an einem Tag.

Es gibt auch eine Vitrine über die Traktorenfabrik in Charkiw, die das offizielle Ziel von Jones Reise in die Ukraine war.

Schon 1930, als Jones über Charkiw flog, beeindruckte ihn die Stadt mit ihren imposanten Hochhäusern. Als er sie ein Jahr später aus der Nähe sah, erinnerten sie ihn vielleicht an die Gebäude von der Wall Street, wo er damals arbeitete. Der Bau des modernen und den amerikanischen Wolkenkratzern nachempfundenen »Derschprom«, des Hauses der Staatlichen Industrie, begann 1925. 45 000 Fenster und 17 Hektar Glas, eingefasst in eine Konstruktion aus Beton und Stahl – die höchste in Charkiw, der damaligen Hauptstadt der Ukraine, und in der ganzen UdSSR. Von dort aus wurde der ukrainische Hunger verwaltet.

Wenige Monate nach Jones Besuch in Charkiw im Jahr 1933 erschoss sich in dem Derschprom-Gebäude Mykola Skrypnyk, der führende kommunistische Aktivist, dem nationalistische Abweichungen vorgeworfen wurden.

Für einen Samstagabend im Jahr 2018 kommt einem die Stadt halb ausgestorben vor. Keine Ausländer zu sehen. Als wir auf der Straße Polnisch sprechen, werden die Passanten auf uns aufmerksam.

Roman behauptet, hier würde zumindest jeder fünfte Einwohner für Russland sein und den Anschluss Charkiws an das Land unterstützen. Das bedeutet nicht, dass die restlichen gegen Moskau sind. Viele hätten gerne eine »russische Ukraine«. Die hier hängende Reklame für Revuen und Unterhaltungsshows sind auf Russisch. Vor Kurzem wurde die 1930 zerstörte orthodoxe Kirche Schen Mironosiz (der heiligen Myrrheträgerinnen) wiederaufgebaut. Über ihre Geschichte, Zerstörung und Wiedererweckung informiert eine metallene Aufschrift auf Marmortafeln – auf Russisch. Auf dem Freiheitsplatz, der aus der Vogelperspektive an eine Glühbirne erinnert, deren Gewinde das den Rest überragende »Derschprom« bildet, wurde eine Gedenkstätte für die Helden des Kampfes gegen Russland eingerichtet. Es gibt dort eine Zeichnung von Hitler, der Putin freundschaftlich die Wange tätschelt, und ein riesiges Projektil mit einem aufgeklebten Blatt, auf dem steht: »Schande über das faschistische Russland«. Die meisten der Beschriftungen und Informationen sind auf Russisch.

Am Morgen essen wir Rührei mit Speck und fahren mit der Metro zu der Station Traktornyi Sawod (Traktorenfabrik). Das Hauptgebäude der Fabrik hat sich seit Jones' Zeiten nicht viel verändert. Damals stand die Fabrik jedoch 15 Kilometer vor der Stadt, heute befindet sie sich am Stadtrand. Der damalige Direktor erzählte Gareth von der Qualitätssteigerung der Traktoren, der hohen Produktionseffizienz, der Disziplin der Mitarbeiter und zwei Sowchosen, die die Ernährung sicherstellten. Die Arbeiter erzählten ihrerseits von der Verpflegung in den Charkiwer Fabriken:

verdorbener Kohl und ein Löffel Grütze pro Person. Einer der letzten Fabrikdirektoren erzählt uns nun, dass die Arbeiterwohnungen extra ohne Küche gebaut worden seien, um die arbeitenden Frauen zu entlasten, die Verpflegung der Familien sei durch die Kantinen garantiert gewesen.

Wir treffen ihn zufällig in einem neben der Siedlung mit den Wohnblöcken gelegenen Park. Er steht neben einem Marmorsockel mit einem Exemplar des ersten Modells des in Charkiw produzierten Sattelschleppers. Petro Todorow war von 1996 bis 2005 Direktor der Fabrik, dann kandidierte er erfolglos als Stadtpräsident, aber als er noch in den siebziger Jahren den Posten des Finanzdirektors im Betrieb innehatte, war die Traktorenproduktion so hoch wie zu keiner anderen Zeit. Diese Wohnblöcke, erzählt er, seien zusammen mit der Fabrik gebaut worden, seit 1928. Die Sowjetunion unterhielt noch keine normalen diplomatischen Beziehungen mit den Ländern des Westens, aber die Amerikaner waren daran interessiert, beim Bau der Fabrik und der Wohnhäuser zu helfen. Zunächst fuhren sowjetische Ingenieure in die Vereinigten Staaten, um sich mit der modernen Produktion vertraut zu machen, und 1930 tauchten auf der Baustelle vor Charkiw Amerikaner auf – sie beteiligten sich an der Planung und Errichtung der Fabrik und dem an sie angrenzenden sozialistischen Städtchen. Die Leute nannten die Blöcke »*Amerikanka*«. Die Wohnungen darin bestehen aus zwei Zimmern ohne Küche. Neben den Speisesälen der Siedlung wurde ein Kulturpalast mit einer Kinderkrippe für die Arbeiterfamilien, einem Kindergarten und einer Schule sowie einer Sportanlage geplant. Dieser Plan konnte, wie Todorow zugibt, nur teilweise realisiert werden. In der Fabrik arbeiteten 50 000 Arbeiter. Viele flohen vor den Repressionen hierher, es kamen sogar alte Leute und »antikommunistische Elemente«, die unter dem Zaren Karriere gemacht hatten. Und jede Menge Bauern. Strohpuppen, wie sie der Direktor nennt. Sie wunderten sich: »Wie kann man ohne Schwein im Haus, ohne Küche leben?« Sie waren schließlich vom Land, an einen Hof gewöhnt. Ferkel und Hühnchen begannen sie in die Wohnungen zu bringen, Koben und Hühnerställe zu bauen. Und als sie schon alles in der Bude hatten, musste auch eine Küche her. Sie wurde in der Diele eingerichtet, dort haben sie die Bewohner jetzt immer noch. Ach, das sozialistische Städtchen sei nicht gelungen, seufzt der Direktor. Man könne das unterschiedlich bewerten, aber er denke, sagt er, dass die Gesellschaft sowohl damals als auch jetzt nicht bereit sei für so ein Experiment.

Todorow wendet sich zu einem neueren Gebäude, das in den fünfziger Jahren gebaut wurde, es steht gegenüber dem Traktorendenkmal. Ich wohne dort, seufzt er, ich habe einen hübschen Ausblick auf den Park und sehe täglich den Traktor. Er verrät nicht, ob seine Wohnung wie die anderen ohne Küche eingerichtet wurde.

Der Holodomor? Der Direktor betont, dass er nicht aus Charkiw stamme. Er ist im Donbass geboren, in einem Dorf, das jetzt zwischen der Ukraine und den Separatisten geteilt ist, das Haus seiner Familie wurde zerstört.

Er behauptet, dass seine Eltern – beide Traktoristen – nicht an Hunger gelitten hätten. »Alles hing von den Aktivisten ab. Dort, wo die Befehle aus Moskau penibel ausgeführt wurden, starben die Menschen. Aber am schlimmsten benahmen sich unsere Leute« – so sei das halt in der Ukraine, hier führe man gerne Befehle aus.

»Aber in Charkiw«, überlegt der Direktor, »ich weiß nicht, vermutlich herrschte kein Hunger, das war unterschiedlich. Obwohl es auf dem Dorf bestimmt leichter war. Zumindest die, die arbeiteten, hatten es besser.«

Kommunisten, Soldaten der Roten Armee, alte und nicht patriotische Menschen (»die, die Ukrainer Bandera-Anhänger nennen«), das sind die vier Gruppen, die nach der Meinung der Charkiwer Historikerin Ljudmila Kudlai nicht an den Holodomor glauben. Sie denken, dass die gleiche Unterversorgung mit Lebensmitteln zu jener Zeit in der ganzen Sowjetunion geherrscht habe, und wenn über eine größere Hungersnot in der Ukraine gesprochen wird, verbinden sie das mit dem dortigen Nationalismus. Sie meinen, über dieses Thema zu sprechen, sei eine politische Angelegenheit, keine historische.

*

Nun noch die Geschichte von Roman – dem Historiker, der mich die ganze Zeit auf der Reise begleitete.

Roman ist Anfang der achtziger Jahre geboren. Sein Großvater Iwan war 1933 sieben Jahre alt und schwoll schrecklich an vom Hunger. Seine Urgroßmutter Anastasja lief, um das Kind zu retten, zu Fuß nach Russland: Für das gesamte Gold der Familie brachte sie ein wenig Essen mit. Der Großvater überlebte, aber er wollte nie über die damalige Zeit reden. Roman fand im Sterberegister später seine Tante und zwei mehrjährige Cousins. Die Oma erzählte, dass in den umliegenden Dörfern bei der Kleinstadt Gerüchte über Kannibalismus umgingen.

Wir sitzen in einer Bar mit Hochzeitssaal am Wegesrand. Auf der Speisekarte: Buletten, auf verschiedene Weise zubereitet, Heringssalate, Wein aus Odessa, sie haben hier sogar Muscheln. Die Preise sind niedrig für Europa, aber der durchschnittliche Ukrainer kann es sich nicht leisten, außer Haus zu essen, also sind wir die einzigen Gäste.

Wir warten darauf, dass die gefrorenen Fertigspeisen aufgetaut sind, als Roman plötzlich ein Stück getrocknetes Brot aus einer Tüte zieht und mir zeigt. So eins hat er immer bei sich. »Für alle Fälle.«

Kapitel 16

Verbreitete Sterblichkeit durch hungerbedingte Krankheiten

Als Gareth seine Rede in London hält, müssen sie in Moskau schäumen vor Wut.

Einen Tag später, am letzten Märztag 1933, verkündet der überraschende Titel eines ganzseitigen Textes in der *New York Times*, in der zuvor niemand ein Wort über die Konferenz in Berlin verloren hat: »Die Russen sind hungrig, aber sie verhungern nicht«[379]. Der wichtigste und berühmteste der Moskaukorrespondenten, Walter Duranty, kritisiert die Angstmacherei mit der »grässlichen Geschichte« und macht sich unverblümt über den Waliser lustig:

> Im Herzen des diplomatischen Streits zwischen Großbritannien und der Sowjetunion um die angeklagten britischen Ingenieure löst die amerikanische Presse, wobei sie sich auf britische Quellen stützt, Panik aus in Zusammenhang mit dem Hunger in der Sowjetunion, wo »schon Tausende gestorben sind und Millionen der Hungertod droht«.
>
> Deren Ursprung ist Gareth Jones, der ehemalige Sekretär David Lloyd Georges, der kürzlich drei Wochen in der Sowjetunion verbrachte und zu dem Schluss kam, dass – wie er es dem Autor dieser Zeilen sagte – dieses Land »am Rande des Abgrunds« stehe.

---

379 Walter Duranty, *Russians Hungry, But Not Starving*, »The New York Times«, 31. März 1933.

> Herr Jones ist ein Mensch mit einem flinken und lebendigen Naturell, und er hat sich sogar die Mühe gemacht, die russische Sprache zu erlernen, die er recht fließend beherrscht, nichtsdestotrotz ist der unten namentlich Zeichnende der Meinung, dass Herrn Jones' Urteile voreilig sind, und fragte, auf was er sie stütze. Es erwies sich, dass Herr Jones einen Spaziergang von 40 Meilen durch die Dörfer in der Umgebung von Charkiw unternommen hatte und die dort herrschenden Verhältnisse ihm traurig erschienen.
>
> Ich legte ihm nahe, das sei ein recht inadäquater Ausschnitt aus einem so großen Land, doch nichts konnte seine Überzeugung von der nahenden Katastrophe erschüttern.[380]

Duranty schreibt in seinem Artikel einen Satz, der in diesem Zusammenhang schnell berühmt wird: »Um es brutal auszudrücken – man kann kein Omelette braten, ohne Eier aufzuschlagen.«[381] Er vergleicht die Bolschewiken – die so hartnäckig nach der Realisierung ihrer Pläne streben, dass ihnen Opfer gleichgültig sind – mit einem General in Kriegszeiten, der sich für einen mutigen Angriff entscheidet. Er versichert, dass er nach seinem Gespräch mit Jones in Moskau erschöpfende Ermittlungen in der Sache der vermeintlichen Hungersnot angestellt habe. Er habe in sowjetischen Polizeidienststellen und ausländischen Konsulaten nachgefragt, mit in Russland arbeitenden britischen Fachleuten und vielen Bekannten gesprochen, sowohl Russen als auch Ausländern. Die Schlussfolgerung: »Die Verhältnisse sind schlecht, aber es gibt keine Hungersnot.«

> Eine ernsthafte Lebensmittelknappheit macht dem ganzen Land zu schaffen – mit Ausnahme einzelner Fälle gut verwalteter staatlicher oder genossenschaftlicher Landwirtschaftsbetriebe. Die großen Städte und die Armee sind angemessen mit Lebensmitteln versorgt. Es gibt keine wirkliche Hungersnot oder Todesfälle durch Hunger, aber verbreitete Sterblichkeit durch hungerbedingte Krankheiten.[382]

Louis Fischer, der Moskaukorrespondent von *The Nation*, schließt sich Duranty an, er glaubt Stalin, dass alle Schwierigkeiten bei der Verpflegung von Konterrevolutionären ausgelöst wurden. Fischer befindet sich gerade auf einer Vortragsreise in den Vereinigten

380 Ebd.

381 Ebd.

382 Ebd.

Staaten, und als er im kalifornischen Oakland gefragt wird, macht er sich über Jones' Berichte von Todesopfern durch Hunger lustig: »Wer hat sie gezählt? Wie kann jemand durch ein Land marschieren und eine Million Menschen zählen? Selbstverständlich sind die Menschen dort hungrig – schrecklich hungrig. Russland stellt sich von der Landwirtschaft auf die Industrie um. Es ist ein wenig wie ein Mensch, der mit wenig Kapital eine Firma gründet.«[383]

Den Artikel in der *New York Times* liest Gareth schon in Wales, wo er am 1. April – wie geplant – seine Arbeit in der Redaktion der *Western Mail* angetreten hat. Er beschließt sofort zu antworten, und die New Yorker Zeitung druckt seinen Brief Mitte Mai. Jones erwähnt darin seine Quellen, zu denen Konsuln, Diplomaten, Journalisten, Experten sowie Augenzeugen zählen und kritisiert die Moskaukorrespondenten, aus denen »die Zensur Meister der Euphemismen und des Unausgesprochenen gemacht hat. Eine ›Hungersnot‹ nennen sie höflich ›Lebensmittelknappheit‹, und den ›Hungertod‹ entschärfen sie mit der Phrase: ›Sterblichkeit durch hungerbedingte Krankheiten‹«.[384] Zum Abschluss gratuliert er dem sowjetischen Minister für Auswärtige Angelegenheiten für seine Geschicklichkeit beim Verbergen der tatsächlichen Situation in der UdSSR. »Moskau ist nicht Russland«, schreibt er, »und der dortige Anblick wohlgenährter Menschen verbirgt das wahre Bild des restlichen Landes gut.«[385]

*

Es stimmt zwar, dass Jones auf den Straßen keine Leichname gesehen hat, von den Toten erzählten ihm Zeugen, aber Jahre später kam ans Licht, dass es 1933 in der Ukraine Orte gab, wo die Lebenden nicht damit hinterherkamen, die Körper der Toten von den Straßen zu räumen und zu begraben. Manche berichteten, dass es mehr Leichen gab als Menschen, die sie wegbrachten, und dass »ein widerlicher Gestank von den Weizenfeldern an der Straße aufstieg. Hungernde waren ins Feld gekrochen, um Weizenähren abzuschneiden, hatten sie gegessen und waren dann gestorben. Ihre leeren Mägen konnten

383 Louis Fischer, *»New Deal« Needed for Entire World, Says Visiting Author*, »Denver Post«, 1. April 1933, S. 3.

384 *Mr Jones Replies: Former Secretary of Lloyd George Tells of Observations in Russia*, »The New York Times«, 13. Mai 1933.

385 Ebd.

nichts mehr verdauen.«[386] Während der großen Hungersnot starben mindestens drei, vielleicht auch sieben Millionen Ukrainer. In der ganzen Sowjetunion gab es sogar zehn Millionen Opfer. Dieses gigantische Ausmaß der Tragödie hatte zur Folge, dass man sie Holodomor nannte – eine Verbindung der ukrainischen Worte *holod* (Hunger) und *mor* (Seuche, Tod). Anders als im Fall der Hungersnot von 1921 behandelten die Behörden die Hungernden nicht als Opfer, sondern hielten sie diesmal für die Täter. Stalin und alle ihm Untergebenen betrachteten sie als schuldig. Sie hätten den Hunger hervorgerufen, ihnen gebühre also eine Strafe und man dürfe ihnen nicht helfen.

Obwohl der Grund für die hohe Sterblichkeit nicht unmittelbar die Kollektivierung war, entsprach es der Wahrheit, dass »der Hunger das Ergebnis der gewaltsamen Lebensmittelbeschlagnahmungen in Privathäusern [war], der Straßensperren, die Bauern daran hinderten, Arbeit oder Nahrung zu suchen, der harschen Regeln der schwarzen Listen, auf die Höfe und Dörfer gesetzt wurden, der Verbote von Tauschhandel und Verkauf – und der bösartigen Propagandakampagne, die Ukrainer dazu bewegen sollte, ungerührt zuzusehen, wie ihre Nachbarn verhungerten.«[387]

Noch vor dem Höhepunkt des Holodomor beginnt eine große Vertuschungsaktion. Offiziell gibt es keinen Hunger. Die Bevölkerungsbewegung, Korrespondentenberichte und öffentliche Auftritte werden kontrolliert, Sterberegister werden präpariert, wobei Todesfälle aufgrund von Hunger als Infektionskrankheiten oder Herzinfarkte registriert werden, die Ergebnisse der allgemeinen Volkszählung werden annulliert und man befiehlt, den Chef des Statistischen Amts zu erschießen. Als 1932 noch ein Charkiwer Kommunist einen Lebensmittelmangel erwähnt, rastet Stalin aus: »Du spinnst dieses Seemannsgarn über die Hungersnot, weil du meinst, du kannst uns einschüchtern, aber das zieht nicht!« Er solle gefälligst »zum Schriftstellerverband gehen und Märchen für Idioten schreiben«.[388]

Was für ein Schlag für Stalin müssen Jones' Berichte sein! Vier Tage nach Gareths Berliner Auftritt verschärft Litwinow noch einmal das Verbot für Journalisten, Moskau zu verlassen. Er beschuldigt

386 Applebaum, *Roter Hunger*, S. 309.

387 Ebd., S. 433.

388 Ebd., S. 376.

Maiski, dem Waliser ein Visum ausgestellt zu haben, und Umanski, nicht darauf geachtet zu haben, dass er sich früher mit Journalismus beschäftigte, ja sogar sich selbst, dass er sich in dieses Spiel hineinziehen ließ, ihn herzlich empfing und ihm ein Interview gab. Er schreibt: »Verblüffend, wie Gareth Johnson (*sic*!) in die Rolle des Chlestakow schlüpfte und wir alle unter seiner Regie eine andere Figur aus dem *Revisor* spielten [...]. Wir gewährten ihm jede Unterstützung, halfen ihm bei der Arbeit, ich stimmte sogar einem Treffen zu, und er erwies sich als Betrüger«[389].

Unterdessen stürzt sich Gareth Jones wie üblich in die Arbeit. Neben Artikeln für *The Western Mail* plant er eine Reihe von Vorträgen in Großbritannien und Irland unter dem Motto *The Enigma of Bolshevik Russia*. Aber die ersten Wochen nach seiner Rückkehr verbringt er damit, für verschiedene Zeitschriften über die Situation in der UdSSR zu schreiben. Der erste Text unter dem Titel »Hunger regiert Russland« publiziert er schon am 31. März im *London Evening Standard*. Weitere sechs im *Daily Express*, die nächsten zehn in *The Western Mail* und drei in *The Financial News*. Die letzten erscheinen im Sommer im amerikanischen *Washington Herald* und *Boston Sunday Advertiser*. Ray Gamache meint, dass Jones in diesen Artikeln »eine der aussagekräftigsten Erzählungen über das menschliche Leiden in der Geschichte des Journalismus erschaffen hat«[390].

Der Journalist beschreibt darin nicht nur das Leiden der sowjetischen Bürger, sondern auch den Prozess gegen die britischen Ingenieure, von dem ihm Litwinow im Vertrauen erzählt hat. Sie wurden einen Tag früher verhaftet, als Jones bei seiner Wanderung von der Geheimpolizei verhört wurde. Es wurde Anklage erhoben wegen vorsätzlicher Zerstörung von Maschinen und Sabotage der sowjetischen Elektroindustrie, wegen Korruption, Militärspionage und Verschwörung gegen das sowjetische Regime. Man unterzog sie endlosen Verhören. Das ist, nach Jones' Meinung, ein Symbol von Panik, in die die sowjetischen Behörden verfielen: Hauptsache, Schuldige finden und die Aufmerksamkeit von der Hungersnot ablenken.

---

389 Teresa Cherfas, *Reporting Stalin's Famine: Jones and Muggeridge: A Case Study in Forgetting and Rediscovery*, »Kritika: Explorations in Russian and Eurasian History« 2013, Bd. 14, Nr 4 (Herbst), S. 796.

390 Gamache, *Gareth Jones. Eyewitness*, S. 140.

»Es gibt keine wirkliche Hungersnot oder Todesfälle durch Hunger, aber verbreitete Sterblichkeit durch hungerbedingte Krankheiten«, schrieb Walter Duranty in der New York Times, *womit er Jones' Berichte aus der Ukraine abwertete. Auf dem Fuhrwerk Leichen von Opfern der großen Hungersnot.*

Den Aprilzyklus beendet Gareth mit einem zusammenfassenden Text unter dem Titel »Lebe wohl, Russland«.

»Das kapitalistische System scheint am Rande des Abgrunds zu balancieren«, beginnt er, und »in allen Ländern spielen die Nationalisten verrückt, schwingen die Fahnen eines billigen Patriotismus«[391]. Die enttäuschten Jugendlichen des Westens blicken, auch in Großbritannien, mit immer größerer Hoffnung in Richtung der Sowjetunion. »Ich war einer jener Millionen, die dachten, wir könnten etwas von Russland lernen«[392], schreibt Gareth. Er gibt zu, dass ihm als Liberalen der Idealismus und Mut der Bolschewiken imponiert hätten. Der Gedanke, dass es wirkliche Gleichheit geben kann und die Ungerechtigkeiten des Kapitalismus verschwinden, habe ihn mit Hoffnung erfüllt. Des Schreibens Unkundige sollten eine entsprechende Bildung erhalten, alles sollte – anstatt ausgewählten Klassen – den Massen unterstellt sein. Die Russen waren nicht untätig wie die Briten, sondern bauten Fabriken, um das Land zu stärken und den Menschen Arbeit zu geben. In den ausgedehnten Steppen planten sie den Bau moderner Städte. Vorurteile legten sie zur Seite, sie wandten sich vom Nationalismus ab, erlaubten kleineren Völkern, ihre eigene Sprache zu sprechen.

»Und da«, schreibt Jones, »fuhr ich nach Russland.«

Er traf dort Menschen, die ihm wohlgesinnt waren, und Lenins Witwe war eine der großartigsten Frauen, mit denen er in seinem Leben gesprochen hat. Er sah die schnell entstehenden Häuser für Arbeiter und verfolgte den Kampf gegen Kinderobdachlosigkeit. In Moskau besuchte er Kunstgalerien und Museen, sie zählten zu den besten auf der Welt. Die Industrie machte Fortschritte, manche Fabriken wuchsen mit einer Geschwindigkeit empor, die die Briten nur beneiden konnten. Die Menschen waren enthusiastisch und opferbereit, und die Machthaber verfolgten eine Friedenspolitik, damit es nie wieder zu Krieg käme.

Es war zugleich schwer, nicht zu bemerken, wie schnell in der Sowjetunion der Lebensstandard sank, wie sich Hunger ausbreitete, der für die einfachen Menschen nicht durch den Bau von Fabriken kompensiert wurde. Den Klassenkampf ersetzte man durch planmäßigen Terror. Man ruinierte Millionen Menschen das Leben, deren einzige Sünde darin bestand, dass sie nicht von der Arbeiterklasse

---

391 Gareth Jones, *Goobye Russia*, »The Daily Express«, 11. April 1933, S. 12.

392 Ebd.

abstammten. Diesem Krieg wurde sogar die Kunst untergeordnet, und zu einem der größten Feinde wurde die Religion erklärt. Auch die Heuchelei nahm zu. Obwohl alle den Hunger und die tragischen Folgen des Fünfjahresplanes sahen, traute sich niemand, die Behörden zu kritisieren, und man sprach nur von lobenswerten Erfolgen. Angst beherrschte die ganze Gesellschaft. Aber das größte Verbrechen des sowjetischen Regimes, so meint Gareth, sei die Vernichtung des Bauerntums gewesen. Sechs oder sieben Millionen Bauern, deren Betrieben es besser ging, wurden in die Verbannung geschickt. Anderen wurden das Land und die Tiere weggenommen, sie wurden zu einem Schicksal als landlose Untertanen verurteilt. »Indem sie die Bauern vernichten, ruinieren die Bolschewiken auch Russland, und diese wahnsinnige Politik wird sich als ihre Nemesis erweisen«[393], erklärt Jones.

Zum Schluss – als Warnung vor dem, was mit Russland geschehen ist – ruft er dazu auf, um jeden Preis die britischen Ideen der persönlichen Freiheit und der Menschenrechte zu schützen.

Ein Jahr später, im Mai 1934, schickt er seiner Freundin Margaret Stewart einen Brief:

> Leider! Hör zu, du wirst lachen: Deinem harmlosen, kleinen »Joneski« wurde die Ehre zuteil, eine bedeutende Persönlichkeit auf der schwarzen Liste des OGPU zu sein, und er hat Einreiseverbot in die Sowjetunion. Ich habe gehört, die Geheimpolizei in Moskau verfügt über eine lange Liste von Verbrechen, die ich begangen habe, und es trifft sich lustigerweise so, dass Spionage dazuzählt … In der Tat hat der Kommissar für Auswärtige Angelegenheiten Litwinow aus Moskau eigens ein Telegramm an die Botschaft in London geschickt, um sich über mich bei Lloyd George zu beschweren.[394]

393 Ebd.

394 Gamache, *Gareth Jones. Eyewitness*, S. 145–146.

Kapitel 17
Wodka und Häppchen

»Den ersten glaubwürdigen Bericht über die Hungersnot in Russland bekam die Welt von einem gewissen britischen Journalisten«, wird der Amerikaner Eugene Lyons 1937 schreiben. »Der unermüdliche und gewissenhafte Gareth Jones war von kleinem Wuchs und jener Typ von Mensch, der ständig ein Heft bei sich trägt und, ohne sich zu genieren, alle deine Worte aufschreibt. Geduldig lief er von einem Korrespondenten zum nächsten, stellte Fragen und notierte die Antworten.«[395]

Jones trifft sich zwei Mal mit ihm: 1931 und 1933, beide Male in Moskau. Lyons ist dort in den Jahren 1928–1934 Korrespondent von United Press, und 1930 ist er der erste westliche Journalist, der ein Interview mit Stalin führt, als dieser ihn dazu ausersieht, die Gerüchte über seinen Tod dementieren zu lassen.[396] »Man kann nicht im Schatten der Legende Stalin leben, ohne seinem Zauber zu erliegen«[397], erklärt Lyons nach dem Treffen. Den Bericht von seinem Interview liest ganz Amerika, die *New York Daily News* ruft den Text zum »besten Korrespondentenbericht des Jahres, wenn nicht der letzten vier oder fünf Jahre«[398] aus, und der Korrespondent kultiviert in den darauffolgenden Jahren eine Verehrung der

395 Lyons, *Assignment in Utopia*, S. 575.

396 *Eugene Lyons – Biography*, http://www.jewage.org/wiki/ru/Article: Eugene_Lyons_-_Biography (Zugriff: 26. Januar 2019).

397 Ebd.

398 Ebd.

Bolschewisten. Im Jahr 1931 versichert er Jones, dass die kommunistischen Machthaber alles tun, um den Lebensstandard in der Sowjetunion zu heben.

Nach seiner Rückkehr in die USA, zerknirscht und endgültig enttäuscht von Stalin, gibt Lyons 1937 – schon nach dem Tod von Gareth Jones – ein Buch mit dem Titel *Assignment in Utopia* (Mission Utopie) heraus. Das Kapitel *The Press Corps Conceals a Famine* (Pressevertreter verheimlichen Hungersnot) beginnt er mit dem Zitat des Satzes von Duranty aus dem Text, in dem er die Hungersnot in der *New York Times* abstreitet: »Es gibt keine wirkliche Hungersnot oder Todesfälle durch Hunger, aber verbreitete Sterblichkeit durch hungerbedingte Krankheiten.« Er wird reumütig bekennen: »[diese unheimliche Sophistik] wurde unter den Auslandskorrespondenten zum klassischen Beispiel der Untertreibung und charakterisiert hervorragend unsere ganze dreckige Episode beim unehrlichen Beschreiben der makabren Hungersnot in Russland in den Jahren 1932–1933.«[399]

Er bekennt offen, dass es den Korrespondenten verboten war, journalistische Recherchen durchzuführen und Moskau zu verlassen. Für sie galt auch das ungeschriebene Gesetz, die Hungersnot kleinzureden und zu verschweigen. Verschleiert man einfache und klare Aussagen mit einer Metapher, führt das die Leser erfolgreich in die Irre. Gewöhnlich in den Korrespondentenberichten aus Russland verwendete Formulierungen wie »hungerbedingt« oder »Unterernährung« verbergen geschickt das Ausmaß der tödlichen Hungersnot. Alle Moskaukorrespondenten sind sich mehr oder weniger des Ausmaßes dieses Problems bewusst, doch alle – so Lyons – beteiligen sich an der furchtbaren Irreführung. Schließlich kennt jeder Berichte von Personen, die aus den von der Hungersnot betroffenen Gebieten kommen, und beobachtet die Massen von ausgemergelten Flüchtlingen auf den Moskauer Straßen. Niemand zweifelt daran, wie hoch der Tribut ist, den die Hungersnot fordert. In der Abgeschiedenheit der Moskauer Häuser und Hotelzimmer wird recht ungezwungen und häufig darüber diskutiert. Die Ausländer schätzen die Zahl der Opfer auf eine Million und mehr, die Russen auf mindestens drei Millionen. Lyons zufolge »waren die Russen, vor allem die Kommunisten, durch eine Art perverser Vorliebe für große Ausmaße dazu geneigt, höhere Zahlen anzugeben: Zeugt die

399 Lyons, *Assignment in Utopia*, S. 572.

Ermordung von drei Millionen Menschen doch von einer dreimal so großen Rücksichtslosigkeit wie das Töten von einer Million«.[400]

Die sophistische Rhetorik der Auslandsjournalisten und die kritiklose Akzeptanz durch deren Redaktionen dient Moskau zur Vertuschung von Fakten. Das Meisterwerk einer solchen Untertreibung ist, Lyons zufolge, der andere bekannte Satz Durantys: »Um es brutal auszudrücken – man kann kein Omelett braten, ohne Eier aufzuschlagen.« Deshalb entschließt sich Lyons Jahre später, bekannt zu machen, auf welche Weise die Eier aufgeschlagen wurden.

Nach Jones' Sensationen hagelt es aus den Redaktionen Fragen auf die Korrespondenten in Moskau. Sie können sich jedoch damals nicht, so Lyons, für die Hungersnot interessieren, weil sie der Prozess gegen die britischen Ingenieure zu guten Beziehungen mit den Zensoren zwingt. »Es wäre beruflicher Selbstmord, die Hungersnot zu thematisieren«[401], bemerkt er.

Es ist Abend, als sich Konstantin Umanski mit den Korrespondenten im Hotel trifft, höchstwahrscheinlich in demselben Hotel Metropol, in dem Jones zuvor geschlafen hat. Er weiß gut, dass die Probleme der wegen Spionage angeklagten Ingenieure von Metropolitan-Vickers ihm Überlegenheit und eine bessere Verhandlungsposition verschaffen.

Lyons erinnert sich:

> Im Glanz von Umanskijs vergoldetem Lächeln wurde viel im Geiste des Gebens und Nehmens unter Gentlemen gefeilscht, bis ein förmliches Dementi ausgearbeitet war. Wir gaben genug zu, um unser Gewissen zu beschwichtigen, aber in gewundenen Sätzen, die Jones als Lügner verurteilten. Nachdem das schmutzige Geschäft getan war, bestellte jemand Wodka und Häppchen.[402]

Das Gelage, an dem auch der sowjetische Zensor teilnimmt, zieht sich bis in den Morgen. Lyons erinnert sich, dass Umanski in dieser Nacht außergewöhnlich freundlich gestimmt ist.

Jahre später gesteht Lyons:

> Uns von Jones zu distanzieren, war eine höchst unangenehme Pflicht beim jahrelangen Jonglieren mit Tatsachen, um Diktaturen zu gefallen – aber wir distanzierten uns, einstimmig und mit fast

400 Ebd., S. 575.

401 Ebd., S. 576.

402 Ebd., S. 572, 575–576, zit. nach Applebaum, *Roter Hunger*, S. 397.

identischen Formulierungen voller Mehrdeutigkeiten. Der arme Gareth Jones muss der überraschteste Mensch auf Erden gewesen sein, als die Fakten, die er so gewissenhaft aus unseren Äußerungen gesammelt hatte, unter unseren Dementis begraben wurden.[403]

In den folgenden Tagen bestellt Umanski die Korrespondenten einen nach dem anderen in die Presseabteilung ein und betont das strenge Verbot, Moskau zu verlassen. Nichts Neues, beweist er triumphierend, dieser Grundsatz gilt seit Beginn der Revolution, doch erst jetzt hat man beschlossen, ihn durchzusetzen. Dieselben sowjetischen Beamten, die sich beruflich mit der Leugnung der Hungersnot befassten, haben jetzt, nachdem klar wurde, dass sie existiert, die Aufgabe zu verhindern, dass die Journalisten sie mit eigenen Augen sehen.

Oberflächliche Berichte über die Schwierigkeiten in Russland werden, nach Lyons Ansicht, von den westlichen Redaktionen auf die hinteren Seiten der Zeitungen geschoben. Und die Medien auf der ganzen Welt akzeptieren kritiklos Stalins neue Beschränkungen und Rhetorik.

*

Einer von jenen, die von dem Diktator begeistert sind, ist George Bernard Shaw.

»Ist der wahnsinnig?!«, fragte ein Pfarrer, den Gareth 1931 bei Nischni Nowgorod traf. »Er war in Russland und hat nichts gesehen? Es hätte gereicht, wenn er ein Hundertstel von dem erblickt hätte, was unsere Bauern erleiden. Unglaublich, dass es so leicht war, ihn zu betrügen.«[404]

Gerade mal einen Monat zuvor – im Juli 1931 – wurde in Moskau für Shaw ein Festmahl aus Anlass seines 75. Geburtstags ausgerichtet, bei diesem erklärte er, »er sei ein Feind derer, die antisowjetische Gerüchte verbreiteten. Als Freunde hörten, er wolle nach Russland fahren, hätten sie ihm Konservendosen mitgegeben, erzählte er den Anwesenden: ›Sie meinten, Russland würde hungern. Aber ich warf alles in Polen aus dem Zugfenster, bevor ich die sowjetische Grenze erreichte.‹ Seinen Zuhörern ›verschlug es den Atem‹, erinnerte sich

403 Ebd.

404 *Experiences in Russia 1931 – A Diary*, Pittsburgh 1932, S. 46.

ein Journalist: ›Man spürte, wie sich ihnen kollektiv der Magen zusammenzog. Eine Dose englisches Rindfleisch hätte auf dem Tisch eines jeden anwesenden Arbeiters und Intellektuellen einen Festtag bedeutet.‹«[405]

Nach Russland reiste Shaw als bekannter und erfahrener Schriftsteller, vor allem aber als Bewunderer Stalins. 1925 erhielt er den Literaturnobelpreis für »sein Werk, das sowohl von Idealismus als auch von Humanität gekennzeichnet ist, die anregenden Satiren oft erfüllt von einer einzigartigen poetischen Schönheit«.[406]

Auf der Berliner Pressekonferenz im Jahr 1933 erklärt Jones: »Bei denen, die seine schönen Beschreibungen opulenten Essens in ihrem hungernden Land lesen, ist Bernard Shaw nach Stalin der am meisten gehasste Mensch in Russland.«[407]

Ein anderer bekannter Korrespondent, der die Möglichkeit hatte, sich mit eigenen Augen von der kommenden Hungersnot zu überzeugen, war Egon Erwin Kisch. Der »rasende Reporter« genannt, ist er der bekannteste Reporter in der ersten Hälfte des 20. Jahrhunderts. Fasziniert vom Kommunismus, hielt er in den Jahren 1930–1931 am Institut für Journalismus der Charkiwer Universität Vorlesungen. »Teilte ihm später wirklich keiner seiner Bekannten mit, was los war? Kisch begab sich doch schließlich 1931 aus der UdSSR illegal nach China, also schon nach dem Bauernexodus. Er schrieb ein Buch über China. Aber er hatte nichts gesehen, nichts gehört«[408], bemerkt der polnische Reporter Mariusz Szczygieł in der Einleitung zur polnischen Ausgabe eines von Kischs Büchern.

*

Shaw und Kisch tun so, als würde es keine Hungersnot geben, Fischer macht sich offen über Jones lustig, Lyons und viele andere beteiligen sich im Geheimen an dem Komplott und einer der Korrespondenten greift Gareth brutal an und versucht, ihn zu vernichten.

---

405 Lyons, *Assignment in Utopia*, S. 430, zit. nach: Applebaum, *Roter Hunger*, S. 386.

406 https://www.nobelprize.org/prizes/literature/1925/shaw/facts/ (Zugriff: 27. Februar 2019).

407 *Knickerbocker, Famine Grips Russia Millions Dying.*

408 Mariusz Szczygieł, *Reporter na niebie* [Reporter am Himmel], in: Egon Erwin Kisch, *Jarmark sensacji* [Marktplatz der Sensationen], Warszawa 2014, S. 11.

Walter Duranty stammt aus einer britisch-amerikanischen Familie aus Liverpool. Nach dem Studium fährt er nach Paris und beginnt seine Karriere in der *New York Times*. 1921 zieht er nach Moskau und berichtet von dort über die Hungersnot, von der 25 Millionen Menschen betroffen sind und der jeder Fünfte davon zum Opfer fällt. Den Lesern erklärt Duranty, dass die Meinungsfreiheit nach amerikanischem Verständnis in Russland nicht existiert. Mit der Zeit tönt er seine Berichte ab, entwickelt Verständnis für die Bolschewisten, lernt Russisch und hält die dortige Zensur für weniger streng als die französische während des Weltkriegs. Er identifiziert sich nicht mit der ideologischen Linken, aber er hält sich für einen Realisten, der alle Seiten zu verstehen versucht. Den in Russland zunehmenden Terror sieht er nicht oder möchte ihn nicht sehen, vielleicht in der Hoffnung darauf, dass er sich in Moskau ein bequemes Nest bauen wird, vielleicht auch aus dem Grund, dass seine schmeichelhaften Beziehungen mit Russland in den Vereinigten Staaten immer mehr Anerkennung finden.

Während eines Ferienaufenthalts in Frankreich ist Duranty 1924 von einem Zugunglück betroffen. Eine Operation ist notwendig, nach der die Ärzte ein Gangrän diagnostizieren und ihm das Bein amputieren. Nachdem er genesen ist, kehrt er nach Moskau zurück. Große Karriere macht er erst gegen Ende der Zwanzigerjahre, als er über die Einführung des Fünfjahresplans berichtet. Er glaubt an Stalin. Den westlichen Lesern stellt er ihn als großen Parteiführer vor, der Russland ans Zenit führen wird. Duranty ist wütend, als Stalin 1930 als erstem westlichen Journalisten Eugene Lyons ein Interview erteilt. Er protestiert in der Presseabteilung und bekommt nach einer Woche die Möglichkeit zu einem Gespräch mit ihm. Durantys Material, dem der Autor eine Menge Dramatik verleiht, stellt das zurückhaltende Interview von Lyons in den Schatten und macht aus ihm einen Star des amerikanischen Journalismus.

Falls Duranty nicht gerade beim Pferderennen in Paris im Bois de Boulogne, am Strand in Saint-Tropez oder zur Kontrolle seiner Holzprothese in Berlin ist, kann man ihn gewöhnlich in der Bar des Moskauer Hotels Metropol antreffen.[409] Das ist der Lieblingsort für Rendezvous und Dispute der lokalen Society, die sich am Wochenende zu in sowjetischem Stil gespieltem amerikanischen

409 Diese und die weiteren Informationen über sein Leben nach der Duranty-Biografie: Sally J. Taylor, *Stalin's Apologist: Walter Duranty: The New York Times's Man in Moscow*, New York 1990.

Walter Duranty bei der Lektüre der Zeitung Prawda, *um 1925*

Jazz vergnügt, meist Stücken wie *Peanuts* oder *Yes, We Have No Bananas*. Durantys zunehmender Ruhm lockt immer jüngere und schönere Frauen an. Eine Affäre mit einem der am besten bezahlten Korrespondenten der Welt ist für viele von ihnen eine Nobilitierung. Duranty erzählt selbst, dass er jährlich rund 10 000 Dollar verdient, der Verleger kommt auch für seine Ausgaben auf – das verschwenderische Leben in Moskau, aber auch die häufigen Reisen nach New York, Paris oder Berlin.

Wie die anderen Korrespondenten hat er Zugang zu Nahrungsmitteln von besserer Qualität – zu unbegrenzten Mengen an Schweine- und Rindfleisch, Eiern, Butter und guten Weinen. Einen elegant gedeckten Tisch in Durantys Moskauer Haus in der Bolschaja-Ordynka-Straße, samt einem Bediensteten, der gerade Wein nachschenkt, sieht man auf einem Foto aus den dreißiger Jahren. Die Wohnung macht nach westlichem Standard einen normalen Eindruck, aber in Moskau gilt sie als luxuriös.

Der gesellige Duranty liebt es, im Zentrum der Aufmerksamkeit zu stehen. Seine sexuellen Eroberungen sind legendär. Diskret hält er sich, wie seine Biografin Sally Taylor bemerkt, in der Moskauer Wohnung eine russische Geliebte, und noch diskreter seine Frau in Saint-Tropez. Abhängig von Opium, veranstaltet er Sauforgien, an denen teilzunehmen er schon in Paris lernte – sowohl mit Frauen als auch mit Männern.[410] Pikanterie verleihen diesen Treffen in Frankreich auch satanistische Rituale, auf die Duranty in Moskau wahrscheinlich verzichtete.

Er ist – wie einer seiner Apologeten behauptet – der bewundertste, scharfsinnigste, kultivierteste und gebildetste Reporter in Europa.

Der Pulitzer-Preis 1932 bestätigt bloß seine Position. In demselben Jahr veröffentlicht Duranty in der *New York Times* ein Gedicht mit dem Titel »Roter Platz«, und der die Anerkennung der UdSSR durch die Vereinigten Staaten anstrebende Präsidentschaftskandidat der Demokraten lädt ihn auf seine Residenz nach Albany ein. Er überschüttet ihn dort mit Fragen, auf die Duranty selbstverständlich erschöpfend und professionell Antwort gibt. »Es war faszinierend«[411],

---

410 Askold Krushelnycky, *Ukrainians want pro-Stalin writer stripped of Pulitzer*, »The Guardian«, 4. Mai 2003.

411 Amity Shlaes, *The Forgotten Man. A New History of thr Great Depression*, London 2009, S. 47–84, 133, zit. nach: Anne Applebaum, *Roter Hunger*, S. 390.

begeistert sich Franklin Delano Roosevelt. Niemand kann mehr daran zweifeln, wer der größte Experte für Sowjetrussland ist.

Was Duranty schreibt, ist heilig.

Gegen Ende 1932 berichtet William Strang, der erste Sekretär der britischen Botschaft in Moskau, nach London, dass Duranty mit Hilfe von jemandem einen kritischen Artikel an der Zensur vorbei nach Paris geschmuggelt hat, der aus Frankreich sicher seinen Weg in die *New York Times* fand. Umgehend bekommt der Journalist Besuch aus sowjetischen Regierungskreisen, man wirft ihm Illoyalität vor. Wie konnte er, der in den vergangenen Jahren so ehrlich war, das gerade jetzt tun, wo die Verhandlungen um die Anerkennung der UdSSR durch die Vereinigten Staaten so weit fortgeschritten waren? Ist er sich nicht der Konsequenzen bewusst, wundert sich Strang. Er rät, dass das Außenministerium von Großbritannien Duranty zurechtweist.

Der diese Meldung kommentierende Laurence Collier vom Außenministerium erklärt, dass der Korrespondent der *New York Times* ein etwas dubioser Typ sei, vielleicht werde er von den Sowjets bezahlt, auch wenn es dafür keine sicheren Beweise gebe.[412] Obwohl er von der immer schlimmeren Situation in der Ukraine weiß, will sich Duranty nicht in Gefahr bringen, umso mehr weil seine Geliebte schwanger geworden ist und nicht beabsichtigt, aus Moskau fortzugehen. In den folgenden Monaten schreibt er also positiv über die Situation in der UdSSR, und am letzten Märztag 1933 bläst er, wie wir schon wissen, in der *New York Times* zum Angriff auf Gareth Jones.

In vertraulichen Gesprächen verheimlicht er jedoch nicht sein Wissen. Nachdem ihm die Sowjets schließlich erlaubt haben, im September gemeinsam mit Stanley Richardson von Associated Press in die Ukraine zu fahren, wird er Vertrauten von Millionen Todesopfern erzählen. Während eines Abendessens berichtet er Lyons und einer bekannten Journalistin vollkommen ehrlich von dem Horror, dessen Zeuge er wurde. Das Bild, das er vor ihnen ausbreitet, ist entsetzlich.

---

412 The Foreign Office and the Famine: British Documents on Ukraine and *the Great Famine of 1932–1933*, Hg. v. Marco Carynnyk, Lubomyr Y. Luciuk und Bohdan S. Kordan, mit einem Vorwort von Michael R. Marrus, Kingston, ON – New York 1988, S. 202, zit. nach: Colley, *More Than a Grain*, S. 269.

»Walter, das meinst du doch wohl nicht ernst?«, wundert sich Anne O'Hare McCormick von der *New York Times* über den unerwarteten Bericht.

Duranty antwortet mit seiner Lieblingsfloskel:

»Das sind doch nur Russen.«[413]

Als er von der britischen Botschaft einbestellt wird, erzählt er, dass im Verlauf des vergangenen Jahres in der ganzen Sowjetunion bis zu 10 Millionen Menschen durch den Hunger gestorben sein können und die Verluste bei den letzten Ernten – aufgrund von Diebstahl und den Wetterbedingungen – 30 Prozent betragen. Der Botschaftsmitarbeiter berichtet seinen Vorgesetzten in London, der Korrespondent der *New York Times* habe »allmählich die Wahrheit erkannt«, ohne aber »das große amerikanische Publikum einzuweihen«.[414]

In den nächsten Artikeln in der *New York Times* verliert Duranty kein Wort zu den gewaltigen Zahlen, mit denen er so locker während des Abendessens jonglierte. Dafür schreibt er über hervorragende Ernten und fröhliche Bauern: »Die Ernten waren hervorragend, und diese ganze Diskussion über den Hunger ist im jetzigen Moment lächerlich«, »Kinder und Alte sehen gesund und wohlgenährt aus«, »die Bauern haben die Kollektivierung akzeptiert«, »der Kreml hat die Schlacht gewonnen«, »alles wird nun gut werden«.[415]

Auch der neue Präsident der Vereinigten Staaten ignoriert die Berichte über die Hungersnot. Roosevelt verfolgt beunruhigt, was in Deutschland geschieht, und fürchtet sich vor einer Expansion Japans. Er braucht Stalins Wohlwollen. Außerdem ist den Amerikanern – wie Jones in einem seiner Artikel im April schreibt[416] – an Handelsbeziehungen mit Russland gelegen.

Im Herbst füllen sich die Kolumnen der amerikanischen und britischen Zeitungen mit Berichten über die Normalisierung der Beziehungen zwischen der Sowjetunion und den Vereinigten Staaten. In Großbritannien lachen die Leser des *London Evening Standard* und der *Time* über den Anblick einer Karikatur mit dem Titel »Russisches

---

413 Lyons, *Assignment in Utopia*, S. 580.

414 *The Foreign Office and the Famine*, S. 202–209, zit. nach: Applebaum, *Roter Hunger*, S. 391.

415 Colley, *More Than a Grain*, S. 266.

416 Gareth Jones, *O.G.P.U.'s Reign of Terror in Russia*, »The Western Mail«, 5. April 1933.

Ballett«: Darauf überreicht Roosevelt auf der Bühne dem als Balletttänzerin verkleideten Litwinow mitten im Sprung voller Zuneigung einen Strauß Rosen. Diese beiden Politiker sind die Hauptpersonen der kommenden Ereignisse. Amerika erkennt den sowjetischen Staat schließlich an und nimmt diplomatische Beziehungen mit ihm auf. An einem festlichen Abendessen, das Roosevelt zu Ehren von Litwinow veranstaltet, nehmen im New Yorker Hotel Waldorf-Astoria eineinhalbtausend Personen teil. Der Star des Abends ist jedoch ein Dritter. Als der Litwinow bei seiner Reise aus Russland begleitende Walter Duranty als großer Korrespondent einer Zeitung aus New York vorgestellt wird, kommt das erste Mal richtig Leben in die Menschenmenge, die Leute stehen auf und jubeln.

Ganz benommen von seinem Erfolg, kehrt Duranty als beliebtester Journalist der Welt nach Moskau zurück. Mehrere Wochen später gibt ihm Stalin das nächste ausführliche Interview, und als sie sich an Weihnachten wiedersehen, sagt er: »Du hast gute Arbeit geleistet, obwohl du kein Marxist bist, du hast versucht, die Wahrheit über unser Land zu sagen, es zu verstehen und deinen Lesern zu erklären. Man kann sagen, du hast auf unser Pferd gesetzt, und obwohl die anderen meinten, dass es keine Chance hat, bin ich sicher, dass du nicht verloren hast.«[417]

*

Jones hat keine Möglichkeit, die Glaubwürdigkeit seiner Berichte zu bekräftigen. Die letzte Rettung ist für ihn der gerade einmal zwei Jahre ältere Malcolm Muggeridge.

Er war, genau wie seine Frau Kitty, vom Kommunismus fasziniert. Im Jahr 1932 zieht das Paar nach Moskau. Muggeridge soll dort als Freiberufler den in den Urlaub fahrenden Korrespondenten des *Manchester Guardian*, William Chamberlin, vertreten. Aber schon in den ersten Tagen seines Aufenthaltes ist er enttäuscht vom sowjetischen Staat. In seinem Tagebuch erwähnt er die »stärkste Diktatur« und die »ungeheuerlichen Opfer«, die die ärmsten Bürger, also die Bauern, zu erleiden haben.[418]

---

417 Walter Duranty, *I Write as I Please*, New York 1935, S. 166–167.

418 *Like It Was: The Diaries of Malcolm Muggeridge*, selected and edited by John Bright-Holmes, London 1981, S. 19, 49, zit. nach: Cherfas, *Reporting Stalin's Famine*, S. 782.

Als Jones Muggeridge Anfang März in Moskau trifft, ist dieser gerade von einer Reise in die Ukraine zurückgekehrt und macht sich keine Illusionen, er sagt eine Katastrophe voraus. Seine drei Texte, entsprechend gekürzt von der den Sowjets gegenüber wohlwollend eingestellten Redaktion des *Manchester Guardian* und nicht mit dem Namen des Autors versehen, erscheinen gegen Ende März, der letzte am 28., einen Tag vor Jones aufsehenerregendem Auftritt in Berlin. Muggeridge schreibt unter anderem: »Die Feststellung, dass in einigen der fruchtbarsten Regionen von Russland eine Hungersnot herrscht, ist weniger als die Wahrheit, dort herrscht nicht nur eine Hungersnot, sondern Kriegszustand, eine Militärokkupation.«[419] Doch es sind nicht die drei anonymen Artikel im *Guardian*, erst die Pressekonferenz in Berlin und die darauffolgenden Publikationen von Jones werden die Welt erschüttern und die sowjetischen Machthaber in Panik versetzen.

Als sich Lloyd George von Jones abwendet und sich alle Moskauer Korrespondenten gegen ihn verschwören, ist Muggeridge die einzige Person, die eingeweiht ist in die Situation in der Ukraine und auf die Gareth zählen kann. Umso mehr als der Brite nicht mehr in Moskau lebt – er hat sich soeben seiner Frau in der Schweiz angeschlossen und eine Arbeit beim Völkerbund in Genf aufgenommen. Er publiziert auch nicht mehr in britischen Zeitungen, deren Politik eindeutig prosowjetisch ist, sondern konzentriert sich auf die Schriftstellerei.

Nach der Aktion, die darauf abzielte, seine Berichte über die Hungersnot zu diskreditieren, schreibt Gareth Muggeridge einen Brief und bittet ihn um Vermittlung. Jener antwortet Mitte April, dass er sich in der Angelegenheit gerne an die *New York Times* wenden werde. Er bittet nur um Zusendung von Durantys Repliken. Bei der Gelegenheit bedankt er sich für die Komplimente für seine Artikel im *Manchester Guardian*.

Dem nächsten Brief fügt Jones einen Stapel Artikel bei.

Muggeridge antwortet erst gegen Ende September, wieder empört über Durantys Publikationen, der es geschafft hatte, der Welt zu berichten, dass es den ukrainischen Bauern schon wieder gut gehe. Er bringt jedoch zum Ausdruck, dass er nicht in der Lage sei, mit ihm zu polemisieren – schließlich informiere der Korrespondent der *New York Times* schon über die neuen Ernten, und obwohl

---

419 Colley, *More Than a Grain*, S. 274.

bekannt sei, wie viele Lügen in diesen Berichten stecken könnten, habe Duranty ein starkes Argument an der Hand: Er war kürzlich dort, die anderen nicht. Muggeridge fügt jedoch hinzu, er könne, wenn er über dessen Texte aus dem letzten Jahr verfügen würde, einen »unterhaltsamen Artikel über Duranty als Auslandskorrespondent« schreiben.[420]

Das ist sein letzter Brief an Gareth. Muggeridge wird nie eine Erwiderung schreiben. Doch das ist nicht alles: Er wird Jones niemals und nirgendwo mehr erwähnen.

*

Anfang 1934 publiziert Muggeridge den Roman *Winter in Moscow* (Winter in Moskau). Im Vorwort betont er, dass die einzelnen Helden darin zwar fiktiv seien, er sie sich aber auf der Grundlage wahrhaftiger Personen und Ereignisse ausgedacht habe. Einer der Helden, Wilfred Pye, ist ein unbestechlicher Journalist, er macht sich pausenlos Notizen und führt Empfehlungsschreiben mit sich, die es ihm ermöglichen, durch Russland zu reisen. Er fährt mit dem Zug dritter Klasse, um mit »den echten Menschen« in Kontakt zu kommen, statt mit den »Offiziellen«[421], und seine Artikel über die Hungersnot werden weithin zitiert.

In einer der Szenen, in einem Zug, wirft Pye eine Orangenschale in einen Spucknapf. Ein in dem Abteil fahrender Bauer isst sie gierig vor den Augen eines Kommunisten, der einen Moment zuvor versichert hat, dass niemand in der UdSSR hungert. Muggeridge gibt nirgendwo an, wo er diese Geschichte gehört hatte und wer das Vorbild für Pye war. Um die Spuren zu verwischen, macht er aus ihm einen alten Zyniker mit Bart und ergrautem Haar, der ständig Pfeife raucht und zu viel Alkohol trinkt, während Jones – wie wir wissen – ein junger Idealist ist, nicht raucht und sich seiner Abstinenz rühmt.

Im Jahr 1972 wird Muggeridge in der Autobiografie *Chronicles of Wasted Time* (Chroniken der vergeudeten Zeit) schreiben, dass er auf dem Weg nach Rostow und trotz der entsetzlichen Kälte viele

420 Brief von Malcolm Muggeridge an Gareth Jones, 29. September 1933, https://www.garethjones.org/soviet_articles/malcolm_muggeridge_correspondence__april_1933.htm (Zugriff: 27. Januar 2019).

421 Malcolm Muggeridge, *Winter in Moscow*, London 1934, zit. nach: Cherfas, *Reporting Stalin's Famine*, S. 803.

Male seine Zugreise unterbrochen habe, wodurch er der Welt die Tragödie habe offenbaren können.[422] Er meint, dass seine Berichte einzigartig seien, weil »kein anderer Journalist in von der Hungersnot betroffenen Regionen der UdSSR war« ohne offizielle Überwachung.[423]

Obwohl Muggeridge 1933 in einem anonymen Artikel schreibt, dass er in Waggons der »harten« Klasse reiste, so gibt er in seiner Autobiografie zu, dass er erster Klasse fuhr.[424]

Es gibt noch mehr Widersprüche.

Am 29. März desselben Jahres berichtet ein Engländer in einem nicht namentlich gezeichneten Artikel im *Manchester Guardian*, dass Muggeridge in Rostow mit einem Empfehlungsschreiben eintraf und dort ein großes Auto mit einem Fremdenführer auf ihn wartete. 40 Jahre später behauptet er in der Autobiografie, dass er damals allein die landwirtschaftlichen Ecken der Ukraine und des Kaukasusvorlandes besuchte.

Im Jahr 1983 sagt er in einem Interview, dass er ganz normal eine Zugfahrkarte gekauft habe und, ohne die Behörden zu informieren, nach Kyjiw und Rostow gefahren sei. Im Jahr 1987: Dass er der Einzige gewesen sei, der sich dem Reiseverbot in Russland widersetzt habe.[425] Aus den erhaltenen Dokumenten der zuständigen sowjetischen Stellen geht jedoch hervor, dass Muggeridge die Beamten über seine Reise informierte und die Erlaubnis dazu hatte.[426]

Indem er Jones in keinem Text und bei keinem öffentlichen Auftritt erwähnt, tilgt ihn Muggeridge erfolgreich aus dem kollektiven Gedächtnis, und dank seiner geschickten Worte führt er seine Gesprächspartner und Leser in die Irre und lässt sie denken, er sei der Einzige gewesen, der den Holodomor bekannt gemacht habe. Selbst wenn er über Durantys berühmte Replik schreibt, tut er es so,

---

422 Malcolm Muggeridge, *Chronicles of Wasted Time*, Bd. 1: *The Green Stick*, New York 1973, S. 258, zit. nach: Colley, *More Than a Grain*, S. 277.

423 Malcolm Muggeridge, *Chronicles of Wasted Time*, Bd. 1: *The Green Stick*, London 1972, S. 258, zit. nach: Cherfas, *Reporting Stalin's Famine*, S. 776.

424 Cherfas, *Reporting Stalin's Famine*, S. 798.

425 Ebd.

426 Ebd., S. 800.

dass der Leser den Eindruck bekommt, diese habe seine, Muggeridges, Artikel kommentiert und nicht die von Gareth Jones.[427]

Im Gegensatz zu Jones lebte Muggeridge lange – bis 1990.

Walter Duranty von der *New York Times* nennt er den größten Lügner aller Journalisten, den er in dem halben Jahrhundert seines Arbeitslebens getroffen habe.

*

Jegliche Meldungen über die Hungersnot enden immer gleich: mit Untertreibungen, Anzweiflungen oder Widersprüchen. Der Betrug ist erfolgreich. Selbst nach vielen Jahren wird es noch Zweifel geben, ob die Hungersnot in der Ukraine nicht nur ein Gerücht war. Das erste bedeutende Buch über den Holodomor – *The Harvest of Sorrow* (Ernte des Leids) von Robert Conquest – erscheint erst 1986.

Die sowjetische Zensur triumphiert. Niemand sieht den Hunger, niemand bemüht sich darum, ihn zu sehen. Außerdem hat die Welt schon andere Sorgen. Am 22. März 1933 wird auf Heinrich Himmlers Befehl das erste Konzentrationslager für politische Häftlinge in Deutschland geschaffen. Zunächst hat es 200 Häftlinge, aber die Presse schreibt, dass in Dachau auch 5000 Platz finden.

Als die Nachricht von der Hungersnot in den Vatikan vordringt, publiziert die Zeitung *L'Osservatore Romano* zwei Briefe mit einer Beschreibung der Tragödie. Angeführt werden die empörten Kirchenhierarchen von Kardinal Theodor Innitzer, dem Erzbischof von Wien. Als Jones 1934 nach Österreich fährt, wundert er sich, dass man ihn dort kennt und sich der Kardinal auf seine Artikel über den Holodomor beruft. Doch der Heilige Stuhl hat in Bezug auf Innitzer berechtigterweise – wie sich später zeigt – Befürchtungen. Im Jahr 1938 wird der Kardinal in Wien persönlich Hitler begrüßen und mit Freude den Anschluss Österreichs akzeptieren. Der Vatikan möchte nicht, dass die Öffentlichkeit durch die Verurteilung der sowjetischen Hungersnot den Eindruck bekommt, der Papst würde das faschistische Deutschland bevorzugen. Man ist lieber vorsichtig, in Anbetracht der Tragödie in der Ukraine zieht es der Vatikan vor, nicht das Wort zu ergreifen.

---

427 Nigel Linsan Colley, *Was Gareth Jones's Surname behind George Orwell's Naming of ›Farmer Jones‹ in* Animal Farm?, https://www. garethjones.org/soviet_articles/farmer_jones.htm (Zugriff: 27. Januar 2019).

Ebenso die Anführer Westeuropas: Beunruhigt von den Ereignissen in Deutschland, sind sie immer häufiger der Meinung, dass Hitler nur ein Bündnis mit Stalin aufhalten kann. Das britische Außenministerium erklärt in Beantwortung der parlamentarischen Anfrage von Waldron Smithers aus der Konservativen Partei (wieder aus dem Mund von Laurence Collier): »Die Wahrheit in dieser Frage ist natürlich die, dass wir über gewisse Informationen über den Hunger und die herrschenden Verhältnisse im Süden Russlands verfügen [...]. Doch wir wollen damit nicht an die Öffentlichkeit gehen, denn die sowjetische Regierung würde uns das übel nehmen, und das würde unsere Beziehungen beeinträchtigen.«[428] Über sehr detaillierte Informationen zu der Hungersnot verfügen auch die Polen, aber der Nichtangriffspakt mit der UdSSR hält sie davon zurück, sie publik zu machen.

Sogar die britische Presse verstummt. Nach dem letzten Artikel aus Jones Serie, der Ende April erscheint, druckt keine der Zeitungen auf den Inseln mehr seine Artikel über den Holodomor oder über Russland. Die Publikation geplanter Artikel über die Hungersnot wird ihm von der Redaktion des *Economist* abgesagt, *The Times* lehnt vorgeschlagene Artikel ab, ja sogar *The Western Mail*, bei der der Autor schließlich angestellt ist. Das letzte Mal wird Jones' Enthüllung der großen Hungersnot in der britischen Presse im August 1933 im *The Daily Telegraph* erwähnt. Das nächste halbe Jahrhundert lang nennt ihn niemand mehr im Zusammenhang mit der Tragödie in der Ukraine und in Russland.[429]

Die Autorin der Jones-Biografie *More Than a Grain of Truth* (Mehr als ein Körnchen Wahrheit) überlegt: »Es ist möglich, dass die Regierung – beunruhigt von einem möglichen Krieg mit der deutschen Diktatur – weitere Publikationen von Gareth verhinderte aus Furcht, die Sowjetunion zu verletzen, mit der sie es aus politischen Gründen weiterhin vorzog, freundschaftliche Beziehungen zu unterhalten.«[430] Selbst in dem Buch *In Search of News*, das von der walisischen *Western Mail* publiziert und das Jones nach seinem Tod gewidmet wurde, ist nicht eine einzige Erwähnung seiner Artikel über den Holodomor zu finden.

---

428 *The Foreign Office and the Famine: British Documents on Ukraine and the Great Famine of 1932–1933*, S. 397, zit. nach: Gamache, *Gareth Jones. Eyewitness*, S. 196.

429 Colley, *More Than a Grain*, S. 302.

430 Ebd., S. 305.

Kolchosbäuerinnen und -bauern aus Tadschikistan besuchen Stalin, um 1935.

Kapitel 18
Die Farm der Tiere

Die Erfordernisse der Windmühle müssten vor allem anderen Vorrang haben, sagte er. Er träfe deswegen Anstalten, einen Schober Heu und einen Teil der diesjährigen Weizenernte zu verkaufen, und würde später noch mehr Geld gebraucht werden, so müsse dies durch den Verkauf von Eiern aufgebracht werden, für die in Willingdon immer ein Markt bestünde. Die Hennen, sagte Napoleon, sollten dieses Opfer als ihren besonderen Beitrag zum Bau der Windmühle begrüßen.[431]

*

Es ist nicht bekannt, warum George Orwell auf das Vorwort für die *Farm der Tiere* verzichtet, das er eigens dafür geschrieben hat. Vielleicht hat der kleine Verlag nicht den Mut, es zu publizieren? Andere in Großbritannien wollen das Buch überhaupt nicht herausgeben, das »mit dieser Aussage ein allgemeiner Angriff«[432] sei. Von der anderen Seite des Atlantiks kommt die Antwort, »Erzählungen über Tiere verkaufen sich in den Vereinigten Staaten nicht gut«[433]. Es ist das Jahr 1945. Orwell hatte seinen Roman zwei Jahre früher zu schreiben begonnen.

---

431 Orwell, *Farm der Tiere*, S. 63.

432 Bartłomiej Zborski, *Od tłumacza* [Vom Übersetzer], in: George Orwell, *Folwark zwierzęcy* [Farm der Tiere], übers. v. Bartłomiej Zborski, Warszawa 2017, S. 125.

433 Bernard Crick, *George Orwell: A Life*, London 1980, S. 454, zit. nach: Zborski, *Od tłumacza*, in: Orwell, *Folwark zwierzęcy*, S. 128.

Die Skizze »Die Pressefreiheit« wird erst 1972 wiedergefunden. Der Brite merkt darin kritisch an: »Kaum jemand wird eine Attacke gegen Stalin drucken, aber Churchill zu attackieren ist recht risikolos, jedenfalls in Büchern und Magazinen.«[434] Über Großbritannien in den Dreißigerjahren schreibt er:

> [Es gab] einen gleich großen und beinahe ebenso unaufrichtigen Strom prorussischer Propaganda und einen Quasiboykott an jedem, der versuchte, hochwichtige Fragen wie ein Erwachsener zu diskutieren. Man konnte zwar antirussische Bücher veröffentlichen, doch dann hatte man gleichzeitig die Gewähr, fast von der gesamten Intellektuellenpresse ignoriert oder entstellt wiedergegeben zu werden. […] Die englische Intelligenz, oder ein Großteil von ihr, hatte der UdSSR gegenüber eine nationalistische Toleranz entwickelt, und sie spürte in ihrem Innersten, dass es einer Blasphemie gleichkäme, den geringsten Zweifel auf Stalins Weisheit zu werfen.[435]

*

Der Winter war so streng wie der letzte und das Futter sogar noch knapper. Abermals wurden alle Rationen gekürzt, nur die der Schweine und Hunde nicht. Eine allzu starre Gleichheit der Rationen, erklärte Schwatzwutz, würde den Prinzipien des Animalismus widersprochen haben. Jedenfalls bereitete es ihm keinerlei Schwierigkeiten, den anderen Tieren zu beweisen, dass es in Wirklichkeit *gar keinen Futtermangel gab, auch wenn es scheinbar so aussah.*[436]

*

Ein Vorwort des Autors zur *Farm der Tiere* erscheint nur in der ukrainischen Ausgabe, es handelt jedoch von etwas ganz anderem als »Die Pressefreiheit«. Orwell schreibt darin:

> Nach der Rückkehr aus Spanien erwog ich, den sowjetischen Mythos in einer Erzählung zu demaskieren, die fast jeder würde verstehen können und die nicht schwierig in andere Sprachen zu übersetzen

434 George Orwell, *Die Pressefreiheit*, in: Ders., *Farm der Tiere*, S. 133–148, hier S. 136.

435 Orwell, *Die Pressefreiheit*, in: Ders., *Farm der Tiere*, S. 133–148, hier S. 140.

436 Ders., *Farm der Tiere*, S. 105.

wäre. Eine Zeitlang wusste ich jedoch nicht, wovon die Geschichte handeln sollte; die Idee kam mir, als ich eines Tages (ich wohnte damals in einem kleinen Dorf) sah, wie ein vielleicht zehnjähriger Junge ein riesiges Zugpferd über einen schmalen Pfad führte, ihm die Peitsche überziehend, sooft es versuchte vom Weg abzuweichen. Es versetzte mir damals einen Schlag, dass die Menschen die Tiere fast genauso ausbeuten wie die Reichen das Proletariat.

Ich analysierte daraufhin Marx' Lehre aus der Sicht der Tiere. Für sie steht fest, dass die Vorstellung eines Klassenkampfs zwischen Menschen reine Illusion ist, denn sobald es nötig wird, Tiere auszubeuten, verschwören sich die Menschen gegen sie: Der wahre Kampf findet zwischen Tieren und Menschen statt. Als ich diesen Ausgangspunkt gefunden hatte, war die Durchführung der Geschichte kein Problem mehr.[437]

*

Die drei Hennen, die die Rädelsführerinnen bei der versuchten Rebellion gegen die Eierlieferungen gewesen waren, meldeten sich jetzt und sagten aus, dass Schneeball ihnen im Traum erschienen war und sie dazu aufgewiegelt hatte, Napoleons Befehle zu missachten. Auch sie wurden hingemetzelt. Dann meldete sich eine Gans und gestand, während der letztjährigen Ernte sechs Kornähren unterschlagen und nachts aufgefressen zu haben. Dann gestand ein Schaf, von Schneeball dazu gedrängt, in die Tränke uriniert zu haben, und zwei andere Schafe gestanden, einen alten Widder, einen besonders ergebenen Anhänger Napoleons, ermordet zu haben, indem sie ihn in einem fort um ein Gartenfeuer herumjagten, während er an Husten litt. Sie alle wurden auf der Stelle hingeschlachtet. Und so ging die Geschichte von Geständnissen und Hinrichtungen fort, bis ein Leichenhaufen vor Napoleons Füßen lag und die Luft schwer vom Blutgeruch war, den man seit Jones' Vertreibung dort nicht mehr gekannt hatte.[438]

*

437 George Orwell, *Vorwort zur Ukrainischen Ausgabe von* Animal Farm, in: ders., *Farm der Tiere. Ein Märchen*, übers. v. Ulrich Blumenbach, S. 156–165, hier S. 162.

438 Ders., *Farm der Tiere*, S. 82.

Sind sich George Orwell und Gareth Jones irgendwann einmal begegnet? Konnte sich Ersterer, als er *Farm der Tiere* schrieb, auf die Geschichte des Letzteren beziehen?

Sie waren ähnlich alt. George wurde im Juni 1903 geboren, Gareth im August zwei Jahre darauf.

Beide hatten denselben Agenten: Leonard Moore. Haben sie sich vielleicht bei ihm kennengelernt?

Und dachte Orwell, als er 1938 Lyons' Buch *Assignment in Utopia* rezensierte und den Satz schrieb: »Es ist schwer nach Russland zu fahren, wenn man dort keine entsprechende journalistische Recherche anstellen kann …«[439], vielleicht genau an Gareth?

Was empfand er, als er las, dass Jones die Welt als Erster über die Hungersnot informierte und anschließend Lyons zusammen mit den anderen Korrespondenten einen Lügner aus ihm machte, damit dann, nachdem das schmutzige Geschäft erledigt war, »jemand Wodka und Häppchen« bestellen konnte?

Wie kam er auf die Idee, den Essay *Die Pressefreiheit*, das nicht veröffentlichte Vorwort für den Roman, zu schreiben? Passt irgendeine andere Geschichte eines britischen Journalisten besser zu dem Buch als die von Jones?

Woher kommt der Nachname des aus der *Farm der Tiere* vertriebenen Bauern? Man kann höchstens vermuten, dass diese Figur im Roman Zar Nikolaus symbolisiert. Aber warum hat Orwell ihn nicht Nicki oder Nicholson genannt, was unmittelbar auf den Namen des Zaren angespielt hätte? Oder warum gab er ihm nicht einfach den populären englischen Nachnamen »Smith«, sondern hat stattdessen das typisch walisische »Jones« gewählt?

Ist es ein Zufall, dass Orwell den Helden seines Buches kein einziges Mal »Farmer Jones« nennt, sondern immer – wie es Walter Duranty in seinem Artikel in der *New York Times* mehrmals tat – »Mr. Jones« schreibt?[440]

Und schließlich: Ist Mr. Whymper in *Farm der Tiere* nicht zufällig Walter Duranty?

*

439 Ders., *Review of* Assignment in Utopia *by Eugene Lyons*, »New English Weekly«, 9. Juni 1938.

440 Nigel L. Colley, *Was Gareth Jones's Surname behind George Orwell's Naming.*

Sie schienen dem Hungertod preisgegeben. Es war lebenswichtig, diese Tatsache vor der Umwelt zu verbergen. Durch den Einsturz der Windmühle erkeckt, ersannen die Menschen neue Lügen über die Farm der Tiere. Abermals wurde ausgestreut, dass die Tiere an Hunger und Krankheiten zugrunde gingen, dass es beständige Kämpfe unter ihnen gebe und dass sie ihre Zuflucht bereits zu Kannibalismus und Kindesmord genommen hätten. Napoleon war sich der schlimmen Folgen wohl bewusst, die es zeitigen mochte, würde der wahre Sachverhalt der Ernährungslage bekannt, und er beschloss, vermittels Mr Whympers, einen gegenteiligen Eindruck zu erwecken.[441]

*

Mit der Suche von Gareths Spuren bei Orwell befasste sich ein Verwandter von Jones. Mit Nigel Linsan Colley Kontakt aufzunehmen, schaffte ich nicht mehr – er starb, als ich das Material für dieses Buch zu suchen begann. In seinen Betrachtungen über die Lektüre der *Farm der Tiere* kann man jedoch mehr Bezüge auf Jones' Geschichte finden. Beispielsweise auf jene berühmte Meinung Durantys, man könne kein Omelette braten, ohne Eier aufzuschlagen. Colley machte darauf aufmerksam, dass sich Orwell im weiteren Verlauf des Textes, wenn er die Zahl der gestorbenen Hühner angibt, sicherlich auf die von ihm selbst geschätzte Zahl von neun Millionen Opfern der Hungersnot in der Ukraine bezieht, und die offizielle Version des Grundes für das Ableben der Hühner erinnert natürlich an die Polemik von Duranty und Jones, in der der amerikanische Korrespondent den Hungertod als »Sterblichkeit durch hungerbedingte Krankheiten« bezeichnete.

*

Zum ersten Mal seit Jones' Vertreibung kam es zu so etwas wie einer Rebellion. Angeführt von drei schwarzen Minorca-Junghennen, unternahmen die Hühner einen entschlossenen Versuch, Napoleons Wünsche zu durchkreuzen. Ihre Methode bestand darin, hoch ins Sparrenwerk zu flattern und dort ihre Eier zu legen, die dann auf dem Boden zerschellten. Napoleon handelte rasch und rücksichtslos. Er sperrte den Hühnern die Rationen und verkündete, dass jedes Tier,

441 Ders., *Farm der Tiere*, S. 73.

das einem Huhn auch nur ein Korn gebe, mit dem Tode bestraft werden sollte. Die Hunde sorgten dafür, dass diese Befehle ausgeführt wurden. Fünf Tage hielten die Hühner aus, dann kapitulierten sie und kehrten an ihre Nistplätze zurück. Neun Hühner waren in der Zwischenzeit gestorben. Ihre Leichen wurden im Obstgarten begraben, und es wurde bekanntgemacht, sie seien an Kokzidiose gestorben.[442]

*

Die Drehbuchautorin Andrea Chalupa treffe ich im Mai 2018 bei den Dreharbeiten in Schottland, nicht weit von Edinburgh. Die Wellen des Meeres brechen sich an der steinigen Küste des Städtchens Anstruther, das in Agnieszka Hollands Film über Jones dessen walisische Heimatstadt Barry darstellt. Die hiesige Fish-and-Chips-Bar ist so berühmt, dass Prinz William, Tom Hanks und Robert de Niro zum Fischessen hierhergekommen sind. Bald sollen die Filmaufnahmen losgehen, aber es ist so kalt, dass Andrea und ich uns in der Kneipe am Meer verkriechen. Sie trinkt ihren nächsten Kaffee, ich bestelle mir ein Bier. Sie erzählt mir, wie sie auf die ukrainische Übersetzung von Orwell stieß und auf die Geschichte von Gareth, die die Welt schon für immer, wie es scheinen konnte, aus dem Gedächtnis getilgt hatte.

Im Jahr 1947 druckt eine Gruppe von ukrainischen Flüchtlingen in einem kleinen Münchener Verlag 5000 Exemplare der ukrainischen Übersetzung der *Farm der Tiere*. Auf dem Buchumschlag prangt ein fetter Eber mit einer Peitsche – Orwells Napoleon. Im Hintergrund zieht das Pferd Boxer mit letzter Kraft ein bis zum Rand mit Steinen beladenes Fuhrwerk den Hügel hinauf. Das Vorwort für das Buch verfasst der Autor und schickt es eigens per Post an die Ukrainer.

Die Bücher werden in deutschen Flüchtlingslagern vertrieben – Orwells antisowjetische Botschaft verbreitet sich unter den Ukrainern, sie gibt Anlass zur Hoffnung, dass doch jemand im Westen das wahre Gesicht Stalins erkannt hat und weiß, was in den dreißiger Jahren in der Ukraine geschah. Bloß dass Stalin dort auch als Freund angesehen wird, der geholfen hat, Hitler zu besiegen. Als amerikanische Soldaten die Bücher entdecken, beschlagnahmen sie sie und händigen sie den Russen aus, die sie umgehend vernichten.

---

442 Ders., *Farm der Tiere*, S. 75.

Erhalten bleiben rund 2000 Exemplare, die vor der Beschlagnahmung verteilt wurden. Mit den Jahren reisen sie zusammen mit den Umsiedlern in die Vereinigten Staaten, nach Kanada, Südamerika oder Australien.

Einer der Flüchtlinge ist Oleksi Keis, dessen Erinnerungen an sein Zuhause im Donbass dem verblüffend ähnlich sind, was Orwell in Form einer Allegorie beschreibt. In dem Lager im Heidenau-Kreis gründet er ein Theater, führte darin *Hamlet* auf und organisiert sogar Maskenbälle. Es ist sein Sohn, der damals 15-jährige Witali, der spätere Philosoph und Literaturprofessor, der eines Tages ein Exemplar von *Farm der Tiere* aus der Kantine mitbringt. Nach sechs im Lager verbrachten Jahren emigriert die Familie von Oleksij Kejs im Januar 1951 nach New York. Im Gepäck hat sie Orwells Buch.

Ebenfalls in Lagern für ukrainische Flüchtlinge in Deutschland kommen die Eltern von Andrea zur Welt. Viele Jahre später lernen sie sich in New York kennen und heiraten dort. Andrea, die schon in den Vereinigten Staaten geboren ist und seit ihrer frühen Jugend die Familienerzählungen hört, interessiert sich auch für den Hunger in der Ukraine. Sie wird Journalistin. Eines Tages besucht sie ihren Onkel Witalij. Sie erwähnt die ukrainische Übersetzung von Orwell, und er lässt nebenbei fallen: »Irgendwo habe ich das Buch.«[443] Tante Tanja steht vom Tisch auf und kommt einen Moment später mit dem Buch zurück, der Onkel schenkt es Andrea. Die Journalistin beschließt, ein Drehbuch über den Holodomor zu schreiben. Der Antiheld wird Duranty sein, der Held soll Muggeridge sein. Im Jahr 2005, kurz nach dem Abschluss ihres Studiums, sie lebt zu der Zeit in Kyjiw, stößt sie im Internet auf einen ihr bislang unbekannten Namen: »Gareth Jones«.

*

Es mochte sein, dass ihr Leben hart war und dass sich nicht alle ihre Hoffnungen erfüllt hatten; aber sie waren sich dessen bewusst, dass sie nicht so wie andere Tiere waren. Wenn sie darbten, dann nicht deswegen, weil sie tyrannische Menschen ernähren mussten; wenn sie hart arbeiteten, dann arbeiteten sie wenigstens für sich selber. Kein

443 Andrea Chalupa, *Orwell and the Refugees. The Untold Story of Animal Farm*, New York 2012.

Geschöpf unter ihnen ging auf zwei Beinen. Kein Geschöpf nannte ein anderes seinen »Herrn«. Alle Tiere waren gleich.[444]

*

Orwell und Jones verbindet noch etwas.

Beide standen auf der schwarzen Liste des NKWD.

Bezahlt hat dafür nur Jones.

444 Ders., *Farm der Tiere*, S. 123.

Kapitel 19
Walisische Landschaften

Konnte der junge Waliser den Lauf der Geschichte ändern?

Wäre es gelungen, die Machtübernahme der Nazis aufzuhalten, wenn man unter anderem die Korrespondentenberichte von Jones aus Deutschland gründlicher gelesen hätte?

Hätte die öffentliche Meinung im Westen den dortigen Regierungen erlaubt, sich mit Stalin abzufinden, wenn Gareths Presseberichte über den Holodomor nicht zum Schweigen gebracht worden wären?

Warum entscheidet sich Lloyd George, nicht mehr auf seinen Berater zu hören, dessen Beobachtungen aus der Welt er noch vor Kurzem so sehr schätzte?

Was erwarteten die Großen dieser Welt, als sie eine Appeasementpolitik betrieben?

Warum ist es so schwer, die Ereignisse, zu denen es um uns herum kommt, richtig zu bewerten und auf sie zu reagieren, bevor es zu spät ist?

Nach seinen Eskapaden in Deutschland und Russland, die ihn zu einem der bekanntesten Journalisten der Welt hätten machen können, kehrt der brutal vom Sockel gestoßene Jones nach Wales zurück, nach Hause in die Hafenstadt Barry, er zieht sich in seine alte Umgebung zurück, in das Schlafzimmer im Obergeschoss, das die Hausbewohner »Das Zimmer von Meister Gareth« nennen. Er wohnt wieder bei seinen Eltern und geht mit dem Hund Ianto spazieren. Zur Arbeit in der Redaktion der *Western Mail* in Cardiff fährt er ein gutes Dutzend Kilometer mit dem Bus.

Im Mai kehrt er für einen Moment nach Deutschland zurück.

Zu dieser Zeit, Jones weiß nicht zwingend davon, verbrennen die Nazis die ihrer Meinung nach unerwünschten Bücher Einsteins, Freuds oder Manns. Zugleich versichert Hitler, ihm sei an Frieden gelegen und er würde komplett abrüsten, wenn die anderen Länder dasselbe täten.[445] Sicher weiß Gareth auch nicht, dass zuvor, am 31. März, demselben Tag, an dem Walter Duranty seine Berichte über den Holodomor dementierte, in Berlin »drei US-Bürger zu einer der Prügelstätten der SA verschleppt worden [waren], wo sie sich hatten ausziehen und die Nacht in der Kälte verbringen müssen. Morgens dann waren sie zusammengeschlagen und bewusstlos auf die Straße geworfen worden. Ein Korrespondent von United Press International war verschwunden […].«[446] Edgar Ansel Mowrer, der Ende März in Berlin den aus Russland zurückkehrenden Jones befragte, bringt die Nazis mit seinen Korrespondentenberichten schon seit längerer Zeit zur Weißglut. Beim Klang seines Nachnamens packt Hitler die Wut. Die Nazis drohen ihm mit dem Tode, sie vermuten, dass der Grund für seine Abneigung gegenüber ihrem Volk darin liegen müsse, dass er »in Wirklichkeit Jude sei«, und selbst manche Amerikaner sehen »seine Feindseligkeit allein von seiner rassischen Befangenheit befördert«. Der damalige Botschafter der USA in Berlin versucht ihn zur Ausreise zu überreden: »Können Sie es nicht tun, um Komplikationen zu vermeiden?«[447] Mowrers Chef bei der *Chicago Daily News*, beunruhigt von den Drohungen, beschließt, ihn auf eine Stelle nach Tokio zu versetzen, wohin bald auch Jones kommen wird.

Doch nicht alle Veränderungen auf den Straßen der deutschen Hauptstadt und anderer Städte springen sofort ins Auge. Die auffälligste ist der Hitlergruß. Dieser Gruß, schreibt Erik Larson auf der Grundlage von Telegrammen des Generalkonsuls der USA in Berlin:

> habe […] keinen modernen Vorgänger […]. Was die Praxis so einzigartig mache, sei, dass dieser Gruß von allen erwartet werde, selbst bei den banalsten Begegnungen. Ladenbesitzer begrüßten ihre Kunden so, Kinder ihre Lehrer gleich mehrmals täglich. Selbst

445 Erik Larson, *Tiergarten – In the Garden of Beasts. Ein amerikanischer Botschafter in Nazi-Deutschland*, übers. von Werner Löcher-Lawrence, Hamburg 2013, S. 35.

446 Ebd., S. 53.

447 Ebd., S. 106–107.

> am Ende von Theateraufführungen wurde vom Publikum erwartet, aufzustehen, die Hand zum Gruß zu heben, die Nationalhymne „Deutschland, Deutschland über alles" und anschließend gleich noch das Horst-Wessel-Lied zu singen, die Hymne der SA, benannt nach ihrem Verfasser, einem SA-Schläger, der von Kommunisten getötet und anschließend von der Nazi-Propaganda zum Helden hochstilisiert worden war. Die deutsche Öffentlichkeit hatte den Gruß so begierig übernommen, als wollte sie das ständige Grüßen ins Lächerliche ziehen – besonders auf den Fluren öffentlicher Gebäude, wo alle, vom einfachen Boten bis zum höchsten Beamten einander mit erhobener Hand und einem „Heil Hitler!" begegneten, was allein schon den Gang zur Toilette zu einem anstrengenden Unterfangen machte. [...].[448]

Es kommt sogar zu Angriffen auf Ausländer, die sich auf der Straße erdreisten, nicht die Hand zum Hitlergruß zu erheben. In einem anderen Telegramm schreibt der erwähnte Konsul: »Es ist ein beliebter Zeitvertreib für die SA, Juden anzugreifen.«[449]. Auf den Straßen marschieren junge Leute in schlecht geschnittenen braunen Hemden (SA) oder Elegantere in Schwarz (SS).

Nicht alle Ausländer sehen in den deutschen Veränderungen etwas Schlechtes. Anfangs wecken die neuen Sitten eher Verwunderung oder stiften Verwirrung, und nicht selten auch eine gewisse Bewunderung. Im Sommer 1933 schreibt die Tochter des amerikanischen Botschafters in einem Brief:

> Die Jugend sieht froh und hoffnungsvoll in die Zukunft, sie singt die edlen Worte Horst Wessels mit leuchtenden Augen und unbeirrbaren Zungen. Mustergültig und schön sind diese deutschen Burschen, gute, ehrliche, gesunde, geheimnisvoll raue, edle, hoffnungsvolle, zu Tod und Liebe fähige, tiefgründige, reiche, wundersame und merkwürdige Wesen – diese jungen Menschen des modernen Hakenkreuz-Deutschland.[450]

Und doch warnt Jones in den in der *Western Mail* abgedruckten Artikeln Anfang Juni, dass die Nationalsozialisten in Deutschland schon eine solche Macht haben wie die Kommunisten in Russland oder die Faschisten in Italien. Sie leiten Universitäten und Schulen,

448 Ebd., S. 85–86.

449 Ebd., S. 96.

450 Ebd., S. 133.

Fabriken und Ämter; sie setzen ihre grausame Kampagne gegen die Juden fort, verhaften Zehntausende politische Widersacher und bringen sie in Konzentrationslager. Eine Bildungsreform zielt auf die Stärkung von Nationalismus und Intoleranz ab. Die jungen Deutschen versuchen Jones zu erklären, das sei der neue Weg ihres Landes. Die Demokratie der Jahre 1918–1933 verbinden sie mit den vorherigen Generationen. Millionen Deutsche sind, so Gareth, bereit zu sterben, um das »Vaterland« zurückzubekommen, das Gebiet des Polnischen Korridors.

In einem der Artikel warnt Jones vor Hitler: »Nach Osten! Das ist seine Politik, die in der weiteren Perspektive einen Krieg mit Polen bedeutet, und um ihn einzuleiten, hat er beschlossen, die Armee zu verstärken, die Luftwaffe und die moderne Ostseeflotte.«[451] In einem anderen Text zitiert er die Behauptung der Nazis, dass »die Juden in großem Maße verantwortlich sind für den moralischen Niedergang und die Korruption im öffentlichen Leben.« Die Nationalsozialisten versuchen davon zu überzeugen, dass »der Zustrom polnischer Juden den Deutschen schadet«, sie jedoch »die wahren Verteidiger des Christentums sind«.[452] Gareth hält die Deutschen immer noch für ein großartiges Volk und hat viele Freunde unter ihnen. Immer noch unterstützen ihn ein paar deutsche Journalisten, zu denen auch der zuverlässige Paul Scheffer zählt, der gerade seine Arbeit als Korrespondent an den Nagel hängt, um Redakteur im *Berliner Tageblatt* zu werden. Trotzdem erfüllen die Absichten der Nazis den Waliser mit Angst.

Einen Text über die Arbeitslosigkeit in Deutschland schickt Jones sogar Lloyd George, und der gratuliert ihm kurz und nennt seinen Artikel »Journalismus erster Klasse«.

Mitte Juni schickt die Redaktion Gareth nach London, von wo der Journalist über die Londoner Konferenz, eine internationale Wirtschaftskonferenz, berichtet. Unter anderem halten Lloyd George und Maxim Litwinow eine Rede, es ist aber nicht bekannt, ob Jones ihnen begegnet, ebenfalls nicht, ob sie miteinander sprechen. In Gareths Bericht über Litwinows Vortrag, der in der *Western Mail* abgedruckt wird, fällt kein einziges Wort über den Holodomor.

451 Gareth Jones, *Worship of the Soldier under Nazi Regime*, »The Western Mail«, 8. Juni 1933.

452 Ders., *Campaign of Hatred Against the Jews*, »The Western Mail«, 7. Juni 1933.

Inoffiziell erfährt Jones, dass die Situation in der Ukraine nach seiner Ausreise noch schlimmer wurde, und im Sommer kann man aufgrund der plötzlichen Übersättigung der ausgehungerten Mägen eine Zunahme der Todesfälle erwarten.

Die überregionalen englischen Zeitungen lehnen konsequent die Publikation seiner Texte über Russland und den Holodomor ab. Zum Trost ist Gareth mit dem erwähnten Vortrag *The Enigma of Bolshevik Russia,* für den Eintrittskarten verkauft werden, im Land unterwegs. Er tritt in Cardiff, Newcastle, Manchester, Birmingham und Dublin auf. Überall gibt es nur Erwähnungen in der lokalen Presse.

Obwohl er als einer der größten Spezialisten in den internationalen Angelegenheiten gilt, lässt man ihn nicht einmal mehr über Deutschland schreiben, wo die Ereignisse einen immer beunruhigenderen Lauf nehmen. Mitte September alarmiert der amerikanische Konsul in Stuttgart in einer streng geheimen Meldung die Botschaft in Berlin, dass die Firma Mauser drastisch die Produktion ausweitet. »Es können nicht länger Zweifel daran bestehen, dass sich Deutschland auf breiter Ebene auf eine neuerliche Aggression gegen andere Länder vorbereitet.«[453] Einen Monat später verkündet Hitler den Austritt Deutschlands aus dem Völkerbund und die Nichtteilnahme an der Abrüstungskonferenz in Genf. Es wird auch ein Gesetz zur »Tötung unheilbar kranker Personen« verabschiedet, wie es der Botschafter der Vereinigten Staaten in einer Note ausdrückt.

Anstatt Jones in die explosivsten Regionen Europas zu schicken, erlegt ihm die Redaktion auf, über Wales zu schreiben. In der *Western Times* beleuchtet Gareth von nun an die traurigen Folgen der Arbeitslosigkeit, schreibt über einen Drechsler, der Löffel, Kellen und Beile produziert, einen Korbmacher, einen philosophierenden Böttcher oder einen Dichter, der in einer Werkstatt zur Produktion von Holzschuhen arbeitet. Er ist auch Autor der Serien »Wanderungen durch drei walisische Grafschaften« sowie »Pferd und Hund«, in der er die walisischen Jäger porträtiert. Im August nimmt er an dem Eisteddfod-Festival teil, wo er zum ersten Mal seit einem halben Jahr (soweit es dazu nicht während der Wirtschaftskonferenz in London gekommen ist) Lloyd George begegnet. Sie unterhalten sich über das walisische Handwerk. Kurze Zeit später kommt ein Brief, in dem Lloyd George Gareth durch einen Angestellten danken und

---

453 Larson, *Tiergarten,* S. 170.

zu den Artikeln über Wales gratulieren lässt. Wahrscheinlich haben sie sich nie wieder gesehen. Endlich befindet sich Gareth Jones, nach Meinung des damaligen Establishments, an dem ihm angemessenen Ort.

Im November kann er sich für einen Moment erholen vom Beschreiben der walisischen Landschaft und des walisischen Handwerks. Er fährt nach Belfast und Dublin, führt ein Interview mit James Craig, dem Premierminister von Nordirland, trifft sich mit einem Vertreter der geheimen Organisation IRA sowie mit Premierminister Éamon de Valera, einem Kämpfer für die Unabhängigkeit Irlands, dem späteren Präsidenten dieses Landes. Jones erwartet einen steifen und gefährlichen Griesgram, aber er lernt einen Menschen mit einem subtilen und bezaubernden Lächeln kennen. Das Interview macht Gareth Mut: Für einen Moment ist der Journalist wieder in seinem Element, vielleicht beginnt er Pläne für die Zukunft zu schmieden.

Im Juni 1934 fährt er privat nach Berlin. Er nimmt an einer Fluggala teil und hört eine Rede von Hermann Göring. Seine Eindrücke hält er in einem alarmierenden Artikel fest. »›Die Deutschen müssen ein Flieger-Volk werden!‹ – mit solchen Parolen versuchen die Nazis im Volk Kampfgeist zu wecken, zugleich lösen sie Furcht aus: ›Mehr als 10 000 Flugzeuge stehen an der deutschen Grenze startbereit‹ und ›In jeder Stunde kann jede deutsche Stadt von fremden Bombern angegriffen werden‹«[454]. Es ist nicht bekannt, warum *The Western Mail* diesen Text erst nach zwei Monaten druckt. Als Gareth im Zug einen Sturmführer der SA nach der Zukunft fragt, ruft dieser aus: »Dieses Hakenkreuz wird das Symbol des Sozialismus und des Nationalismus sein. Die Zukunft gehört uns, den Leuten der Linken, und es wird der Tag kommen, an dem wir die verfluchten Reste der Kapitalisten hinwegfegen, die immer noch Deutschland beherrschen. Die Revolution ist noch nicht vorbei!«[455]

Ende Juni, nach seiner Rückkehr aus Deutschland, wird Jones ein Interview führen, das über sein Schicksal entscheidet.

---

454 Gareth Jones, *10 000 Planes on German Frontiers*, »The Western Mail«, August 1934.

455 Ders., *Fear of an Economic Storm in Germany*, »The Western Mail«, 25. Juni 1934.

1934/1935

Kapitel 20

Im Käfig des menschenfressenden Tigers

Mit William Randolph Hearst verabredet sich Jones in dessen walisischem Anwesen St. Donat's Castle unweit von Cardiff. Hearst ist einer der größten Pressemagnaten in der Geschichte des Weltjournalismus, das Vorbild für Citizen Kane aus dem gleichnamigen Film von Orson Welles von 1941, der als bester Film aller Zeiten gilt und den zu erwähnen Hearst allen seinen Zeitungen verboten hat.[456]

Seine Karriere begann 1887 im Alter von 24 Jahren, als er von seinem Vater die Zeitung *San Francisco Examiner* übernahm. Er stellte großartige Journalisten ein, wies sie an, die städtischen Behörden und Korporationen zu kritisieren, sogar die, an denen seine Eltern verdienten. Im Verlauf von mehreren Jahren macht er daraus das führende Blatt in der Stadt. Die nächste Zeitung – das *New York Morning Journal* – kauft er am anderen Ende des Landes. Nachdem er ein Vierteljahrhundert sein Imperium aufgebaut hat, besitzt Hearst 20 Zeitungen, Radiosender und Filmproduktionen. Er wohnt in Anwesen, die von den Vereinigten Staaten über Mexiko bis nach Europa verstreut sind. In einem davon, in Wales, findet er sehr schnell eine gemeinsame Sprache mit Gareth Jones. Es ist ein Foto erhalten: Hearst ist korpulent, trägt eine helle Weste, Hut und Anzug, geht mit den Händen in den Taschen neben dem bedeutend jüngeren Jones. Der, mit langem Mantel und schwarzem Hut, ist

---

456 Nick Allen, *Orson Welles's Citizen Kane to be shown in William Randolph Hearst's castle*, »The Telegraph«, 18. Januar 2015.

einen halben Kopf kleiner, hat die Hände gefaltet und ist vermutlich etwas verlegen, während er versucht, mit Hearst Schritt zu halten.

Der Geschäftsmann lädt Jones in sein Anwesen in Kalifornien ein. Er möchte ihn – wenn im Herbst Gareth Jones' Vertrag bei der *Western Mail* ausläuft – zu einer Weltreise »auf der Suche nach Informationen« überreden. Nach diesem Treffen wird Gareth mit Arbeitsangeboten überschüttet.

Hearsts Presseagentur International News offeriert ihm eine Stelle als Korrespondent in Berlin, mit einem Gehalt von etwa 2000 Pfund im Jahr. Dieselbe Agentur bietet ihm an, Texte aus dem Fernen Osten zu schreiben für 40 Pfund pro Artikel. Ein anderer Pressemagnat, Paul Block, ein Bekannter von Hearst, möchte ihn, falls Gareth ablehnen sollte, zum Korrespondenten in Europa machen. Er verlockt ihn auch mit einem Gehalt in Höhe von 100 Pfund plus Erstattung der Kosten, wenn er ihn auf seiner Reise durch den Alten Kontinent begleitet. Außerdem bietet ihm der *Daily Telegraph* eine Weltreise und das Verfassen von politischen Korrespondentenberichten an.

*

Als es gegen Ende Juni in Deutschland zur »Nacht der langen Messer«, der Ermordung von Adolf Hitlers Gegenspielern, kommt, erinnert sich *The Western Mail* offensichtlich daran, dass sie unter ihren Angestellten einen Experten für dieses Land hat. Schon zwei Tage später erklärt Jones den Briten in der Zeitung die komplizierte deutsche Politik und Hitlers Rache, seinen Text beginnt er mit einer Paraphrase von Shakespeare: »… für die meisten ist's ein Märchen, erzählt von einem Blöden, voller Klang und Wut«[457].

Im August trifft sich Gareth in Berlin mit seinem alten Bekannten vom Trinity College, Hans-Otto Meissner, dem Sohn von Hitlers Kanzleichef, in späteren Jahren ein bekannter Schriftsteller. Hans erzählt, wie er während der »Nacht der langen Messer« Zeuge der Erschießung von 19 Personen war.

»Mein Freund hat den Befehl erteilt«, vertraut er Gareth an.

»War er wirklich schuldig?«, fragt Gareth nach, als sie über den Gruppenführer der nationalsozialistischen SA sprechen.

457 Gareth Jones, *Behind the Drama of Germany*, »The Western Mail«, 2. Juli 1934.

»Mit Sicherheit«, antwortet Hans und erklärt, dass Karl Ernst seinen Tod nicht kommen sah. Als er begriff, was ihn erwartet, schrie er: »Ihr könnt mich nicht erschießen, ihr könnt mich nicht erschießen!«

»Zwar könnte man sie vor Gericht stellen«, hat Otto Meissner junior Bedenken, doch er meint, es sei letztlich gut, dass diese Menschen erschossen wurden.[458]

Nach dem Gespräch mit seinem Bekannten notiert Jones, die Erschießung habe in einem Blumengarten stattgefunden, was typisch sei für die Deutschen. Die SS-Männer hätten sehr darauf geachtet, dass sie nicht mit den Autos über die Blumen fuhren oder welche zertraten. Dann erschossen sie 19 Männer.[459]

Am 25. Juli ermorden die Nazis bei dem missglückten Putsch- und Anschlussversuch den Kanzler von Österreich Engelbert Dollfuß. Paul Block wiederholt sein Angebot, dass Gareth ihn bei seiner Reise durch Europa begleitet. Jones stimmt zu, bei der Gelegenheit schreibt er für die *Western Mail* über den Tod Paul von Hindenburgs, des Reichspräsidenten, und über die Situation in Deutschland und Österreich.

»In Wien bin ich berühmt«[460], schreibt er in einem Brief an die Eltern, als er erfährt, welches Aufsehen hier seine Artikel über den Holodomor erregt hatten.

Am 8. August läuft Jones durch die menschenleeren Straßen Wiens, auf denen Polizei und Armee patrouillieren und schreibt: »In dieser verbotenen Zone befindet sich das Gefängnis, in dem die Nazis, die in das Bundeskanzleramt eingedrungen sind und sich an der Ermordung von Dollfuß beteiligten, sorgfältig bewacht werden.«[461]

Am 13. August, an seinem 29. Geburtstag, hört er in einem Stadion in München eine Rede von Hermann Göring. Er vergleicht sie mit einem klassischen griechischen Schauspiel. In dem Text »Die Göring-Hysterie« beschreibt er, wie der Deutsche auf der Bühne stand, umgeben von Menschen in braunen Hemden, der Hitlerjugend

---

458 Colley, *More Than a Grain*, S. 335.

459 Ebd.

460 Ebd., S. 342.

461 Gareth Jones, *Austria Torn by Dissention and Flaming with Hatred*, »The Western Mail«, 10. August 1934.

und Vertretern der deutschen Mittelschicht, »inmitten des am besten inszenierten Dramas«, das Gareth je gesehen habe. Er beschreibt:

> Hinter ihm ragten die hohen Pfeiler des klassischen Tempels empor, von dem Fahnen in den Farben Schwarz-Weiß-Rot mit dem Hakenkreuz herabhingen. Angestrahlt auf eine Weise, dass das leuchtende NS-Rot, gekrönt von dem blendenden Zeichen des Hakenkreuzes, sich vor dem Hintergrund des dunklen Himmels abhob, ragte der Tempel über dem von Nationalsozialisten erfüllten Rasenplatz empor, die auf die zwischen den Mittelpfeilern aufgehängte Parole blickten: »Mit Adolf Hitler für Deutschland«. […] Göring stand reglos unter den ionischen Säulen des Tempels wie ein Priester umgeben vom Chor im griechischen Theater, während die Soldaten der Sturmabteilungen vor ihm vorbeiglitten, in der Hand ihre glänzenden Standarten mit im Scheinwerferlicht blitzenden silbernen Spitzen. […] Stellenweise war in Görings Rede dieselbe Note von Hysterie und ungezügelter Leidenschaft zu hören, die ich in Reden von Hitler hörte, eine Note, die in den Menschen die Furcht weckt, der Redner könnte plötzlich zusammenbrechen oder die Zurechnungsfähigkeit verlieren. Nur dass Göring ein Schauspieler der Spitzenklasse ist, unmöglich, dass er einen Fehler macht.[462]

Am 19. August, einen Tag nach der Publikation des Artikels, wird in Deutschland ein Referendum abgehalten. Nach den offiziellen Ergebnissen unterstützen fast 90 Prozent der Abstimmenden die uneingeschränkte Macht Hitlers als Staatsoberhaupt, Regierungschef, Führer der Partei und Oberbefehlshaber der Streitkräfte. Gareth berichtet:

> Hitler stand am Fenster seines Arbeitszimmers und grüßte die ihm ergebenen Massen, die sich vor der Reichskanzlei versammelt hatten. Der Blick der Kinder war voller Respekt auf den Führer gerichtet wie auf einen hellen Kometen, der am Himmel fliegt. Ich sah ihre sich bewegenden Lippen, als würden sie nicht die Nationalhymne intonieren, sondern ein leidenschaftliches Gebet sprechen, einen Appell an den Himmel richten – »Deutschland über alles!«[463]

*

462 Ders., *The Hysteria of Goering*, »The Western Mail«, 18. August 1934.

463 Ders., *Hitler's Trump Card – Fear That Germany May Fall to Pieces*, »The Western Mail«, 22. August 1934.

Auf die Weltreise »auf der Suche nach Informationen« fährt Gareth im Oktober 1934, direkt nach dem Auslaufen des Vertrags mit der Redaktion der *Western Mail*. Vor seiner Schiffsreise über den Ozean trifft er sich mit Freunden. Mit Lydia, einer Freundin aus Berlin, geht er im Harz wandern. Wie bisher hat er keine Zeit im Leben für Romanzen, aber er verspricht seiner Mutter, dass er nach der Weltreise die weiten Reisen sein lässt.

In der Familie erzählt man sich, dass Jones sich einst mit Jane Evans, einer Freundin aus Schulzeiten, verlobte. Angeblich ging er wegen ihr zum Studium nach Straßburg. Die Schwestern von Gareth vermuten, dass ihn ihr Snobismus störte. Letztlich verleidete es ihm Jane mit ihrem unfreundlichen Verhalten gegenüber einer Kellnerin bei einem gemeinsamen Restaurantbesuch.

Margaret Stewart, der Gareth den Brief mit der Bemerkung schickt, dass er sich auf der schwarzen Liste des NKWD befindet, ist wiederum eine Freundin aus Cambridge.

Jones befreundet sich auch mit Morfydd Davies, der Schwester eines Schulfreundes, doch sie nennt ihn eher einen »älteren Bruder«. Die Frauen schätzen, so die Meinung von Gareths Schwestern, seine Lebendigkeit und finden ihn anziehend. Es gefällt ihnen, dass er gerne tanzt. Nach der Rückkehr von einer der Reisen nach Russland erzählt Jones Morfydd, wie er dort mit einer schönen Russin tanzte. Er wunderte sich, denn wenn sie sich in eine Richtung drehten, erschien ihm die Frau größer, und wenn es die andere Richtung war, wurde sie plötzlich kleiner. Das Geheimnis war ihr Holzbein.

Im Oktober schickt Gareth Morfydd eine Postkarte mit einem Schimpansen aus Berlin, auf der Rückseite scherzt er, das sei ein Foto von ihm, und erinnert sich an die vielen Witze und das Lachen in ihrer gemeinsamen Zeit. Im Januar des kommenden Jahres schickt er ihr aus Honolulu Noten von dem hawaiianischen Stück *Malihini Mele* und dem Zusatz: »Mit Liebe von Gareth«.

In New York befreundet sich Jones mit Adelaide Hooker, der Tochter des Millionärs und Roosevelt-Beraters. In China hat er ein kumpelhaftes Verhältnis zu der Tochter von General Chen Jitanga. In Japan lässt er sich gerne mit Geishas fotografieren, und eine fordert er zum Tanzen auf. Als er seine Weltreise antritt, verspricht er seiner Mutter auch, dass er nach seiner Rückkehr vernünftiger wird.

Er ist nicht mehr der kleine »Joneski«. Vor seinem Trip in den Fernen Osten gibt ihm ein Freund, der Londoner Korrespondent der *Frankfurter Zeitung*, den chinesischen Namen Yo Nien Sse.

Seine »Round the World Fact Finding Tour« beginnt Jones in New York. am 6. November, zwei Tage nach seiner Ankunft in den USA, ist er Zeuge des Wahlsieges der Demokraten bei den Kongresswahlen. Von diesem Ereignis berichtet er für die deutsche Zeitung *Berliner Tageblatt*. Bei der Gelegenheit besucht er die Redaktion der *Herald Tribune*, von wo er Telegramme verschickt. Er wundert sich, dass ihn hier aufgrund der Artikel über den Holodomor alle kennen. Mit seinem angeborenen Enthusiasmus notiert er: »Das war die aufregendste und angenehmste Nacht meines Lebens.«[464]

In der Agentur International News Service vereinbart er eine Serie von Korrespondentenberichten aus dem Fernen Osten, er besucht auch die Redaktion der *New York Times*. Aus der Zeitung erfährt er vom Tod Ivy Lees, seines ehemaligen Arbeitgebers.

In dem Dorf Wales in Wisconsin besucht er Nachfahren walisischer Emigranten sowie Frank Lloyd Wright, einen der herausragendsten Architekten des 20. Jahrhunderts. Einige Tage verbringt er in Chicago. Mit einem Zug des Grand Canyon Railway überquert er den gefrorenen Missouri, aus dem Abteilfenster bewundert er die ausgedehnten Maisfelder in Kansas. Er besucht Santa Fé, macht kurz Station in Mexiko, gelangt über die Wüste in Arizona nach Kalifornien. Er besucht Pomona und Pasadena. Die Feiertage verbringt er in Hollywood und in einem Anwesen Hearsts in San Simeon. Dort bewundert er das Schloss, ein von altertümlichen Säulen und Zypressen umgebenes Schwimmbad, die eleganten Gärten zwischen babylonischen, griechischen, römischen, persischen und ägyptischen Statuen, den herrlichen Ausblick auf den Pazifik, Palmen, Orangenbäume und ein Gebiet mit exotischen Tieren, darin befinden sich Büffel, Bären, Antilopen, Löwen, Jaguare, Schimpansen und Elefanten. In Begleitung eines Dompteurs wagt er sich sogar in einen Käfig mit menschenfressenden Tigern.

Am Drehort des Films *David Copperfield* in der Filmproduktion Metro-Goldwyn-Mayer lernt er Stars kennen. Er publiziert Texte über die Hungersnot in Russland im *Los Angeles Examiner*. Er führt Interviews für den *Manchester Guardian*. Hält eine Rede in einem Klub der Universität in Los Angeles. Sieht sich die Arbeit Hearsts an, den ein ununterbrochener Strom an Informationen aus der Welt erreicht. Im Schloss des Magnaten steht ihm ein vornehmes Schlafzimmer zur Verfügung.

464 Colley, *More Than a Grain*, S. 358.

Mitte Januar 1935 sticht Jones von San Francisco nach Hawaii in See. Auf der Reise liest er ein Buch von Peter Fleming über eine Reise durch China, das ihn schließlich dazu inspiriert, Mandschuko zu besuchen. In Honolulu und später auf Java schreibt er Artikel, in denen er die Ereignisse vorhersagt, zu denen es sechs Jahre später kommt, als die Japaner das hawaiianische Pearl Harbor angreifen. Er betont darin die strategische Bedeutung der Militärbasis für die USA, überlegt, wie sich die Japaner, die fast die Hälfte der Einwohner von Hawaii ausmachen, im Falle eines Konflikts verhalten würden, stellt fest, dass das Chaos und ein eventueller Krieg in Europa sie nur zu imperialistischen Bestrebungen im Pazifik ermuntert. Von Hawaii fährt er mit dem Schiff nach Yokohama, und von dort fährt er mit dem Bus nach Tokio.

Gareths Nichte Margaret Siriol Colley deutet an, dass sowohl die Russen, denen er schon mit Erfolg die Hölle heiß gemacht hat, als auch die imperiale Pläne schmiedenden Japaner genug Gründe haben, sich seinen Tod zu wünschen.[465] Umso mehr, als gerade Sergei Kirow ermordet wurde, der Stalin als Generalsekretär der Partei ablösen sollte, wonach Hearsts Zeitungen damit beginnen, eine Serie antikommunistischer Artikel zu veröffentlichen, die mit Jones' Texten über den Holodomor beginnt. Gegen Ende Februar protestieren 15 000 Stalin-Anhänger in New York gegen den Magnaten, den man verdächtigt, auf das Scheitern der Verhandlungen zwischen der UdSSR und den USA hinzuwirken.

Es ist nicht ganz klar, ob die Erzählungen Jones' Hearsts Beziehung zur Sowjetunion beeinflussen oder ob Gareth eher nur ein Teil des antisowjetischen Puzzles des Amerikaners ist. Die Verwandte deutete an, dass »Gareth furchtlos war, aber die Schwäche seiner Persönlichkeit war ein Mangel an Phantasie«[466]. Obwohl sich der Waliser dessen bewusst ist, dass er auf der schwarzen Liste der Spezialeinheiten der UdSSR steht, schert er sich nicht darum. Der gute Empfang in den Vereinigten Staaten und das erneute Interesse an seinen Artikeln haben zur Folge, dass er keinerlei Angst vor Gefahren hat und dass ihm die ganze Welt offenzustehen scheint.

Anschließend besucht Jones Shanghai, Hongkong, auf die Philippinen gelangt er zwei Tage, nachdem Präsident Roosevelt dem Land die Unabhängigkeit garantiert hat. Manila gefällt Gareth

465 Ebd., S. 374.

466 Ebd., s. 377.

besonders. Weiter: ein mehrstündiger Aufenthalt auf Bali, das javanische Batavia, also das heutige Jakarta, Singapur. Am liebsten hat Jones aber Siam mit Bangkok und Französisch-Indochina, also das heutige Laos, Kambodscha und Vietnam. Am meisten schwärmt er von Angkor; er gelangt nach Cochinchina, am südlichen Rand von Vietnam.

»Die meisten Französinnen in Indochina rauchen Opium …«[467], bemerkt er. Von überall schreibt er Korrespondentenberichte für Zeitungen, und überall führt er Interviews. Nach seiner Rundfahrt durch den Fernen Osten plant er eine Serie von Vorträgen in den Vereinigten Staaten und möchte an Weihnachten nach Hause zurückkehren.

Anfang Juni gelangt er nach Kanton. Von dort nach Changsha, anschließend wieder nach Shanghai. In den ersten Julitagen ist er schon in Peking. Er besucht zwei Deutsche, zu denen ihn Wolf von Dewall schickt, ein Freund aus London. Der eine ist Diplomat in der deutschen Botschaft, der andere Journalist – ein Freiberufler, der seit Jahren im Fernen Osten lebt und hervorragend Chinesisch spricht.

Am 7. Juli schreibt Jones einen Brief an seine Familie:

> Das ist doch mal großes Glück. Ich habe gehört, dass am kommenden Sonntag eine große Zusammenkunft von Fürsten aus der Inneren Mongolei stattfindet, etwa 160 bis 180 Meilen hinter Kalgan. Eine ganze Woche lang habe ich mir überlegt, wie ich dort hinkommen kann, denn die Bahn fährt dort nicht, und mit dem Auto hinzugelangen, ist teuer und schwierig. Das wäre keine schlechte Gelegenheit, aber die Chancen, dass es klappt, sind gering.
>
> Und plötzlich, bei einem Tee am Swimmingpool im Pekingklub, kommt Baron von Plessen zu mir und sagt: »Möchtest du mit mir und Doktor Müller (dem deutschen Korrespondenten und Freund von Wolf von Dewall) einen Ausflug in die Innere Mongolei machen, Prinz De Wang[468] besuchen und die Fürsten treffen? Ein Auto steht zur Verfügung.« Ich konnte dieses Angebot nicht ausschlagen. Ich fahre für eine Woche, ein absolut sicheres Land. Keine Banditen.[469]

467 Dies., *Gareth Jones. A Manchukuo Incident*, Newark 2001, S. 117.

468 Heute schreibt sich der Name des Prinzen Demchugdongrub (Anm. d. Red.).

469 Brief von Gareth Jones, 7. Juli 1935, https://www.garethjones.org/margaret_siriol_colley/Gareth%20Jones%20Far%20East%20Letters%20 1935/Bandits_changsha.htm (Zugriff: 27. Januar 2019).

Vor Ort möchte Jones ein Interview mit Prinz De Wang führen. Schnell bekommt er einen Inlandspass und ein Visum, doch in der britischen Botschaft wird er davor gewarnt, in die Nähe der östlichen Grenze der Provinz Chahar zu reisen. Für die Reise kauft er sich kurze Hosen, so ähnlich wie die, die Baron von Plessen trägt. Zu dritt fahren sie mit dem Zug nach Kalgan.

Johann von Plessen und Herbert Müller seien Gegensätze, bemerkt Gareth. Der eine ist hochgewachsen, sensibel, akkurat, gewissenhaft und nervös. Der andere kleingewachsen, unterhaltsam zynisch, der Typ Philosoph, der nie die Nerven verliert und ein hervorragender Reisegefährte zu werden verspricht. Später wird sich erweisen, dass ihn die Korrespondentenberichte weniger interessieren als die eigenen Geschäfte im Fernen Osten und, wie die walisische Zeitung *South Wales Echo* anmerken wird, »der Handel mit Raritäten«[470]. Als der Zug an der Chinesischen Mauer vorbeifährt, zeigt sich den Reisenden eine wundervolle Landschaft mit blauen Bergen im Hintergrund. Nach achteinhalb Stunden kommen sie in Kalgan an, dem Zentrum des mongolisch-chinesischen Handelsaustauschs, das voller Lastwagen ist, die durch die Wüste Gobi in Richtung Russland verkehren. Vor der Abfahrt unterschreiben alle drei eine Erklärung, dass sie in die Innere Mongolei, den nördlichen Rand Chinas, der die historischen Gebiete der Mongolei umfasst, auf eigenes Risiko fahren und sich dessen bewusst sind, dass der chinesische Staat für ihre Reise nicht die Verantwortung übernimmt. Das Auto stellt freundlicherweise die deutsche Firma Wostwag zur Verfügung. Die Karawane aus drei Autos, der sich die Europäer anschließen, transportiert Leder, Seide, Wolle und Tabak.

Sie fahren durch die Steppe, und 150 Meilen lang sieht Gareth keinen einzigen Baum. Am 14. Juli schwärmt er in einem Brief an seine Familie, dass Prinz De Wang, bei dem er zu Gast sei, ein Nachfahre Dschingis Khans, der wichtigste aller Mongolen, neben ungeheuren Gebieten 35 000 Pferde und fast genauso viele Kamele besitze. Er bemerkt, dass alle Mongolen außer den Lamas Zöpfchen trügen und der mongolische Tee mit Pferdemilch widerlich sei. Gareth und seine Begleiter nehmen an einem feierlichen Festival und dem Treffen der mongolischen Fürsten teil, sie sehen sich stundenlange Ringwettkämpfe an. Dem Sieger wird das Swastika-Zeichen angesteckt,

470 Colley, *Gareth Jones. A Manchukuo Incident*, S. 163.

und Jones überlegt sich, was Hitler dazu sagen würde. Sie schlafen in einer Jurte unweit des Prinzenpalastes.

Von Plessen muss zu seinen Verpflichtungen in Peking zurückkehren, Gareth setzt die Reise mit Müller fort. Sie fahren in Richtung der Inneren Mongolei, theoretisch ist sie ein unabhängiger Staat, in der Praxis wird sie als Teil Chinas angesehen.

»Hättet Ihr letztes Jahr gedacht, dass ich durch die Wüste Gobi reisen würde?!«[471], schreibt Gareth seinen Eltern.

Am 19. Juli kommen Jones und Müller zu einem Lager von Burjaten, 30 Meilen entfernt von der Grenze zu Mandschuko. Das ist der Name des Marionettenstaates, den die Japaner 1932 aus zehn besetzten Provinzen der chinesischen Mandschurei geschaffen haben. Vier Tage später notiert Gareth: »Wir fahren durch Banditengebiet nach Dolonnor. Man hat mir gesagt, das seien sehr freundliche Banditen und sie würden keine Ausländer angreifen. Dr. Müller kennt den Chef der Banditen ganz gut, und wir werden ihn treffen. Ich glaube nicht, dass uns hier Gefahr droht …«[472] Den Chef der Banditen treffen sie erst einmal nicht, weil er gerade in einer anderen Gegend sein Unwesen treibt. Gareth freut sich daran, dass die Wiesen von Blumen bedeckt sind und überall Lerchen singen.

Am 25. Juli gelangen die Reisenden in die Stadt Dolonnor in der Nähe der Grenze zu Mandschuko. Vor gerade einmal zwei Tagen haben die Japaner begonnen, die hiesige chinesische Provinz Chahar zu besetzen. Am nächsten Tag, als Gareth die in Opiumwolken gehüllten Straßen entlangspaziert, sieht er die Flaggen Japans und Mandschukos. Tausende Soldaten, Hunderte Militärfahrzeuge, darunter Panzer. Die Truppen der Angreifer schlagen den Weg in Richtung Kalgan ein. Eine Geisha freut sich über die Ankunft der Japaner. Die Straßen sind, neben den Soldaten, voll von Kurtisanen, die hier auf Englisch als *sing-song*-Mädchen bezeichnet werden.

Anderntags nimmt Gareth seinen letzten Eintrag im Tagebuch vor:

»Was habe ich für ein Glück. Die Japaner haben gerade beschlossen, diese chinesische Stadt Mandschuko anzuschließen. Es befinden sich 15 000 Soldaten in der Stadt.«[473]

---

471 Brief von Gareth Jones, 14. Juli 1935, https://www.garethjones.org/ margaret_siriol_colley/China%20story/china_narrative.htm (Zugriff: 27. Januar 2019).

472 Colley, *Gareth Jones. A Manchukuo Incident*, S. 31.

473 Ebd., S. 36.

Seine letzten Worte:

»Ich bin Zeuge, wie eine große chinesische Provinz Mandschuko angeschlossen wird. Vor dem Hotel ist ein Stacheldrahtverhau. Nach Kalgan, wohin wir zurückkehren, führen zwei Wege; auf dem einen fahren mehr als 200 japanische Lastwagen, auf dem anderen treiben sich gefährliche Banditen herum.«[474]

Den nächsten Brief, in dem er schreibt: »Das war die aufregendste Woche in meinem Leben«[475], schickt er nicht mehr ab.

Am 28. Juli kommt es auf dem Weg von Dolonnor nach Kalgan zur Entführung. Die Angreifer tragen die Uniformen der lokalen Polizei und sind Chinesen aus Mandschuko in Diensten der Japaner. Anatoli, der russische Fahrer der Firma Wostwag und der Bedienstete von Müller werden freigelassen. Den Deutschen werden die Entführer nach zwei Tagen laufen lassen. Warum? Die Zeitungen in Großbritannien schreiben, das sei ein Rätsel. Für Jones fordern sie ein Lösegeld: 8000 Pfund und 200 Mauser-Gewehre.

Am 30. Juli erhalten Jones Eltern ein Telegramm aus Kalgan: »Behandeln mich gut. Erwarte baldige Freilassung. In Liebe, Gareth«[476]. Abends singt er auf Walisisch, Englisch und Deutsch. Die Lieder hätten den Banditen so sehr gefallen, berichtet Müller nach seiner Freilassung, dass sie Jones das Leben hätten retten sollen. Besonders hätten sie das walisische Lied *Dafydd y Garreg Wen* gemocht: Ständig hätten sie Gareth darum gebeten, es noch einmal zu singen.

Zwei Wochen nach der Entführung, am 12. August, berichtet der Pekinger Korrespondent der Agentur Reuters, dass die Banditen die Geisel einer anderen Gang übergeben und diese wiederum das Lösegeld auf 100 000 mexikanische Dollar erhöht hätten.

Noch bevor die schlechte Nachricht im Haus in Barry eintrifft, wird das Foto des jungen Jones plötzlich von der Zimmerwand fallen, und Tante Winnie wird sagen: »Gareth ist tot.«

An demselben Tag, einen Tag vor seinem 30. Geburtstag, stirbt Jones, erschossen mit drei Kugeln.

*

474 Ebd.

475 *Hitler, Stalin and Mr Jones*, Reg. George Carey, 2012.

476 Colley, *Gareth Jones. A Manchukuo Incident*, S. 164.

Paul Scheffer schreibt nach dem Verlust seines Freundes im *Berliner Tageblatt*:

> Die Zahl der Publizisten seines Entwicklungsdranges, seines Stiles nimmt in der ganzen Welt gegenwärtig schnell ab, und darum ist der tragische Tod dieses vortrefflichen Mannes ein besonders großer Verlust. Der Internationale Presse entfärbt sich, in manchen Ländern schneller, in anderen langsamer, aber es ist eine Tatsache. An die Stelle der selbständigen, von einem echten Gefühl, für ihre Aufgabe getragenen Köpfe treten immer mehr Routiniers, Krippenjournalisten oder sogar Revolverexistenzen der verschiedensten Ausprägung, die aus mehr oder weniger sicherer Deckung schießen und daraus ihr Selbstbewusstsein schöpfen.[477]

Denkt er an Walter Duranty?

Unterdessen fertigt Doktor Müller einen umfangreichen Bericht über die Umstände der Entführung an. Er weiß nicht, warum die Banditen ihn schnell haben laufen lassen, Jones dafür bis zum Schluss nicht freiließen. Er deutet jedoch an, dass ihre Nationalität eine Bedeutung gehabt haben könne: Den Deutschen behandelten sie besser, und das Gefangenhalten des Briten könne Teil einer internationalen Intrige sein. Diese Version greifen die britische Diplomatie und David Lloyd George rasch auf. Im *London Evening Standard* erklärt der ehemalige Premierminister: »In diesem Teil der Welt ballen sich die Intrigen und gegensätzlichen Interessen, und die eine oder andere interessierte Seite war sich vermutlich darüber bewusst, dass Herr Gareth Jones zu viel davon weiß, was dort geschieht. [...] Ich habe immer gefürchtet, dass er es bei dem, was er riskierte, einmal übertreibt. Nichts entging seinem klaren Blick, nichts hinderte ihn am Aufdecken von Fakten.«[478]

Nach der »Fact Finding Tour of the World« hätte Gareth über komplexe Kenntnisse bezüglich der größten Bedrohungen der kommenden Jahre verfügt: Seit Langem warnte er vor einer Regierung Hitlers, als einer der wenigen wusste er vom Holodomor und Stalins Absichten, er sah auch vorher, was sich bei dem japanischen Angriff auf Pearl Harbor bewahrheiten sollte.

---

477 Paul Scheffer, *Gareth Jones ermordet. Von seinen Entführern erschossen*, »Berliner Tageblatt«, 16. August 1935, zit. nach: https://www.garethjones.org/scheffer/berliner_tageblatt.htm (Zugriff: 7.5.2022).

478 Colley, *Gareth Jones. A Manchukuo Incident*, S. 177.

Nach Gareth Jones' Tod deutet sein Bekannter aus Cambridge, der britische Marxist und Journalist Claud Cockburn, in einem vertraulichen Bulletin an, die Freilassung Müllers hinge zusammen mit einem Geheimvertrag der Regierungen von Deutschland und Japan.[479] Von einer »Vereinbarung, ja geradezu einem Bündnis« weiß auch der amerikanische Botschafter in Berlin, William Dodd, etwas.[480] Seinen Senf gibt im September Walter Duranty hinzu, der in der *New York Times* die Schuld auf die Japaner abwälzt und auf das für sie gefährliche Wissen, das Jones über ihre imperialistischen Absichten gewonnen habe.

Müllers Bericht gelangt ins britische Außenministerium, doch seine Details sickern nicht in die britische Presse durch.[481] In dem Bericht wird Adam Purpis erwähnt, ein Litauer, Direktor der Firma Wostwag, ein Pferdehändler, der die chinesische Armee belieferte und »König von Kalgan« genannt wurde.

Niemand bringt damals Jones' Ermordung mit der Appeasementpolitik, also den Zugeständnissen, in Verbindung, die Premierminister Lloyd George gegenüber Stalin begründete und die andere Politiker gegenüber Hitler fortsetzen sollten.

Erst nach vielen Jahren kommt ans Licht:

Dass Japan und Deutschland zu jener Zeit kein Geheimabkommen geschlossen hatten.

Dass Cockburn enge Verbindungen mit Boris Winogradow unterhielt, dem ersten Sekretär der Botschaft der UdSSR in Berlin, einem Agenten des Geheimdienstes und dem Geliebten von Marthy Dodd, der Tochter des amerikanischen Botschafters, die er für die Zusammenarbeit mit dem sowjetischen Geheimdienst anwerben konnte.

Dass die deutsche Firma Wostwag, die Gareth die Reise ermöglichte, in Wirklichkeit vom NKWD kontrolliert war und deren Chef Adam Purpis ein sowjetischer Spion war. Herbert Müller, der nach Jones Meinung ein hervorragender Reisegefährte zu werden versprach, ein bekannter Kommunist war und in den Jahren 1917–1951 ein Agent der Dritten Internationale in China.

Von seiner Karriere als Spion wusste der britische Geheimdienst, doch er zog es vor, dieses Wissen für sich zu behalten. Der Bericht

479 https://www.garethjones.org/muller/muller.htm (Zugriff: 27. Januar 2019).

480 *Peace and War. United States Foreign Policy 1931–1941*, Washington 1943, S. 22.

481 *Colley, More Than a Grain*, S. 383.

des Außenministeriums von Großbritannien über Jones' Tod ist 500 Seiten lang. Über die Möglichkeit, dass dabei seine Artikel über die Ukraine eine Rolle gespielt haben, fällt kein einziges Wort.[482]

482 Rede von Nigel Linsan Colley an der Universität in Aberystwyth, 2. Mai 2006, https://www.garethjones.org/gareth_jones_commemoration_ni- gel.htm (Zugriff: 27. Januar 2019).

Epilog

Was kann man erwarten, wenn man einen Mord an vielen Millionen Menschen enthüllt?

Dass man dich in der wichtigsten Zeitung der USA einen Lügner nennt?

Dass man dich unter ungeklärten Umständen ermordet?

Dass man dich sogar nach deinem Tod verleugnet und aus dem kollektiven Gedächtnis löscht?

Selbst am Haus der Familie Jones hängt heute eine Tafel, die nicht Gareth Jones' gedenkt, sondern seines Vaters, des Direktors der örtlichen Schule. Barry in Wales habe ich Anfang Januar 2019 besucht. Es war nicht schwer, Eryl zu finden, das weiße Gebäude unweit der Ruinen der Burg aus dem 14. Jahrhundert. Die Nichte von Gareth, Margaret Siriol Colley, erinnerte das Haus mit seinen Schornsteinen an einen strammstehenden Soldaten, der Gewehre präsentiert. Ihrer Meinung nach hat man von hier eine der schönsten Aussichten in Wales. Die derzeitige Besitzerin, die die Immobilie von Gwyneth, Gareths Schwester, gekauft hat, lässt mich nur für einen Moment hinein: Aus den Fenstern seines früheren Zimmers im Obergeschoss auf der Rückseite des Gebäudes sieht man den Streifen eines gleichmäßig gemähten Rasens, hohe Palmen im Garten der Nachbarn und den Bristolkanal bis zum Horizont.

Als Nigel, Margarets Sohn, 1986 mit gut 20 Jahren das erste Mal Eryl besuchte, war die allein dort lebende Tante Gwyneth mehr als 90 Jahre alt.

Das Haus war kalt, vernachlässigt, und Gwyneth wärmte sich an einem Elektroofen in dem kleinen Salon. Nigel fragte, ob er sich im

Haus umsehen dürfe. Er kämpfte sich durch die staubigen Zimmer, bis zur Decke gefüllt mit alten Büchern und stapelweise Zeitschriften aus den vergangenen Jahrzehnten. Die einst eleganten und teuren, von William Morris entworfenen Tapeten lösten sich von den Wänden. Die Treppe ins Obergeschoss führte in ein Schlafzimmer mit Ausblick auf das Meer.

An der Tür fand Nigel einen kleinen braunen Koffer mit dem Monogramm »GRVJ«. Darin war das Gekritzel von seinem Onkel, von dem er – was ihm erst jetzt bewusst wurde – eigentlich nichts wusste. In der Familie war sein tragischer Tod nie erwähnt worden. Nigel warf einen Blick auf die alten Notizen und legte sie zurück – er wusste nicht, wovon sie handelten, sie bedeuteten ihm damals nicht viel. Das Zimmer war, wie er bemerkte, der einzige Raum im ganzen Haus, in dem Ordnung herrschte. Als hätte er seit einem halben Jahrhundert auf die Rückkehr seines Bewohners gewartet. Die ideale Ordnung wurde nur von zusammengerollten Plakaten gestört, die unter das Bett geworfen worden waren. Wer war Onkel Gareth in Wirklichkeit gewesen?

Die Fotos, Notizen, Briefe und Postkarten sehe ich mir Jahre später in Aberystwyth an, einem kleinen Kurort an der Irischen See. Die Universität, an der Gareth studierte, befindet sich in einem historischen Gebäude an der Cardigan Bay. Die Andenken an Jones bewahrt die Walisische Nationalbibliothek auf. In kleinen Notizbüchern vom Format sieben mal dreizehn Zentimeter, gebunden in dunkle, steife Einbände, führte Gareth Tagebuch über seine Reisen durch Russland, den Flug mit Hitler, die Weltreise. Das Papier ist gut erhalten und nicht sonderlich vergilbt. Der Autor schrieb mit Bleistift, und wichtige Begriffe oder Sätze unterstrich er mit blauem Buntstift, machte damit ein Sternchen oder notierte in der Ecke das Thema, etwa: »Preise«, »Arbeitslosigkeit«, »Finanzen« oder »Moskau«. Ich lese den Eintrag unter letzterem: *»I don't trust Duranty«* (»Ich traue Duranty nicht«). Die Briefe schrieb Gareth mit dem Füller, in großen Buchstaben, der Adressat war gewöhnlich sein Vater, aber der Verfasser richtete sie an die ganze Familie. *»My dearest all«*, begann er zum Beispiel. Ansichtskarten kaufte er auf der ganzen Welt, manche davon hat er verschickt. Die hundertjährigen Familienfotos sind phantastisch scharf.

Zwei Jahre nach Nigels erstem Besuch bei Tante Gwyneth brach jemand in Eryl ein. Die Familie beeilte sich zu retten, was noch nicht geplündert worden war, und bereitete das Haus zum Verkauf vor. Im

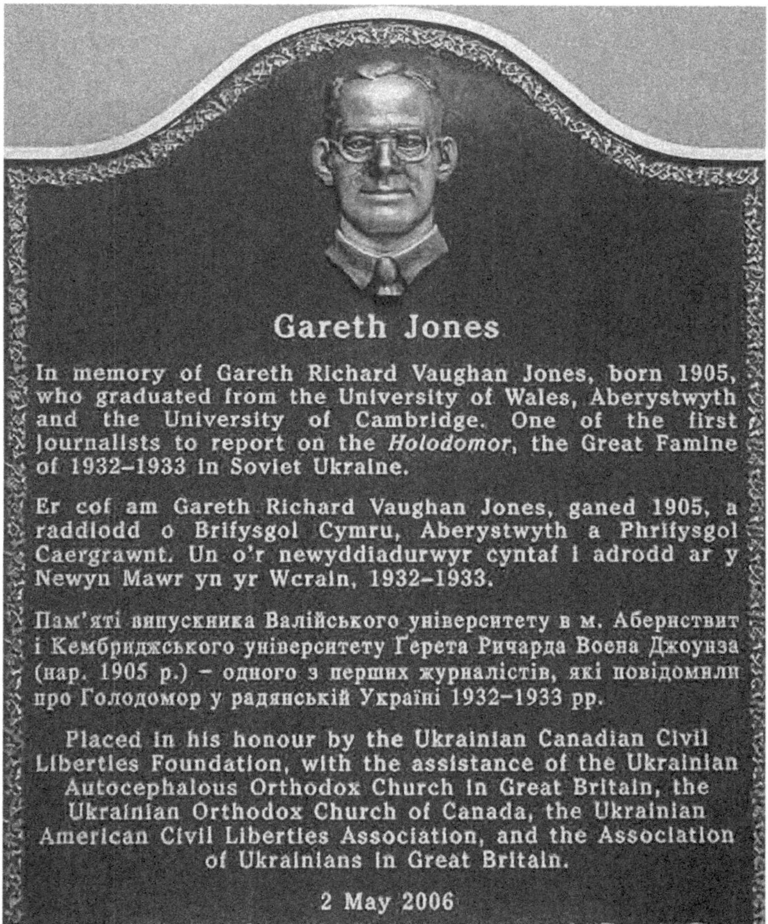

Gedenktafel am Gebäude der Universität in Aberystwyth in Wales

Schlafzimmer im Obergeschoss herrschte immer noch ideale Ordnung. Erst damals widmeten Gareth Jones' Verwandte dem Koffer mit dem Monogramm »GRVJ« und den darin aufbewahrten Tagebüchern, Notizen und Briefen mehr Aufmerksamkeit. Unter dem Bett zogen sie die Rolle hervor: auf Papier von schlechter Qualität gedruckte sowjetische Propagandaplakate, die einem nach Jahrzehnten in den Händen zerfielen. Auf dem Schreibtisch lag ein vollständig leeres Album für Zeitungsausschnitte mit der Aufschrift: *»Round the World Fact Finding Tour – 1934–35 – Gareth Jones«* (»Rund um die Welt auf der Suche nach Informationen – 1934–1935 – Gareth Jones«).

Vielleicht war – abgesehen von der allernächsten Familie – George Orwell die einzige Person, die Jones nicht vergaß. Vielleicht erinnerte er sich an Gareths Geschichte, als er in dem Roman *1984* schrieb:

»Aber Syme war nicht bloß tot, er war getilgt, eine *Unperson.*«[483]

483 George Orwell, *1984*, übers. v. Michael Walter, 22. Aufl., München 2001, S. 192.

Zeittafel

1905	13. August, Gareth wird geboren
1916–1922	Unterricht an der Grundschule in Barry
1922–1923	Studium am University College of Wales in Aberystwyth
1923–1925	Stipendium an der Universität Straßburg
1924	Reise nach Warschau zum Kongress des Internationalen Studentenbundes CIE und Ausflug nach Wilna
1925–1926	Studium am University College of Wales in Aberystwyth
1926–1929	Studium am Trinity College an der Universität in Cambridge
1930	Januar – Beginn seiner Tätigkeit bei David Lloyd George, dem ehemaligen Premierminister Großbritanniens August – erste Reise in die Sowjetunion; Gareth Jones fährt mit dem Zug über Berlin und Warschau, besucht Moskau, Rostow am Don und Jusowka, die spätere Stadt Donezk
1931	Februar – Ende seiner Tätigkeit für Lloyd George April – Beginn der Tätigkeit für Ivy Lee in New York August–September – zweite Reise in die Sowjetunion (mit Jack Heinz): mit dem Schiff nach Leningrad, anschließend besuchen die Reisenden Moskau, Nischni Nowgorod, Samara, Alexandrowsk, Charkiw und Kyjiw

1932	Mai – Beendigung der Tätigkeit bei Ivy Lee und erneute Anstellung bei Lloyd George
1933	Februar – Flug mit Hitler März – dritte Reise in die Sowjetunion: aus Moskau nach Charkiw; 29. März – Pressekonferenz in Berlin, bei der Jones die Hungersnot in der Ukraine enthüllt; 31. März – Walter Duranty leugnet in der *New York Times* Jones' Berichte April – Beginn der Arbeit in der walisischen Tageszeitung *The Western Mail*
1934	Juni – Gareth Jones lernt William Randolph Hearst kennen September – Ende der Arbeit in der *Western Mail* November – Reise in die USA
1935	Januar – Beginn der Weltreise »auf der Suche nach Informationen« Juli – am 28. Juli werden Gareth Jones und Herbert Müller entführt August – am 12. August wird Gareth Jones ermordet

Danksagung

Mein besonderer Dank gilt:

Andrea Chalupa, Klaudia Śmieja-Rostworowska, Staszek Dziedzic, Ray Gamache und Roman Romantsov.

Aber auch Anne Applebaum, deren Buch *Roter Hunger* eine unschätzbare Wissensquelle für mich war.

Literatur und Quellen

Bücher

Anne Applebaum, *Roter Hunger. Stalins Krieg gegen die Ukraine*, übers. v. Martin Richter, München 2019

Andrea Chalupa, *Orwell and the Refugees. The Untold Story of Animal Farm*, New York 2012

Margaret Siriol Colley, *Gareth Jones. A Manchukuo Incident*, Newark 2001

Margaret Siriol Colley, *More Than a Grain of Truth. The Biography of Gareth Richard Vaughan Jones*, Newark 2005

Walter Duranty, *I Write as I Please*, New York 1935

Ray Gamache, *Gareth Jones. Eyewitness to the Holodomor*, Cardiff 2016

[Jack Heinz II], *Experiences in Russia 1931 – A Diary*, Pittsburgh 1932

Holodomor. The Great Famine in Ukraine 1932–1933, Warszawa 2009

Adolf Hitler, *Rozmowy przy stole 1941–1944* [Tischgespräche 1941–1944], [o. O.] 1996

Michael Holroyd, *Bernard Shaw*, Bd. 3: *1918–1950: The Lure of Fantasy*, London 1993

Gareth Jones, *In Search of News*, Cardiff 1938

Ian Kershaw, *Hitler. 1889–1936*, übers. v. Jürgen Peter Krause und Jörg W. Rademacher, 2. Aufl., Stuttgart 1998

Erik Larson, *Tiergarten – In the Garden of the Beasts*, übers. von Werner Löcher-Lawrence, Hamburg 2013

Like It Was: The Diaries of Malcolm Muggeridge, selected and edited by John Bright-Holmes, London 1981

Eugene Lyons, *Assignment in Utopia*, New York 1937

Martin Malia, *O rewolucji rosyjskiej 1917* [Über die russische Revolution 1917], Warszawa 2017

Malcolm Muggeridge, *Chronicles of Wasted Time*, Bd. 1: *The Green Stick*, New York 1973

Malcolm Muggeridge, *Winter in Moscow*, London 1934

Nazionalna knyha pamjati schertw Holodomoru 1932–1933 rokiw w Ukrajini. Charkiwska oblast [Nationales Gedenkbuch für die Opfer des Holodomor 1932–1933 in der Ukraine. Oblast Charkiw], hg. v. W. Bilocerkiwskyj, O. Kyrytschenko, O. Korniew u. a., Charkiw 2008

George Orwell, *Farm der Tiere. Ein Märchen*, übers. v. Michael Walter, Zürich 1982

George Orwell, *Vorwort zur ukrainischen Ausgabe von Animal Farm*, in: ders., *Farm der Tiere. Ein Märchen*, übers. v. Ulrich Blumenbach, S. 156–165

Bernard Pares, *A Wandering Student. The Story of a Purpose*, Syracuse, NY 1948

Peace and War. United States Foreign Policy 1931–1941, Washington 1943

C.V. Narasimha Reddi, *Effective Public Relations and Media Strategy*, New Delhi 2009

Timothy Snyder, *Bloodlands. Europa zwischen Hitler und Stalin*, übers. v. Martin Richter, 2. Aufl. München 2010

Albert Speer, *Inside the Third Reich*, London 2003

Mariusz Szczygieł, *Reporter na niebie* [Reporter am Himmel], in: Egon Erwin Kisch, *Jarmark sensacji* [Marktplatz der Sensationen], Warszawa 2014

Grzegorz Szymanik, Julia Wizowska, *Po północy w Doniecku* [Nach Mitternacht in Donezk], Warszawa 2016

Sally J. Taylor, *Stalin's Apologist: Walter Duranty: The New York Times's Man in Moscow*, New York 1990

»Tell Them We Are Starving«. The 1933 Diaries of Gareth Jones, hg. v. Lubomyr Y. Luciuk, Kingston, Ontario 2016

Pressetexte

Nick Allen, *Orson Welles's* Citizen Kane *to Be Shown in William Randolph Hearst's castle*, »The Telegraph«, 18. Januar 2015

William Henry Chamberlin, *The Soviet Countryside: A Tour of Inquiry*, from our Moscow correspondent, »The Manchester Guardian«, 19. Oktober 1933

Teresa Cherfas, *Reporting Stalin's Famine: Jones and Muggeridge: A Case Study in Forgetting and Rediscovery*, »Kritika: Explorations in Russian and Eurasian History« 2013, Bd. 14, Nr. 4 (Frühjahr)

Crusts on the Floor, »Time«, 10. April 1933

Francis Delaise, *The Financial Consequences of the War*, »Revue des Vivants«, 4. Mai 1933

Walter Duranty, *Red Russia of Today Ruled by Stalinism, Not by Communism*, »The New York Times«, 14. Juni 1931

Walter Duranty, *Russians Hungry, But Not Starving*, »The New York Times«, 31. März 1933

Walter Duranty, *Soviet Censorship Hurts Russia Most*, »The New York Times«, 23. Juni 1931

Walter Duranty, *Soviet Industry Shows Big Gains*, »The New York Times«, 6. April 1933

Walter Duranty, *Stalinism Smashes Foes in Marx's Name*, »The New York Times«, 24. Juni 1931

Walter Duranty, *The Russians Look at the World*, »The New York Times«, 29. März 1931

Louis Fischer, *»New Deal« Needed for Entire World, Says Visiting Author*, »Denver Post«, 1. April 1933

Harry M. Geduld, *Bernard Shaw and Adolf Hitler*, »The Shaw Review« 1961, Bd. 4, Nr. 1 (January)

[Theodor Innitzer], *Cardinals Asks Aid in Russian Famine*, »The New York Times«, 20. August 1933

Theodor Innitzer, *The Famine in Russia*, »The Western Mail«, 30. August 1933

Gareth Jones, *10 000 Planes on German Frontiers*, »The Western Mail«, August 1934

Gareth Jones, *15 Hours to Wait for the Shops to Open*, »The Daily Express«, 7. April 1933

Gareth Jones, *Austria Torn by Dissention and Flaming with Hatred*, »The Western Mail«, 10. August 1934

Gareth Jones, *A Poet in the Clogmaker's Shop of Tanygroes*, »The Western Mail«, 23. Juli 1933

Gareth Jones, *A Welshman Looks at America. Land of Tragedy and Disillusion*, »The Western Mail«, 30. März 1932

Gareth Jones, *A Welshman Looks at Europe (I). Wales's Bonds With the Continent*, »The Western Mail«, 7. Februar 1933

Gareth Jones, *A Welshman Looks at Europe (II). Germany Wants a New Frederick the Great*, »The Western Mail«, 8. Februar 1933

Gareth Jones, *A Welshman Looks at Europe (III). Hitler is There, but Will He Stay?*, »The Western Mail«, 9. Februar 1933

Gareth Jones, *A Welshman Looks at Europe (IV). German and Slav; Century old Problems of Minorities*, »The Western Mail«, 13. Februar 1933

Gareth Jones, *A Welshman Looks at Europe (V). The Ice Breaks in the Mountains*, »The Western Mail«, 15. Februar 1933

Gareth Jones, *A Welshman Looks at Europe (VI). Home Industries on Their Death-Bed*, »The Western Mail«, 17. Februar 1933

Gareth Jones, *A Welshman Looks at Europe (VII). Workless Millions of Germany*, »The Western Mail«, 21. Februar 1933

Gareth Jones, *A Welshman Looks at Europe (VIII). How Germany Tackles Unemployment*, »The Western Mail«, 21. Februar 1933

Gareth Jones, *A Welshman Looks at Europe (IX). Storm over the Polish Corridor*, »The Western Mail«, 22. Februar 1933

Gareth Jones, *A Welshman Looks at Europe (X). With Hitler Across Germany*, »The Western Mail«, 28. Februar 1933

Gareth Jones, *A Welshman Looks at Europe (XI). Beginning of German Fascism*, »The Western Mail«, 1. März 1933

Gareth Jones, *A Welshman Looks at Europe (XII). Primitive Worship of Hitler*, »The Western Mail«, 2. März 1933

Gareth Jones, *America's Great Hawaiian Problem*, »The Western Mail«, 25. Juni 1935

Gareth Jones, *Army v. Industrialists Conflict in Japan*, »The Western Mail«, 31. Juli 1935

Gareth Jones, *Balance Sheet of the Five-Year Plan (I). Industrialisation*, »The Financial Time«, 11. April 1933

Gareth Jones, *Balance Sheet of the Five-Year Plan (II). Financial Impressions*, »The Financial Times«, 12. April 1933

Gareth Jones, *Balance Sheet of the Five-Year Plan (III). Ruin of Russian Agriculture*, »The Financial Times«, 13. April 1933

Gareth Jones, *Behind the Drama of Germany*, »The Western Mail«, 2. Juli 1934

Gareth Jones, *Bread! We Are Dying!*, »The Daily Express«, 4. April 1933

Gareth Jones, *Bread, We Are Starving!*, »Washington Herald«, 4. Juni 1933

Gareth Jones, *Campaign of Hatred Against the Jews*, »The Western Mail«, 7. Juni 1933

Gareth Jones, *Communists' Five-Year Plan. How it is Working in Russia*, »The Western Mail«, 7. April 1931

Gareth Jones, *Communists' Five-Year Plan. Forces behind Stalin's Dictatorship*, »The Western Mail«, 9. April 1931

Gareth Jones, *Communists' Five-Year Plan. Mixture of Successes and Failures*, »The Western Mail«, 11. April 1931

Gareth Jones, *De Valera Praises Wales*, »The Western Mail«, 12. März 1934

Gareth Jones, *Easter in a Godless Country*, »The Western Mail«, 12. April 1933

Gareth Jones, *Enchantment and Disillusion in Hawaii*, »The Western Mail«, 21. Juni 1935

Gareth Jones, *Famine Rules Russia. The Five-Year Plan Has Killed the Bread Supply*, »London Evening Standard«, 31. März 1933

Gareth Jones, *Fascist Dictatorship for Germany Now Possibility, Development Seems Inevitable in Spring*, »New York American«, 29. November 1931

Gareth Jones, *Fear of an Economic Storm in Germany*, »The Western Mail«, 25. Juni 1934

Gareth Jones, *Five-Year Assault on the Slums*, »The Western Mail«, 9. Mai 1933

Gareth Jones, *Frank Lloyd Wright*, »The Western Mail«, 8. Januar 1935

Gareth Jones, *Germany Under the Rule of Hitler*, »The Western Mail«, 5. Juni 1933

Gareth Jones, *Germany Was Not Ready for Democracy*, »The Western Mail«, 6. Juni 1934

Gareth Jones, *Glimpses of Soviet Russia*, »The Liberal Women's News«, 18. September 1930

Gareth Jones, *Goodbye Russia*, »The Daily Express«, 11. April 1933

Gareth Jones, *Herr Hitler Breakaway*, »The Western Mail«, 16. Oktober 1933

Gareth Jones, *Hitler's Trump Card – Fear That Germany May Fall to Pieces*, »The Western Mail«, 22. August 1934

Gareth Jones, *How America Sees the Depts Question*, »The Western Mail«, 29. November 1932

Gareth Jones, *How Germany is Helping the Workless*, »The Western Mail«, 27. April 1933

Gareth Jones, *Invisible Forces at the Conference. Why President Roosevelt Must Beware*, »The Western Mail«, 13. Juni 1933

Gareth Jones, *James Walter – Master Basket Maker*, »The Western Mail«, 19. Juli 1933

Gareth Jones, *Lenin's Widow talks to a Welshman*, »The Western Mail«, 7. November 1932

Gareth Jones, *Mayor Walker's Secret*, »The Western Mail«, 9. September 1932

Gareth Jones, *Menace of War Between America and Japan. Non-Existent*, »The Western Mail«, 15. März 1935

Gareth Jones, *Methods of Nazis, Fascists and Bolsheviks*, »The Western Mail«, 10. Juni 1933

[Gareth Jones], *Mr Jones Replies: Former Secretary of Lloyd George Tells of Observations in Russia*, »The New York Times«, 13. Mai 1933

Gareth Jones, *Mussolini Has Spoken*, »The Western Mail«, 22. März 1932

Gareth Jones, *My Russian Diary I*, »The Star«, 22. Oktober 1930

Gareth Jones, *My Russian Diary II*, »The Star«, 27. Oktober 1930

Gareth Jones, *My Russian Diary III*, »The Star«, 29. Oktober 1930

Gareth Jones, *My Thoughts on the Journey to Moscow*, »The Western Mail«, 7. April 1933

Gareth Jones, *Nazi's Interpretation of Christianity*, »The Western Mail«, 9. Juni 1933

Gareth Jones, *Nine to a Room in the Slums of Russia*, »The Daily Express«, 6. April 1933

Gareth Jones, *No Forgiveness for »Rape« of Manchuria*, »The Western

Mail«, 5. August 1935

Gareth Jones, *O.G.P.U.'s Blow to Trade*, »The Western Mail«, 5. April 1933

Gareth Jones, *O.G.P.U.'s Reign of Terror in Russia*, »The Western Mail«, 20. April 1933

Gareth Jones, *Pitiful Lives of Soviet Factory Slaves*, »The Daily Express«, 8. April 1933

Gareth Jones, *Poland's Foreign Relations*, »The Contemporary Review«, Juli 1931

Gareth Jones, *President Roosevelt and the America of the Future*, »The Western Mail«, 5. Januar 1934

Gareth Jones, *Reds Let Peasants Starve*, »Los Angeles Examiner«, 14. Januar 1935; der Text erschien unter demselben Titel auch in »New York American«, 14. Januar 1935

Gareth Jones, *Russian Workers Disillusioned. Forces Against the Five-Year Plan*, »The Western Mail«, 10. April 1931

Gareth Jones, *Russia's Future*, »The Western Mail«, 8. April 1931

Gareth Jones, *Russia's Starvation*, »Los Angeles Examiner«, 12. Januar 1935; der Text erschien unter demselben Titel auch in »New York American«

Gareth Jones, *»Sacred Crusade« to Unite Austria with Germany*, »The Western Mail«, 14. August 1934

Gareth Jones, *Seizure of Land and Slaughter of Stock*, »The Western Mail«, 8. April 1933

Gareth Jones, *Snobbery of Soviet Russia*, »The News Chronicle«, 3. Oktober 1930

Gareth Jones, *Soviet Collective Farm Move Caused Famine in Russia, Says Gareth Jones*, »Boston Sunday Advertiser«, 11. Juni 1933

Gareth Jones, *Soviet Confiscate Part of Workers' Wages*, »The Daily Express«, 5. April 1933

Gareth Jones, *Soviet Dwindling Trade*, »The Western Mail«, 6. April 1933

Gareth Jones, *Soviet Ready for War*, »The Western Mail«, 11. April 1933

Gareth Jones, *Starving Russians Seething with Discontent*, »The Western Mail«, 4. April 1933

Gareth Jones, *Storm over Europe*, »The Western Mail«, 15. Juli 1933

Gareth Jones, *The Dollar Inflation*, »The Western Mail«, 5. Mai 1933

Gareth Jones, *The Enigma of Ireland (I). Ulster a Centre of Uneasiness and Strife*, »The Western Mail«, 6. November 1933

Gareth Jones, *The Enigma of Ireland (II). Hatred of the British and Internal Dissension*, »The Western Mail«, 7. November 1933

Gareth Jones, *The Enigma of Ireland (III). Mr Cosgrave's Fight for the Treaty*, »The Western Mail«, 8. November 1933

Gareth Jones, *The Hysteria of Goering*, »The Western Mail«, 18. August 1934

Gareth Jones, *The »New Deal« – Its Formidable Opponents*, »The Manchester Guardian«, 24. Januar 1935

Gareth Jones, *The Peasants in Russia*, letter to editor, »The Manchester Guardian«, 8. Mai 1933

[Gareth Jones], *The Real Russia. The Peasant on the Farm. 1. Increase and Its Cost*, from a correspondent, »The Times«, 14. Oktober 1931

[Gareth Jones], *The Real Russia. The Outlook for the Plan. 2. From the Farm to the Factory*, from a correspondent, »The Times«, 15. Oktober 1931

[Gareth Jones], *The Real Russia. Youth and the Future. 3. A Blessed Word*, from a correspondent, »The Times«, 16. Oktober 1931

Gareth Jones, *The Real Truth About Russia at Last*, »The Daily Express«, 3. April 1933

Gareth Jones, *The Red Light in East Europe*, »The Western Mail«, 24. Februar 1933

[Gareth Jones], *The Snobbery of Soviet Russia*, by an Englishman recently returned from Moscow, »News Chronicle«, 3. Oktober 1930

[Gareth Jones], *The Two Russias. 1. Rulers and Ruled. Below the Surface*, from a correspondent, »The Times«, 13. Oktober 1930

[Gareth Jones], *The Two Russias. 2. Fanaticism and Disillusion. Open Discontent*, from a correspondent, »The Times«, 14. Oktober 1930

[Gareth Jones], *The Two Russias. 3. Strength of the Communists. War Propaganda*, from a correspondent, »The Times«, 16. Oktober 1930

Gareth Jones, *The World in 1931. A Retrospect of the Banking Crisis*, »The Western Mail«, 21. Dezember 1931

Gareth Jones. *The Victim of 1930. Familiar in Many Lands. The Enigma of the »Thirties«*, »The Western Mail«, 31. Dezember 1930

Gareth Jones, *There is No Bread*, »Sunday American«, 13. Januar 1935; der Text erschien unter demselben Titel auch in »Los Angeles Examiner«

Gareth Jones, *Three Catastrophes in a Month*, »The Western Mail«, 2. August 1934

Gareth Jones, *Tramping in Three Welsh Countries. Search for Old Celtic Qualities*, »The Western Mail«, 11. September 1934

Gareth Jones, *Ulster More British than Britain*, »The Western Mail«, 10. März 1934

Gareth Jones, *We Are Starving*, »The Western Mail«, 3. April 1933

Gareth Jones, *Where War May Come from*, »The Western Mail«, 15. August 1934

Gareth Jones, *Whither Germany? Hitler Moving towards Dictatorship*, »The Financial News«, 1. März 1933

Gareth Jones, *Whither Germany? The Clash be Industry and Agriculture*, »The Financial News«, 2. März 1933

Gareth Jones, *Why There is Unemployment in Russia*, »The Western Mail«, 10. April 1933

Gareth Jones, *Will There Be Soup? Russia Dreads the Coming Winter*, »The Western Mail«, 15. Oktober 1932

Gareth Jones, *Will There Be Soup? Russia Famished under the Five-Year Plan*, »The Western Mail«, 17. Oktober 1932

Gareth Jones, *With Hitler Across Germany*, »The Western Mail«, 28. Februar 1933

Gareth Jones, *With Horse and Hounds. Jack Poletty of the Glyn Celyn Beagles*, »The Western Mail«, 14. Februar 1934

Gareth Jones, *With Horse and Hounds. The Hounds of Glamorgan*, »The Western Mail«, 11. Februar 1934

Gareth Jones, *Wood-Turning Traditions of the Davies Brothers*, »The Western Mail«, 21. Juli 1933

Gareth Jones, *Worship of the Soldier under Nazi Regime*, »The Western Mail«, 8. Juni 1933

Gareth Jones, *Vatican versus Mussolini*, »The Western Mail«, 17 August 1934

Hubert Renfro Knickerbocker, *Famine Grips Russia Millions Dying. Idle on Rise, Says Briton*, »Evening Post Foreign Service«, 29. März 1933

La Misère en Russie Soviétique, »La Liberté«, 23. Juli 1933

Igor T. Miecik, *Narodziny Donbasu* [Die Geburt des Donbass], »Ale Historia«, Magazin der »Gazeta Wyborcza«, 23. Juli 2018

[Edgar Ansel Mowrer], *Lloyd George's Secretary Tells of Visit to Ukraine – Says Terrorism Is Rife*, special wireless dispatch to »The Sun«, 29. März 1933

Edgar Ansel Mowrer, *Russian Famine Now as Great as Starvation of 1921, Says Secretary of Lloyd George*, »Chicago Daily News«, 29. März 1933

Malcolm Muggeridge, *Russia Revealed*, »The Morning Post«, 5. Juni 1933

[Malcolm Muggeridge], *Russia's »Plan«*, from our Moscow correspondent, »The Manchester Guardian«, 12. Januar 1933

[Malcolm Muggeridge], *The Soviet and the Peasantry. I. Famine in North Caucasus*, from a correspondent in Russia, »The Manchester Guardian«, 25. März 1933

[Malcolm Muggeridge], *The Soviet and the Peasantry. II. Hunger in Ukraine*, from a correspondent in Russia, »The Manchester Guardian«, 27. März 1933

[Malcolm Muggeridge], *The Soviet and the Peasantry. III. Poor Harvest in Prospect*, from a correspondent in Russia, »The Manchester Guardian«, 28. März 1933

Mr Jones's Lecture, »The Manchester Guardian«, 24. Januar 1933

George Orwell, *Review of* Assignment in Utopia *by Eugene Lyons*, »New English Weekly«, 9. Juni 1938

[Reuters], *Famine in Russia*, »The Manchester Guardian«, 30. März 1933

[Reuters], *Famine in Russia. British Visitor Fears Death for Millions*, »Yorkshire Post«, 30. März 1933

[Reuters], *Millions Starving in Russia*, »The Daily Express«, 30. März 1933

[Reuters], *Russia in Grip of Famine*, »The Morning Post«, 30. März 1933

Paul Scheffer, *Gareth Jones ermordet – Von seinen Entführern erschossen*, »Berliner Tageblatt«, 16. August 1935

[Paul Scheffer], *Hungersnot in Russland?*, Telephonat unseres Korrespondenten, »Berliner Tageblatt«, 1. April 1933

[Otto Schiller], *Famine's Return to Russia*, by an expert observer, »The Daily Telegraph«, 25. August 1933

Bernard Shaw, *Social Conditions in Russia*, Brief an die Redaktion, »The Manchester Guardian«, 2. März 1933

[Katherine E. Schutock], *Hunger in the Ukraine*, Brief an die Redaktion, »The New York Times«, 6. April 1933

Whiting Williams, *My Journey through Famine-Stricken Russia*, »Answers«, 24. Februar 1934

Whiting Williams, *Why Russia is Hungry!*, »Answers«, 3. März 1934

Filme

Holodomor: Stalin's Secret Genocide, Regie: Andrea Chalupa, 2016

Hitler, Stalin and Mr Jones, Regie: George Carey, 2012

Przeżyć głód [Den Hunger überleben], Regie: Sergiej Bukowski, 2008

Quellen im Internet

https://garethjones.org

https://www.nobelprize.org/prizes/literature/1925/shaw/facts/

https://omgfacts.com/the-unknown-journalist-brave-enough-to-expose-stalins-secrets

https://www.radiosvoboda.org/a/holodomor-xlib-znaxidka/29608903.html

http://www.smartage.pl/dnieprowska-elektrownia-wodna/

http://thegreatoceanliners.com/articles/aquitania/

Andere ausgewählte Quellen

Nigel Linsan Colley, *Was Gareth Jones's Surname behind George Orwell's Naming of ›Farmer Jones‹ in* Animal Farm?, https:// www.garethjones.org/soviet_articles/farmer_jones.htm

Gareth's Diary Germany 1933. Gareth's Coverage of the Frankfurt Nazi Rally, https://www.garethjones.org/_2diary2b/p4.htm

Gareth Jones, *Interview with Karl Radek*, 14. Oktober 1931, https:// www.garethjones.org/overview/radek.htm

Gareth Jones' Murder and the Strong Circumstantial Evidence of the Involvement of the Soviet Secret Police (OGPU / NKVD), https:// www.garethjones.org/soviet_articles/purpiss_nkvd.htm

Annie Gwen Jones, *Life on the Steppes of Russia 1889–1892*, https:// www.garethjones.org/margaret_siriol_colley/annie%20gwen/ life-steppes.htm

Dr. Herbert Muller (alias Gissler) was a Soviet Agent?, https://www.garethjones.org/muller/muller.htm

Brief von Gareth Jones an seine Eltern, 26. August 1930, https://www.garethjones.org/soviet_articles/gareth_1930.htm

Brief von Gareth Jones an Ivy Lee, 15. September 1932, https://www.garethjones.org/soviet_articles/ivy_lee_letter_sept_1932.htm

Brief von Gareth Jones an David Lloyd George, 27. Januar 1933, https://www.garethjones.org/soviet_articles/lloyd_george_27jan1933.htm

Brief von Gareth Jones an David Lloyd George, 27. März 1933, https://www.garethjones.org/soviet_articles/famine_exposure_letter.htm

Brief von Malcolm Muggeridge an Gareth Jones, 29. September 1933, https://www.garethjones.org/soviet_articles/malcolm_muggeridge_correspondence__april_1933.htm

Brief von Gareth Jones, 7. Juli 1935, https://www.garethjones.org/margaret_siriol_colley/Gareth%20Jones%20Far%20East%20Letters%201935/Bandits_changsha.htm

Brief von Gareth Jones, 14. Juli 1935, https://www.garethjones.org/margaret_siriol_colley/China%20story/china_narrative.htm

Brief von Malcolm Muggeridge an Gareth Jones, 17. April 1933, https://www.garethjones.org/soviet_articles/malcolm_muggeridge_correspondence__april_1933.htm

Brief von Malcolm Muggeridge an Gareth Jones, 29. September 1933, https://www.garethjones.org/soviet_articles/malcolm_muggeridge_correspondence__sept_1933.htm

Memorandum von Gareth Jones zu Deutschland, Dezember 1931, https://www.garethjones.org/german_articles/impressions1932.htm

Nigel Linsan Colleys Rede, gehalten an der Universität in Aberystwyth, 2. Mai 2006, https://www.garethjones.org/gareth_jones_commemora- tion_nigel.htm

Gareth Jones' Notiz zu dem Gespräch mit Maxim Litwinow für David Lloyd George, 23. März 1933, https://www.garethjo- nes.org/soviet_articles/litvinov.htm

Written Evidence of Starvation Acquired by Gareth from Berlin on a Trip to Danzig in May 1933, https://www.garethjones.org/over- view/article03-2.htm

Bildnachweis

S. 10 – DEA/BIBLIOTHECA AMBROSIANA/De Agostini
S. 21, 43, 100, 107, 114, 118, 147, 189, 311 – Creative Commons CCO License
S. 35 – Keystone-France/Gamma-Keystone via Getty Images
S. 67 – © Harold M. Lambert/Hulton Archive/Getty Images
S. 88 – © Fine Art Images/Heritage Images/Getty Images
S. 90 – © Bettmann/Getty Images
S. 122 – © Fine Art Images/Heritage Images/Getty Images
S. 206, 211, 256 – © Daily Express/Hulton Archive/Getty Images
S. 219 – © Scheufler Collection/Corbis/VCG via Getty Images
S. 223, 275 – © Hulton-Deutsch Collection/Corbis via Getty Images
S. 229 – Abdruck eines Ausschnitts aus einem Artikel in »The London Evening Standard«
S. 265 – © James Abbe/Hulton Archive/Getty Images

In Fällen, bei denen der Rechteinhaber nicht festzustellen ist, ist der Verlag bereit, nach Anforderung rechtmäßige Ansprüche abzugelten.